川酒 发展研究论丛

（第三辑）

主　编　陈一君

副主编　何凡　熊山　杨平

经济管理出版社
ECONOMY & MANAGEMENT PUBLISHING HOUSE

图书在版编目（CIP）数据

川酒发展研究论丛. 第三辑 / 陈一君主编. —北京：经济管理出版社，2015.12
ISBN 978-7-5096-3974-0

Ⅰ. ①川…　Ⅱ. ①陈…　Ⅲ. ①白酒工业—研究—四川省　Ⅳ. ①F426.82

中国版本图书馆 CIP 数据核字（2015）第 227112 号

组稿编辑：赵喜勤
责任编辑：张　艳　赵喜勤
责任印制：黄章平
责任校对：王　淼

出版发行：经济管理出版社
　　　　　（北京市海淀区北蜂窝 8 号中雅大厦 A 座 11 层 100038）
网　　址：www. E-mp. com. cn
电　　话：（010）51915602
印　　刷：北京易丰印捷科技股份有限公司
经　　销：新华书店
开　　本：787mm×1092mm/16
印　　张：18.5
字　　数：326 千字
版　　次：2015 年 12 月第 1 版　　2015 年 12 月第 1 次印刷
书　　号：ISBN 978-7-5096-3974-0
定　　价：88.00 元

《川酒发展研究论丛》编委会

《川酒发展研究丛书》编委会

目　录

│白酒产业创新与发展│

│白酒文化资源整合与开发│

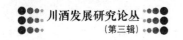
白酒企业竞争力与社会责任

白酒企业管理决策与营销发展

白酒产业创新与发展

"新常态"下四川白酒企业科技创新对策研究*

杨雪

摘要： 2014年11月，习近平同志全面阐述了"中国经济新常态"的深刻内涵，明确提出"中国经济已进入到从高速增长转为中高速增长，经济结构不断优化升级，从要素驱动、投资驱动转向创新驱动的'速度结构'时代"。这就预示着中国白酒也将从"黄金十年量价齐升高速增长时代"走向"结构调整持续创新缓慢增长时代"。本文在实地调研的基础上，首先对"新常态"下四川省白酒企业科技创新面临的挑战进行了总结；然后分析了四川省不同规模白酒企业的科技创新路径；最后提出了提高四川省白酒企业科技创新能力的对策建议。

一、引　言

作为四川省重要的特色支柱产业之一，白酒产业在全国具有明显的比较优势，经过近十年的高速发展，整体实力已稳居全国第一。据2014年四川省白酒年会的数据显示，2013年，全年309家规模以上企业实现主营业务收入1791.17亿元，利税总额417.46亿元，利润总额246.66亿元。2014年1~7月，四川省白酒产业完成产量为198.37万千升，

* 基金项目：川酒发展研究中心一般项目"四川白酒企业科技创新路径研究"（项目编号：CJY14-05）。

作者简介：杨雪（1985—），女，四川新津人，汉族，管理学硕士，四川大学锦城学院讲师，四川大学商学院在读博士生，主要研究方向为创业与创新管理。

同比增长 9.15%，占全国总产量的 30% 左右。然而，由于受到全国白酒产业产能过剩①以及国内外白酒和其他类型酒的竞争加剧等因素的影响，四川省白酒业呈现增速减缓、效益下滑、质优价惠酒品表现抢眼、市场竞争更趋激烈、消费对象以及营销渠道的变化亟须酒企与时俱进等特点。因此，在中国经济发展从规模扩张为主转向提升质量和效益为主的"新常态"背景下，四川省白酒行业也必然面临着科技创新驱动发展的新要求。

二、"新常态"下四川白酒企业科技创新面临的挑战

"新常态"意味着中国经济发展将告别过去传统粗放的高速增长阶段，从高速增长转向中高速增长，从结构不合理转向结构优化，从要素投入驱动转向创新驱动，从隐含风险转向面临多种挑战。"新常态"下，四川白酒企业也面临着诸多挑战。

（一）增速放缓，效益下降

经济增速换挡回落，从过去 10% 左右的高速增长转为 7%~8% 的中高速增长是"新常态"的最基本特征。根据中国国家统计局公布的数据，近 10 年来中国经济 GDP 增速从 2012 年起开始回落，2012 年、2013 年和 2014 年增速分别为 7.65%、7.67% 和 7.4%，彻底告别了过去 30 多年来平均 10% 左右的高速增长，如图 1 所示。

从图 1 可以看出，自 2008 年以来，中国经济增长开始进入下行区间，这并不是经济周期的波动，而是经济增长阶段的根本性转换[1]。中国经济增速迎来了换挡期，从高速增长期向中高速平稳增长期过渡。

在中国经济增长阶段变化的过程中，企业的增速也同样开始放缓。1998~2008 年，全国规模以上工业企业利润总额年均增速高达 35.6%，而到 2013 年，这一增速降至 12.2%，2014 年上半年仅为 5.8%。

在白酒行业，2004 年是全国白酒行业产能最低点，总产量刚刚超过 300 万千升。但 2004~2014 年的十年间，产量增加了 1000 万千升，最高达到了 1400 万千升。2011 年，全国白酒行业的产量达到 1026 万千升，提前超额完成了中国酿酒产业"十二五"规划设定的"全国白酒总产量将达到 960 万千升"这一目标。与此同时，相应的市场

---

① 2011 年，中国的白酒产量已经提前四年，超额完成了 2015 年《中国酿酒产业"十二五"发展规划》的目标。

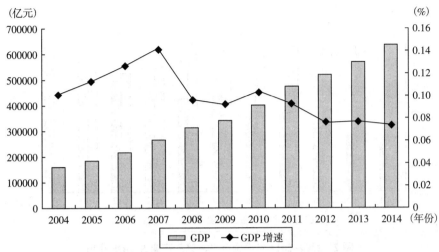

图1 2004~2014年中国GDP总量及增速

需求却在2003年以后稳定在350万~400万吨。白酒业实现销售收入4466亿元，税前利润率达18%以上，超过酒类平均利润率的4%。在高额利润的驱使下，不仅各地白酒生产企业纷纷斥资扩能，产业资本、金融资本也大量涌入白酒业。在高库存压力下，众多厂商开始降价销售，但在现有市场环境下，即使降价销售也未能换来出货量的提高，白酒市场出现了量价齐跌的惨状。其中，高端白酒系列受到的影响最大。

经济增速的下降以及高端白酒销售受阻，加之四川省白酒重点产区及名酒企业销售收入大幅下降，致使全省白酒产业增速明显下滑，高端白酒滞销，利税下降。2014年1~7月，全省335家规模企业实现主营业务收入1036.08亿元，同比增长4.68%；实现利润106.84亿元，同比减少22.47%。全省白酒产业利税和利润近十年来首次出现负增长。

（二）结构调整，整合度低

与增长速度放缓相适应，在结构层面，中国经济发展的"新常态"还表现出经济结构再平衡、增长动力实现转变、产业结构不断优化升级等多方面的特征。中国国家统计局最新公布的数据显示，2013年，我国第三产业（服务业）增加值占GDP的比重达46.1%，首次超过第二产业；而2014年的经济统计数据显示，第三产业占GDP的比重进一步升至48.2%，如图2所示。

从图2可以看出，自2013年以来，第三产业超过第二产业，成为我国经济发展的主体产业，中国经济结构正在发生转折性变化。由于美国等发达国家服务业已占GDP比重的80%以上，可以预见，在"新常态"下，我国服务业比重上升将是长期趋势[1]。

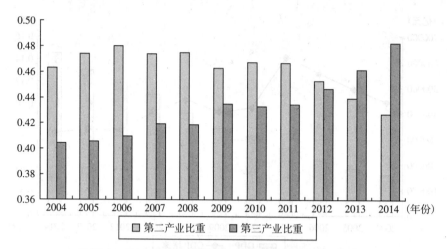

图2 2004~2014年中国第二、第三产业占GDP比值

中国经济结构的变迁必然要求产业集群和整合程度不断加深。然而，目前四川省有生产许可证的白酒企业1300多家，仅占白酒企业总数的26%，2013年规模以上的企业只有304家。虽然四川省产业整合资源丰富，拥有全国白酒17强中的"六朵金花"[①]，但企业整合意愿不强，各大酒企耗费大量资源开拓市场，难以形成合力，发挥川酒整体优势，且地方名酒企业发展相对滞后。目前，四川省仅有一家地方名酒企业年产值能够达到20亿元以上，相较于省外地方名酒纷纷进入全国白酒企业20强，甚至10强的优异表现，四川省地方名酒企业的发展还存在较大的差距[②]。相关数据显示，2011年，四川省白酒行业规模以上酒企销售利税率低于全国平均水平，在31个省市中排名第14位。排名在四川前面的省市区为江西、河北、甘肃、新疆、浙江、宁夏、山西、北京、广东、福建、广西、陕西和贵州。

与此同时，四川省白酒企业虽然在生产方面稳居全国第一，但在产业化配套方面却乏善可陈。其中白酒产品生产后的白酒策划和品牌包装产业严重匮乏，影响了四川省白酒企业价值的进一步提升。例如，近年来迅速崛起的金六福品牌就是"寄生"在五粮液品牌之上取得的发展——2005年7月，华泽集团对原有金六福酒厂进行整体收购后，以向五粮液采购原酒的方式对五粮液品牌进行开发，单品牌销售量居全国第一，单品牌销售额位列全国白酒市场前三位，现已形成年销售额超过30亿元的大型白酒生产企业[③]。过低的产业集群和整合程度正成为"新常态"下影响四川省白酒企业竞争力

---

① 指四川六个获得中国名酒称号的企业：五粮液、泸州老窖、剑南春、郎酒、水井坊、沱牌。
② 数据来源：四川省"十二五"白酒产业发展规划。
③ 数据来源：金六福公司官方网站，www.jinliufu.net。

提升的一个重要问题。

（三）消费升级，竞争加剧

需求结构方面，在 2012 年，我国消费对经济增长的贡献率自 2006 年以来首次超过投资。从中国国家统计局公布的 2014 年数据来看，最终消费支出对 GDP 增长的贡献率达 51.2%，投资则为 48.5%，外贸出口增幅已从 20% 以上回落至 5%~10% 的增长区间，我国的消费需求逐步成为需求主体，如图 3 所示。

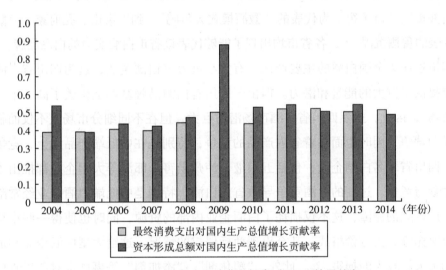

图 3　2004~2014 年中国消费和投资对 GDP 的贡献率

从图 3 可以看出，自 2012 年以来，中国的经济增长结构正逐步从以投资为主转向以消费、服务业为主，国家经济的增长将更多地依靠内需，更多地从要素效率提升获取动力。

在需求结构的"新常态"下，消费升级的庞大市场给我国白酒企业带来了诸多机遇，也进一步加剧了白酒行业的竞争。

在全国范围内，一方面，自 2001 年中国加入世界贸易组织以后，市场进一步开放，酒类消费市场受到多元文化冲击，消费群体的选择具有更多的自主权[2]。近年来，洋酒关税的降低以及消费水平的提高促使烈性洋酒在中国市场的销售呈现出明显的增长趋势，各大洋酒品牌纷纷抢占中国市场。特别是在北京、上海、广州、深圳等一些大城市，国外烈性洋酒的消费量增长迅猛。以广东为例，据该省酒类专卖管理局负责人称，目前广东商务酒市场中烈性洋酒已占据上风。另一方面，啤酒、黄酒、葡萄酒等其他酒类的迅速发展对白酒行业也造成了较大的需求替代效应[3]。以啤酒产业为例，中国的啤酒生产历史还不到100年，但从2002年开始，我国啤酒产量达到2447万吨，超越美国并一直稳居世界第一。在世界主要啤酒生产国家产量均保持5%~7%增长的情况下，我国的啤酒生产仍然保持着每年超10%的增幅。产量的增长带动了消费习惯的变化，新兴消费群体，特别是"80后"、"90后"已将啤酒作为主要的酒类消费品类。白酒的传统优势地位正受到进一步的挑战。此外，国内其他省市白酒产业异军突起，几个白酒大省都出现了自己的代表品牌。从以"茅台"为代表的黔酒复兴，到以"洋河"、"双沟"为代表的"苏酒现象"；从"汾老大"裂变，到"西凤"腾飞；从以"古井贡"、"口子窖"为代表的"徽酒模式大争鸣"，到以泰山、孔府家、兰陵、景芝为代表的鲁酒沉浮[4]，各省市均出现了能够代表该省市白酒实力的白酒品牌。

四川省作为全国白酒的主要产区，有大小近万家白酒企业，这为四川省白酒行业的发展提供了巨大的能量和潜力。但由于四川省白酒品牌基本上覆盖了高、中、低端产品市场①，因此，虽然四川省白酒市场潜力巨大，但在不同细分市场上不仅面临着省外产品的竞争，同时也面临着省内产品的竞争，特别是在中低端产品线上，竞争异常激烈。四川省著名白酒企业，包括五粮液、泸州老窖、郎酒等大型企业都推出了相应的产品参与竞争。过度的白酒竞争导致省内白酒，特别是中低端白酒企业经常陷入价格战、广告战的泥潭，这不仅损耗了白酒企业内部的资源，同时也使得一些小型白酒企业以次充好，大打价格战，甚至出现商标侵权的情况，这给大型白酒企业和消费者权益均带来了较大的损害[5]。此外，"塑化剂"、"添加剂"等事件也对四川省白酒企业的发展形成严重冲击，暴露出四川省部分中小型白酒企业生产过程缺乏质量安全控制，忽视生产、质量、品牌之间的关系，自主技术创新能力不高，工艺落后等问题。

三、"新常态"下四川白酒企业科技创新的路径与对策

目前，由于四川省白酒企业的产品主要为浓香型，而此香型的微生物机理尚

---

① 如高端及超高端市场上，有五粮液、国窖1573、水井坊、舍得酒、红花郎等之间的竞争；中端市场上，有剑南春、五粮春、泸州老窖特曲、郎酒等之间的竞争；低端市场上，存在全兴大曲、沱牌曲酒、文君酒、丰谷酒、小角楼等之间的竞争。

不明晰 [6]，了解此微生物的机理，运用现代微生物技术和现代分子生物技术剖析酒曲 [7] [8]，揭示酿造微生物与白酒品质中"色、香、味、格"之间的联系，不仅有助于提高四川省白酒企业的产品质量，也能为四川省白酒企业快速生产出符合市场需求的其他风味的产品提供理论依据。此外，用科技与传统酿酒工艺相结合 [9] 来改善和提高白酒的品质、提升酿酒工艺科技水平也是保障白酒生产过程中的出酒率和白酒品质的关键 [10]。因此，"新常态"下，四川省白酒企业科技创新的着力点为酿酒微生物机理研究和酿酒工艺研究。对于不同规模的白酒企业来说，应有所侧重地选择不同的科技创新路径。在这一前提下，本文提出以下四川省白酒企业科技创新的路径与对策建议。

（一）新常态下四川白酒企业科技创新的路径

四川省位于中国西南腹地，是西南交通枢纽，但相较于沿海地区便利的交通和地理优势，四川省的地理位置在一定程度上制约了白酒企业科技创新人才、资金和外部知识等资源的流入，特别是针对国外的知识流动渠道还处于建设和发展阶段。同时，相较于东部沿海地区的"开放"，西部地区较"闭塞"，四川所特有的"休闲"文化也决定了商务环境和创新软环境建设的难度较大。此外，四川省现有白酒企业的科技创新大多局限于对产品包装或设计的改进，技术发明专利的申请量少，比例较低。另外，四川省地处西部地区"前沿地带"，科研院所和重点高校数量居西部第一，白酒作为四川省的传统优势产业之一，其品牌知名度和产销量从全国范围来看都具有明显的优势。因此，四川省白酒企业应结合自身的规模和特点，借助内外部创新资源，充分发挥自身特色，在"新常态"下选择适当的科技创新路径。

1. 四川大型白酒企业科技创新的实现路径

对于一个行业来说，通过自主研发实现科技创新是整个行业持续发展的重要前提和基础。而相对于中小型白酒企业来说，拥有强大研发资源以及更强营销能力的大型白酒企业，更应该并且能够实现以企业自主研发为主，辅之以产学研合作研发的科技创新路径，通过建立企业内部研发部门，加强与四川各大高校和科研院所，甚至省外知名高校和科研院所的交流与合作，增加蒸馏酒工艺技术发明专利的申请数量，通过微生物机理研究缩短白酒的储存时间，提高企业的科技创新效率，从而促进整个行业在中国经济"新常态"下持续健康发展。

2. 四川中小型白酒企业科技创新的实现路径

四川省中小型白酒企业虽然缺乏充足的资源，自身研发能力和原始创新能力相对较弱，但相比大型白酒企业而言，中小型白酒企业对市场的反应更加灵敏和快速，管理更为灵活，创新的方式也更多样。因此，可通过以外部技术搜寻为主、产学研合作研发为辅的科技创新路径，充分利用外部创新资源。在国家提倡"大众创业、万众创新"的背景下，吸纳省内外现成的蒸馏酒工艺技术，在外观和包装创新的基础上，逐步引入机械化和自动化的工艺流程，学习和应用新的方法，使白酒的生产过程更加科学化、系统化，在中国经济的"新常态"下提高企业的科技创新能力。

（二）"新常态"下四川白酒企业科技创新的对策

针对"新常态"下，四川省白酒企业科技创新所面临的现实挑战以及四川省白酒企业科技创新的现状，本文通过对四川省白酒企业的实地调研，在分析四川省白酒企业科技创新着力点、创新模式以及创新路径的基础上，提出四川省白酒企业科技创新的对策建议。

1. 引进和培养科技创新人才，激发企业活力

缺乏人才是制约四川省白酒企业科技创新的一个重要因素。据《四川省"十二五"白酒产业发展规划》披露，四川省白酒产业人才"在全国具有一定的优势，但主要是指技术性人才，高学历、高技能、复合型和创新型的高端人才，尤其是营销人才、高级管理人才数量明显不足，缺乏一批具有世界一流的酒类品牌建设、营销、管理团队"。

在过去计划经济的环境下，四川省白酒行业和白酒生产企业往往遵循"计划"，按指标来生产销售，行业内对白酒产量的过分强调使得企业将生产放在了管理和营销之前。在市场经济环境下，企业需要按照市场的需求来生产产品，这就要求企业将营销和管理放在生产之前，在信息化的条件下，"酒香也怕巷子深"的现实状况更要求企业将营销放在首位。当前研究表明，对于四川省白酒行业的"龙头"企业来说，既不缺质量，也不缺品牌，而是缺良好的市场运作。

因此，一方面，各级政府应出台相关政策来鼓励企业培养和储备人才，特别是现代化的营销和管理人才，如泸州市的"千亿酒业人才工程"；另一方面，四川白酒企业可以通过建设信任与合作文化，形成支持科技创新的环境氛围，通过"走出去"和"请进来"相结合，培养科技创新人才，同时，可利用企业的优惠政策吸引国内外高层次白酒创新人才，建设具有现代理念的高水平科技创新人才队伍。

2. 调整产品结构，进行上下分流

M型社会结构① 逐渐形成，意味着中等价位的白酒产品（如五粮液系列酒中的五粮

---

① M型社会结构，指原本人数最多的中等收入阶层，除了一小部分人能往上挤入少数人的高收入阶层，其他大多数人则沦为低收入或中低收入阶层，原本的中间阶层凹陷下去，变得很小，于是整个社会像个被拉开的英文字母"M"。

春、五粮醇、五粮神等）的国际国内市场空间越来越小。因此，四川白酒企业应对目前中等价位的产品进行合理的上下分流。这样，才能在 M 型社会结构正式形成之前抢占先机，在激烈的市场竞争中占据主动地位，继续保持并进一步提高白酒企业的竞争力。

需要着重指出的是，对四川省白酒企业中等价位白酒产品的上下分流，必须"合理引导"。一方面，应充分发挥市场的调节作用，中等价位的白酒产品能上的尽量上，即通过进一步提升产品品质和品牌价值，加入高端白酒行列；不能上的则应主动调整目标市场定位，即针对数量不断扩大的中低收入阶层，以物美价廉的产品参与市场竞争，赢得中低收入群体的青睐。同时，由于 M 型社会结构中，中间阶层仍然存在，只是规模呈缩小趋势，故上下分流过程应逐步推进。另一方面，在上下分流的过程中，企业应充分重视科技创新，通过工艺创新、技术创新、原材料创新、外观包装创新等，在保证产品质量的前提下，多渠道多方法提高产品的科技含量，从而合理、高效地实现分流。

3. 打造川酒品牌，加强文化宣传力度

由于中国白酒具备物质和精神方面的双重属性，因此，在科技创新的过程中，应继续推进"中国白酒金三角"战略的实施，深入打造川酒区域核心品牌的影响力，要把消费文化、品牌文化和企业文化上升为中国白酒文化，加大宣传力度，体现川酒品牌文化的核心竞争力，积极创建四川省著名商标和中国驰名商标。

打造川酒品牌，一是要强化一线品牌，支持川酒"六朵金花"，强化品牌形象，继续在全国保持发展优势，以重点"龙头"企业为主，整合资源，扩大科技创新的优势。二是提升二线品牌，鼓励高洲酒业、丰谷酒业等地方白酒骨干企业在危机中提升，把握住"新常态"下的科技创新机遇，不断发展壮大。三是发展三线品牌，引导四川省三线白酒企业发挥自身科技创新优势，突出特色，适应市场针对性和多样性的竞争需求。四是整合原酒、散酒生产企业。在政府和行业协会的推动下，通过市场手段，整合原酒资源，打造和培育"中国白酒金三角原酒品牌"，提高四川原酒的影响力和竞争力。

加强文化宣传力度，一方面可通过开展白酒企业高峰论坛和组织媒体实地采访报道等方式，大力宣传川酒独特的生产酿制工艺，精辟提炼川酒深厚的历史文化内涵以及适度饮酒有益健康的科学论证，提高全国乃至国外消费者对四川白酒的认知度，提升美誉度和竞争力。同时，积极搭建国内白酒博览交流平台，不断培育川酒的市场消费热点。另一方面则应围绕"品质诚实、服务诚心、产业诚信"实施"中国白酒 3C 计划"，加大对健康饮酒、文明饮酒的宣传力度，引导消费者正确认识白酒，倡导文明、

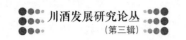
理性的生活方式和价值主张，树立白酒行业的健康形象。此外，可加大白酒科普宣传工作，广泛播出电视专题片，印刷并投放"中国白酒文化"相关宣传册，以网络、电视、平面媒体为纽带，以高峰论坛、培训会、品鉴会为载体，巩固和加强白酒文化的影响力。

4. 加快创新进程，加大质量监督力度

针对中国经济发展新常态下四川省白酒企业科技创新的现状以及面临的挑战，本文认为，应鼓励白酒行业的基础研究，充分利用国家"169项目"和"158计划"的成果，促进四川省白酒行业在酿酒微生物、风味成分、装备制造等方面的科技进步，提高出酒率和产品质量。同时，注重产学研联合，加快科技研发成果的商业化，对企业与高校或研究机构成功开发并应用的创新产品，适当给予政策和资金方面的奖励与扶持。

此外，还应该加大力度提升"川酒"的质量，进一步完善监督管理体系，强化行业监督、公众监督。第一，四川省白酒生产企业要树立强烈的食品安全意识，严格执行国家相关标准和规范，强化全程监督，从原料到成品、从生产到销售都严格把关。第二，职能部门也应加快建立健全质量安全监督体系，与白酒企业、行业协会、第三方机构等多方主体共同建设"川酒质量可溯源体系"、"白酒质量评价体系"，完善白酒质量检测项目、升级白酒检测标准和手段，以法制为基础建立"白酒行业诚信数据库"。同时，加强对中小型白酒企业，特别是原酒生产企业产品质量安全的检测力度，加大对不合格产品的处理力度，确保川酒品质和品牌竞争力。第三，白酒企业应加强质量安全风险的前瞻性研究，建立和完善白酒企业质量安全风险应对防控机制，排除诸如白酒"塑化剂"、"添加剂"风波给白酒行业带来的隐患。

5. 推进白酒产业结构调整，实现区域产业联动化

四川白酒企业的科技创新，最终要依托产业的结构调整和区域产业联动。因此，对于整个四川白酒产业来说：一是要优化布局，合理调控产能扩建，高效配置白酒行业的科技创新资源，提高产业集中度，引导白酒向川南经济区、成都平原经济区和川东北经济区等重要白酒产区发展，进一步形成产业集群优势，支持白酒向国家和省重点产业园区聚集，实现集群化、集约化发展，提高现有资源的利用率。二是综合发挥政策和市场"两只手"的共同作用，政府部门控制白酒产能审批，可借鉴国际先进生产资料管理模式，依托产量规模、窖池数量、生态管理、食品安全保证措施、循环经济等的认证管理，形成科学合理的淘汰机制，使行业资源向名优企业集中，支持四川"六朵金花"和四川省地方骨干企业对白酒行业的兼并重组，整合资源，淘汰落后产能。同时，四川省白酒企业可通过行业协会等平台，以品牌资源、市场资源为杠杆，

探索建立全省白酒行业市场平衡机制，对川酒市场价格和白酒标准修订达成共识，有序进退，共同维护四川白酒的市场利益，避免产能过剩带来的企业恶性竞争。三是在省级层面加强与贵州方面的沟通联系，整合和共享白酒优势科技创新资源，坚持"中国白酒金三角"区域的协调发展和可持续发展，充分发挥双方的优势和特色，相互尊重，自愿互利，按照市场化原则推进双方合作，共同打造"中国白酒科技创新金三角"。

参考文献

［1］田俊荣，吴秋余. 新常态，新在哪？［N］. 人民日报，2014-08-04.

［2］徐立栋. 中国白酒业：如何面对加入 WTO［J］. 酿酒，2001（6）：19-22.

［3］方美燕. 四川省白酒产业区际竞争力研究［D］. 西南财经大学博士学位论文，2009.

［4］孙延元，杨志琴. 探秘川酒"大国崛起"［EB/OL］. http：//www.em-cn.com/Article/2007/173961_2.shtml，2007-12-24/.

［5］王延才. 中国酿酒工业协会白酒分会五年工作报告［J］. 酿酒科技，2010（10）：123-125.

［6］赵爽等. 浓香型白酒生产中酿酒微生物研究进展［J］. 食品与发酵科技，2012，48（1）：24-29.

［7］程光胜. 中国酒曲微生物利用的发展现状［J］. 酿酒科技，2014（3）：122-124.

［8］王媚等. 浓香型白酒发酵微生物多样性研究进展与技术创新［J］. 酿酒科技，2014（8）：85-88.

［9］李富强，李绍亮. 浓香型白酒生产中的技术创新［J］. 酿酒，2012，39（4）：38-42.

［10］谢永文等. 论传统白酒酿造向机械智能化酿造设备成套生产线转型的必要性［J］. 酿酒科技，2014（1）：63-64.

经济"新常态"下四川白酒企业商业模式创新的可拓分析[*]

韩新明

摘要： 当前，我国经济发展正在进入"新常态"，经济增速、经济结构、动力机制、调控方式等都在发生深刻的变化。在此背景下，转型与升级成为四川白酒企业的必然选择，也是企业可持续发展的关键。要想完成企业的转型与升级，首先要在商业模式创新方面有所作为。目前，学界和业界在商业模式创新方面仍然缺乏有效的方法和工具，本文在回顾商业模式创新相关文献的基础上，以四川白酒产业的商业模式创新为例，通过基元理论和可拓变换理论建立了流程化、形式化的白酒企业商业模式创新方法，不但可以进一步丰富可拓工程理论，而且为四川白酒企业的转型升级提供了理论参考。

当前，中国经济正处于"经济增长速度换挡、结构调整阵痛、前期刺激政策消化"三期叠加的特殊历史时期。在这种形势下，中央以"新常态"来定位当前的经济发展形势，此举将对宏观政策的选择和行业企业的转型、升级产生方向性、决定性的深远影响。白酒产业是四川经济的重要组成部分，自然也难以摆脱经济"新常态"的影响。正确认识经济"新常态"，准确把握我国当前经济发展的"三期叠加"特征，对于在宏观层面调控白酒产业发展思路、优化川内白酒产业结构，以白酒企业的商业模式创新等手段形成四川白酒产业发展的新动力，对在经济"新常态"下保持四川白酒产业平

* 基金项目：本文为四川省教育厅人文社科重点研究基地、川酒发展与研究中心资助项目"川酒文化资源与区域旅游资源的耦合开发研究"（项目编号：CJY12-10）成果。

作者简介：韩新明（1976—），男，河北秦皇岛人，公共管理专业在读博士生，副研究员，现任西南科技大学文学与艺术学院副院长，主要从事文化产业经营与管理、媒体管理等方面的研究工作。

稳、健康发展，实现由高速增长向更高效益、更高效率的高效增长跨越具有重要意义。目前，学界和业界在白酒产业商业模式创新方面仍然缺乏比较有效的方法和工具，因此本研究对于川内白酒产业链上的企业进行商业模式创新具有一定的参考意义。

一、相关概念解析

（一）经济"新常态"的概念及特点

"新常态"这一概念是习近平同志于 2014 年 5 月在考察河南的行程中首次提出的，"中国发展仍处于重要战略机遇期，我们要增强信心，从当前中国经济发展的阶段性特征出发，适应"新常态"，保持战略上的平常心态"。[1] 之后，《人民日报》等国内主流媒体对"新常态"进行了深入的分析和探讨，逐渐明确了经济"新常态"的几个显著特点：一是经济增长速度从高速增长转为中高速增长。二是经济结构不断优化升级，一些高能耗、高污染的产业将逐渐被新兴产业所替代；经济发展动力由原来的要素驱动、投资驱动转向服务业发展及创新驱动，在此阶段，中国的经济将面临更多的挑战 [2]。这是中央高层站在全局角度对中国整体经济形势的准确把握，为中国新一轮的经济腾飞奠定了坚实的基础。

（二）商业模式

近年来，商业模式及商业模式创新研究在全球范围得到了前所未有的重视，但到目前为止，商业模式的理论研究仍处于不断发展变化之中，商业模式的概念、构成要素及其创新驱动、创新路径等主要问题还没有形成定论。商业模式一词的出现最早可以追溯到 20 世纪 50 年代中期，但当时并没有学者对其进行定义。直到 1998 年，Timmers 在对电子市场的商业模式研究中首次对商业模式一词进行了定义。他基于价值链理论，将商业模式视作由产品流、服务流和信息流构成的结构，其中包括对各个参与者的角色、潜在利益以及收入来源的描述 [3]。此后，国内外不少学者从各自的研究视角对商业模式进行过定义，限于篇幅在此不一一列举。在众多定义中，本文比较赞同迈克尔·莫里斯（Michael Morris）等对商业模式所下的定义。在归纳了众多学者观点的基础之上，他们从运营、经济和战略三个视角对商业模式的定义进行了总结。运营

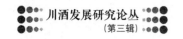

类定义主要关注企业内部流程及构造问题，由产品或服务交付方式、管理流程、资源流、知识管理等方面组成；经济类定义主要用以阐释企业盈利的根本原因，即利润是如何产生的，由收益来源、定价方法、成本结构和利润等方面组成；战略类定义涵盖了企业的市场定位、组织边界、竞争优势及如何可持续发展，由价值创造形式、差异化、愿景和网络等方面组成[4]。莫里斯等学者对商业模式的定义较为全面地展示了企业"赚钱"的真实图景，明确了商业模式的构成要素，本文将基于此对白酒企业的商业模式创新展开研究。

（三）商业模式创新

关于什么是商业模式创新，学术界目前存在不少分歧。有些学者认为商业模式的改进就是商业模式的创新，有些学者则认为至少有 4 个以上的商业模式构成要素有所改进才应该被界定为商业模式创新，Mitchell 等便持有这种观点[5]。事实上，这些观点都是正确的，但又都是片面的。因为从创新的角度来说，本来就有渐进式创新和颠覆式创新之分。因此，不能单纯从商业模式构成要素变化的数量来判定一个企业是否已经进行了商业模式创新。本文认为应该从商业模式的实质入手来理解商业模式创新。那么，商业模式的实质是什么呢？简单地说，商业模式就是企业赚钱、盈利的方式。基于此，商业模式创新可以通俗地理解为"一切能够有效帮助企业赚钱的新方式"。这些新方式中，既包括现有商业模式的改进，也包括全新商业模式的建立。比如，白酒销售企业通过变革营销方式提升企业利润可以称作商业模式的改变，白酒生产企业由于工艺流程的改变而提升了生产效率，最终导致企业利润提升也可以称作商业模式的改变，白酒企业与旅游业融合形成全新的工业旅游项目仍然可以称为商业模式的创新。因此，判定企业是否实现了商业模式创新可以从以下两个方面来考察：是否提供了全新的产品或服务、开创了新的产业领域，或者用全新的方式提供已有的产品或服务；在业绩方面是否有良好的表现，如成本明显降低或盈利能力明显增强，抑或具备了独特的竞争优势。

根据企业是否实现了商业模式创新的判定条件，可以将商业模式创新分为四类：第一类是由于企业的价值主张发生变化而引发的商业模式创新，即企业的产品或顾客发生了变化；第二类是资源组合变动引发的商业模式创新；第三类是由于企业运作流程变化而引发的商业模式创新，比如戴尔的直销模式；第四类是企业运营时所遵循的标准或法则变动引发的商业模式创新，如宏观经济政策变动引发企业的产品成本模式、目标市场、定价方式、生产规模以及市场定位等发生的变化[6]。

二、经济"新常态"对中国白酒产业的影响

我国的白酒行业和整个国民经济一样，在经历了 30 多年高速发展后，正在步入新的转折期。经济发展速度的降低，迫使企业的经营活动"降速"、"换挡"。经济发展的降速，必定会导致市场的产能过剩。为了化解产能过剩，企业必须面对市场作产品结构的调整，这对于企业无疑是"刮骨疗毒"的痛苦过程。由于在前期高速发展的刺激政策下已建和在建的项目，在"降速"中必定有艰难的"消化"过程。因此在产业链上，参与服务的企业，资金周转的窘迫甚至资金链断裂的状况也将出现。"三期"叠加和各种矛盾相互交织，困扰着我国的众多企业，谁都无法幸免。从经济高速增长转为中高速增长，将经历一个降低 GDP 增长速度的发展周期。

经济"新常态"必然会带来一系列的宏观经济调控政策，这势必会对国民经济中的各个产业造成不同的影响，白酒产业也不例外。在经济"新常态"下，白酒产业也要步入新常态。在白酒产业的"新常态"中，消费者进行理性消费，即"只买对的，不买贵的"；渠道商、经销商的暴利时代不复存在，从坐等生意上门到四处开拓市场；酒厂的暴利时代也将结束，部分中小企业将逐渐被市场所淘汰[7]。

三、"新常态"下白酒企业商业模式创新的意义及其阻力

（一）"新常态"下白酒企业进行商业模式创新的意义

当前研究白酒企业商业模式的创新问题对于四川白酒产业的健康、可持续发展具有深刻的现实意义。首先，新常态下白酒消费需求的变化决定了白酒企业必须进行商业模式创新。随着社会经济的快速发展，消费者对酒类饮料的需求日益呈现出复杂化、个性化、自主化的变化趋势。这些变化在一定程度上要求白酒企业必须创新商业模式，从而为消费者创造更多的剩余价值，进而塑造自身的竞争优势。此外，网络与移动通信技术的不断变革为企业的商业模式创新提供了广阔的空间。在科技日新月异的数字

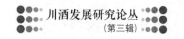

化时代，互联网正逐渐改变着人们的生产、生活方式，"互联网+"时代已经到来。网络新技术的不断产生与应用催生了很多线上、线下互动的商业模式，顾客买到自己想买的酒类商品再也不是难事。这对于区域批发商来说，区域性的价格垄断已不再可能，依靠渠道牟取暴利的时代将一去不复返。这些现实情况也要求白酒产业链上的有关企业必须思考自身的商业模式创新问题。

（二）白酒企业进行商业模式创新的两大阻力

关注现有顾客的需求是企业得以成功的重要因素。但过度关注顾客的需求，或者说不能用动态的眼光来看待顾客的需求，那么曾经的发展动力很有可能演变为企业商业模式创新的阻力。此外，企业的管理者为了自身利益也很可能成为企业商业模式创新的阻力。明茨伯格的管理者角色理论就指出了管理者职能在企业总体创新方面受到的限制。事实上，管理者在工作中常常以任务契约为导向，以完成既定任务为最终目标，而商业模式创新并不在他们的关注范围之内[6]。

四、"新常态"下白酒企业商业模式创新的路径研究

（一）"新常态"下白酒产业发展过程中的矛盾问题

1. 粮食安全与酿酒原材料供应的矛盾

近年来，随着四川省经济发展速度的加快，其经济总量也得到了大幅提升。酿酒、饲料等企业对粮食的需求量不断攀升，尽管四川省的粮食生产连续六年实现了净增长，但由于农村劳动力转移、城市化进程加快、大规模退耕还林、种植业结构调整等因素影响，四川已由21世纪初的粮食"基本自求平衡省"转变为"供不足需、转化用粮缺口急剧增长"的"缺粮大省"[8]。在这样的现实情况下，四川白酒产业若要获得健康、可持续的发展，必须考虑如何解决粮食安全与酿酒原材料供应之间的矛盾。

2. 消费者饮用白酒与身体健康的矛盾

白酒是联系感情的媒介，每逢喜庆之事或朋友聚会总离不开它，但长期过量饮用白酒对人体造成的危害也不可忽视。主要表现在六个方面：第一，喝酒直接伤肝，有可能引发酒精肝、肝炎、肝硬化等疾病，肝脏损伤之后，视力必然下降，身体解毒能

力也跟着下降，造成免疫力下降，容易感染或引发其他疾病。第二，喝酒伤胃，消化不好，体质就差，也容易感染其他疾病。第三，喝酒还会伤害心脏、脾脏、胰腺，容易引起高血压、心血管病、中风和胰腺炎。第四，喝酒会伤肾，造成前列腺炎，影响男性性功能。第五，喝酒伤神经，经常酗酒的人会对酒产生依赖性，脾气变得暴躁、不安。第六，喝酒伤害容貌，经常喝酒的人容貌枯槁、憔悴，皮肤也容易衰老[9]。在更加关注身体健康的今天，很多消费者为了保护自己的身体，选择消费酒精浓度较低的啤酒或红酒。因此，白酒企业必须思考如何在兼顾顾客身体健康的情况下留住正在流失或即将流失的顾客。

3."互联网+"时代传统白酒批发零售商与电商的利益冲突

电商的出现结束了白酒流通渠道经销商的垄断暴利时代。而随着电商配送范围的逐步扩大，传统的渠道经销商和电商的利益冲突也越来越尖锐。原来电商的覆盖范围仅限于一二线城市，传统渠道经销商在三四线及以下城市和农村地区仍处于垄断地位。但自从2014年7月阿里巴巴宣布实施"渠道下沉"战略以来，国内电商掀起了抢夺三四线及以下城市的热潮，阿里巴巴甚至计划未来投入100亿元发展农村电商[10]。在这样的大环境下，传统的白酒渠道经销商如何思变以确保自身的利益值得深入研究。

4.白酒产业发展与环境污染的矛盾

经济发展与环境污染之间的矛盾是长期困扰城市管理者的主要问题之一。白酒生产企业作为食品工业的一个分支，也会产生一定的环境污染问题。白酒发酵生产过程中要产生一种副产物——酒糟，每生产1吨白酒，就会产生2~4吨酒糟。据相关统计，我国传统白酒行业每年的酒糟产量为3000多万吨。酒糟的酸度较大，水分含量高，易腐败，如不能及时有效地进行加工处理，就会造成严重的环境污染，影响生态平衡[11]。此外，酿酒企业还会排出工业废水，造成河流的水体污染。因此，如何解决白酒生产企业的污染问题，也是白酒产业转型升级过程中必须要思考的问题。

（二）"新常态"下白酒企业商业模式创新的可拓学分析

1.可拓学简述[13]

可拓学是用形式化模型研究事物拓展的可能性和开拓创新的规律与方法，并用于解决矛盾问题的科学。其研究对象是客观世界中的矛盾问题；其逻辑细胞是基元，包括物元、事元和关系元；其逻辑基础是可拓逻辑；其基本理论是可拓论，包括基元理论、可拓集合理论和可拓逻辑三大支柱理论；其解决问题的方法是可拓方法，包括可拓分析方法、可拓变换方法和可拓集合方法等。该理论认为，可拓性是事物固有的特

性。人类赖以生存的整个世界，包括客观世界和主观世界，都存在可拓性。人类要进一步认识世界和改造世界，就必须进一步认识事物的可拓性。对事物的可拓性认识越清楚，就越能提出解决矛盾问题的变换思路，越能使用更多具有可行性的方法，去处理工作和生活中遇到的种种矛盾问题。

在可拓学中，可拓方法共包括五种，分别是拓展分析方法、共轭分析方法、可拓变换分析方法、可拓集方法以及优度评价方法。白酒企业在进行商业模式创新途径分析时，可以根据实际需要选用其中的一种或几种方法来解决创新过程中遇到的矛盾问题。

2. 白酒企业商业模式创新的可拓学分析

正如前文分析，在新常态下白酒产业面临四对比较突出的矛盾，即粮食安全与酿酒原材料供应的矛盾、消费者饮用白酒与身体健康的矛盾、传统白酒批发零售商与电商的利益冲突、白酒产业发展与环境污染的矛盾。在这四对矛盾问题中，既有对立问题也有不相容问题。因此，需要使用可拓学中的不同方法分类解决。

（1）基于可拓学的商业模式创新基本流程。[13]

规范的创新流程是企业确立商业模式创新和制定创新战略的基础。尽管商业模式创新的途径千差万别，但相对规范的创新流程将会使企业的商业模式创新事半功倍。一般来说，商业模式创新的流程可以分为四步：

第一步是收集商业模式创新所需的各种有价值的信息并将其存储到基元库中。用于创新的各类信息可从基元的角度进行收集、归纳、整理，用形式化的符号系统反映矛盾问题和创新需求，从而形成商业模式创新的基础信息库。这个阶段的基础工作就是把企业创新的目标、产品与服务信息、市场信息等录入基元库。

第二步是商业模式创新的具体路径分析。这一步可以从元素、论域以及关联准则三方面入手。元素是指问题包含的各组成成分，一般用基元表示；论域是指问题所处的空间、时间等范围；关联准则是判断问题是否解决和满意度的标准、程度等。这些基本问题描述清楚以后，就要根据商业模式创新的实际需要从现有条件、将要达成的目标出发，结合可拓方法进行发散思考，将所有可能的创新路径逐一列出来以供选择。

第三步是运用可拓变换方法加工信息，生成商业模式创新的备选方案。经过前两步的准备工作，已经基本可以掌握创新方案生成的可能性及其内在关系，在此基础上利用可拓变换方法便可生成商业模式创新的各种策略方案。李兴森、李萍、朱正祥等基于可拓学的基本变换构建了一个简单的策略生成棋盘：在每个棋盘格里按要求进行变换，就可以生成12种基本策略。再考虑策略之间的加、减、组合等4种运算，就形成了一个策略生成棋盘（见表 1）。

第四步是利用优度评价法对生成的商业模式创新方案进行选择，择优而实施。完整的商业模式创新流程如图 1 所示。

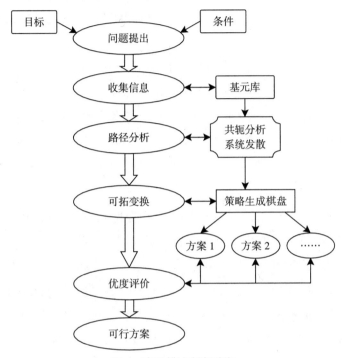

图 1 商业模式创新流程

资料来源：根据李兴森等可拓思维方法创新流程示意图改绘而成。

表 1 创新策略生成棋盘

路径 ＼ 变换方法	置换变换	增删变化	扩缩变换	组分变换
条件				
目的				
关系				

资料来源：见李兴森、李萍、朱正祥的《可拓思维辅助企业管理创新》。

（2）白酒企业商业模式创新的可拓学分析。

首先是粮食安全与酿酒原材料供应矛盾的解决。俗话说 "民以食为天"。粮食安全问题是涉及民生的头等大事，因此在保证国家粮食安全的国之大计面前酿酒原材料的供应问题便显得无足轻重。我国自古便有战时或荒年限酒的政令，尽管改革开放以来

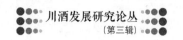

我国从未出台过限酒令，但作为白酒产业的重要组成部分——白酒生产企业必须居安思危，未雨绸缪，及早思考基于粮食安全问题的商业新模式。

思路一：变更白酒的原材料。蒸馏酒分几大类，粮食蒸馏酒只是其中之一，而我国的蒸馏酒主要原材料就是粮食。若遇到因粮食安全问题而出台的限酒政策，那么大部分白酒企业会因原材料供应不足而倒闭。因此，积极探索新的原材料及酿酒工艺是确保白酒业可持续发展的备选道路之一。

思路二：探索白酒可逆为食品的途径和方法。目前，白酒的生产流程是不可逆的，也就是说粮食可以变成酒，但酒不能变成粮食。若能够探索出一条能够将白酒逆化为粮食的科学途径与方法，实现粮食与白酒的双向可逆，那么粮食安全与酿酒原材料的供应矛盾便会自然消失。

思路三：进一步探索白酒作为新能源的途径与方法。乙醇汽车和乙醇汽油是当前与白酒产业相关度较高的新兴产业。但目前的乙醇汽油和乙醇汽车技术都还不够成熟，因此应用范围还不够广泛。如实力雄厚的白酒企业愿意投身以乙醇为动力原料的新能源汽车研发，也不失为商业模式创新的一条光明大道。

其次，消费者饮用白酒与身体健康矛盾的解决。众所周知，长期过量饮用白酒会对人的身体健康造成一定的影响。近年来，随着大众保健意识的逐渐增强，白酒消费群体的规模正在逐渐缩小。出于健康的考虑，一些白酒消费者转为消费啤酒或红酒。面对这样的市场变化趋势，白酒企业该如何解决这对矛盾问题呢？

思路一：降低白酒度数，推出新产品。降低白酒度数以后，意味着每100毫升白酒中所含酒精量下降，这种方案在一定程度上减少了消费者的酒精摄入量。但酒精度数下降以后，白酒的口感会发生变化。因此这种方案不是解决矛盾的最优的方案。

思路二：白酒生产企业自主研发解酒饮品，与白酒产品配套销售。当前市场上有解酒药、解酒饮料等。虽然这些产品在理论上都能保肝、护肝，尽快分解乙醇，但根据消费者反映，这些产品的效果参差不齐。究其原因，醉酒后导致人出现头疼、难受的物质不仅是乙醇，还包括存在于白酒中的酯类和醛类物质。而不同品牌、不同度数的白酒中这些物质的含量是有差异的。至于白酒中酯类和醛类物质的百分比究竟是多少，只有白酒生产企业才清楚。因此，白酒企业若能投入到解酒饮料的研发中，一旦研发成功并使其与白酒产品配套销售，既解决了白酒消费者的消费需求又保护了消费者的身体健康，必将大大提高白酒的销售量。

再次，传统的白酒渠道经销商与电商的利益冲突的解决。互联网技术的快速发展以及物流水平的不断提升，使得电商所占的市场份额越来越大。从市场竞争的角度来说，传统的白酒渠道经销商和电商之间在利益分配上是此消彼长的关系。传统的渠道经销商获得的利益多一些，电商获得的利益就少一些，反之亦然。那么传统的渠道经销商该如何应对电商的挑战呢？

思路一：在现有经销渠道的基础上拓展互联网业务。从理论上来看这种商业模式创新活动是可行的，但事实上众多传统经销商经过实践后发现"此路不通"。一位曾经涉足互联网营销业务的传统经销商说过这样的话："不做是等死，做是找死。"[14] 但在"互联网+"时代，市场营销手段的界限已经不再那么清晰，"你中有我，我中有你"是营销行业的大趋势。

思路二：以上分析是站在白酒产业链的营销环节来思考商业模式创新的。若站在白酒生产企业的角度来分析，商业模式创新又会是另外一种模式——白酒生产企业将渠道经销商这个环节在白酒产业链上剔掉，利用互联网直销自己的产品。在物流技术落后的年代，白酒企业必须依靠中间的渠道经销商才能扩大自己的市场份额。但在互联网技术高度发达的今天，传统的渠道经销商存在的意义已经不大，剔掉这个中间环节不会对公司的现金流产生多大的影响。戴尔电脑就是大胆剔除中间流通环节、采用直销方式从而在商业模式创新上获得成功的典型范例。

最后，白酒产业发展与环境污染的矛盾的解决。白酒生产过程会引发一些污染问题。如废水、尾酒等废弃物会导致河流水体质量下降，酒糟散发出的气体会导致空气质量下降等。在强调产业结构转型升级的今天，那些高能耗、高污染的企业迟早要被新兴产业所替代。白酒产业虽不在高能耗、高污染的产业范围之列，但其产生的污染问题也不容忽视。

思路一：通过技术研发解决废弃物的再利用难题，从而生成新的商业模式。一些实力雄厚的白酒生产企业，可以走白酒产业与环保产业融合的道路，创建基于白酒企业废弃物处理技术的环保服务子公司，专门为中小型白酒生产企业解决废弃物问题。这样既可以解决中小企业治污经费不足的难题又可以在产业链中打造新的商业模式。

思路二：以白酒生产企业为核心构建白酒产业生态园。生态园是循环经济的微缩体，是现代工业园的发展趋势。当前，国内已有部分白酒生产企业推出了工业旅游项目，这是现代白酒工业和旅游业的一种融合，是一种新型的商业模式。但这种模式对游客的吸引力还不够强大，游客的新鲜感消失以后这类项目多数难以为继。这里提出的白酒产业生态园不是工业生产与旅游观光的简单叠加，而是现代白酒生产加工业与环保产业、现代农业、旅游观光业、休闲文化产业的有机融合，园内没有任何污染源，所有废弃物都可以"变废为宝"，成为另一产业的原材料。

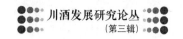

五、研究结论及展望

目前国内商业模式创新的相关理论还很不成熟，笔者基于有限的资料，根据自己对可拓学的简单理解提出了白酒企业商业模式创新的思路以及创新流程模型，这些研究还很肤浅，希望能够得到国内相关领域研究专家的指导以不断完善此成果；此外本文提出的商业模式创新流程模型是否具有普适性，还需要通过大量的企业调研展开实证。

笔者在研究过程中也发现，大量商业模式创新的前提是技术创新。对于中小型白酒企业来说，技术创新是一项艰巨的任务，一方面企业拿不出经费来支持技术创新，另一方面这些中小企业也缺乏技术创新型人才。对于实力雄厚的白酒企业而言，技术创新不是难事，关键在于转变意识。在此也建议四川的白酒企业联合起来成立创新联盟，改"单兵作战"为"集团军作战"，从而尽快提升四川白酒产业的创新能力。

此外，对于企业的商业模式创新而言，仅有好的创意是远远不够的，还需要强有力的组织保障机制与之配套。换句话说，企业应当充分意识到组织能力在支撑、推进商业模式创新过程中的重要作用。从组织能力的角度来看，商业模式创新的过程，是企业战略、组织系统和员工行为等层面进行变化和调整的过程，也是企业的战略理念、客户价值、价值链的关键因素、组织部门的责任要求和目标等发生不同程度变化的过程。例如，企业原先正确的目标、正确的策略就可能变得不再正确了，员工以往的知识技能和做事方式可能不再被认可了，等等。所有这些变化都意味着企业的组织能力要面临模式创新后的挑战，必须进行调整重构。因此，在商业模式创新的过程中，切记不能仅关注商业模式的创新而忽略与之配套的组织能力建设问题[15]。

参考文献

[1] 习近平首次阐述"新常态"[EB/OL]. 新华网，2014-11-09.

[2] 全面准确理解中国经济新常态 [N]. 经济参考报，2014-11-10.

[3] Timmers P. Business Models for Electronic Markets [J]. Journal of Electronic Markets，1998（2）.

[4] 原磊. 国外商业模式理论研究评介 [J]. 外国经济与管理，2007（7）.

[5] 项国鹏，周鹏杰. 商业模式创新：国外文献综述及分析框架构建 [J]. 商业研究，2011（4）.

［6］齐严. 商业模式创新研究［D］. 北京邮电大学硕士学位论文，2010.

［7］朱思旭. 白酒行业进入新常态的三个标志［N］. 糖酒快讯—白酒，2015-04-17.

［8］张书冬，黎明，王海林，蔡开泉，黄玖辉. 四川粮食供需缺口急剧加大　粮食安全应引起高度重视［J］. 粮食问题研究，2014（1）.

［9］喝酒多了有什么危害［EB/OL］. http：//zhidao.baidu.com/link？url=MwcZiYSpeziwa990YZsidWEAVmrHgiAGzBc3eE-Ciu_7pA_MbhZr8DxyZLaKWOYcjEbWh8BA3am5ORqOp1STR-ImeRph8zk4xcb6uhrkmh3.

［10］赵萍. 2014年中国流通产业回顾与2015年展望［J］. 中国流通经济，2015（1）.

［11］李进，梁丽静，薛正楷. 中国传统白酒酿造丢糟资源循环利用研究进展［J］. 酿酒科技，2015（3-4）.

［12］蔡文，杨春燕，何斌. 可拓学基础理论研究的新进展［J］. 中国工程科学，2003（2）.

［13］李兴森，李萍，朱正祥. 可拓思维辅助企业管理创新［J］. 科技智囊，2009（2）.

［14］白刚. 网店与实体店冲突，要退吗？［J］. 销售与市场（评论版），2012（4）.

［15］朱慧. 基于商业模式创新的企业组织能力构建研究［D］. 江南大学硕士学位论文，2013.

白酒产业转型发展的路径研究[*]

——基于商业生态系统理论

黄平　曾绍伦

摘要： 经济"新常态"下行业环境、市场环境、竞争环境等的变化要求白酒产业实施转型发展。本文通过研究白酒产业现状和分析白酒产业转型的动力，构建白酒商业生态系统；基于白酒行业商业生态系统中的企业类型的划分提出白酒产业转型发展的路径。并从白酒商业生态系统、政府规制以及白酒企业转型等方面提出白酒产业转型发展的建议。

一、引　言

自 2008 年全球金融危机爆发以来，我国经济增速换挡，产业结构调整，形成以增速放缓、产业转型、结构优化、创新驱动为特点的经济"新常态"。2013 年，白酒产业暴露出产能过剩、库存积压等产业组织问题，加上国家相关政策实施以及长年不断的"酒精勾兑"和"塑化剂"质量问题，白酒产业被推上风口浪尖，白酒产业转型被提上日程。探索白酒产业转型的路径、政策等受到学者与白酒行业和白酒企业的广泛关注。

* 基金项目：四川省哲学社会科学规划项目《"十三五"期间川酒产业转型发展研究》（项目编号：SC14E047）。

作者简介：黄平（1990—），女，河南鹤壁人，在读硕士生，主要从事产业组织与规制研究；曾绍伦（1974—），男，四川泸州人，教授，博士，硕士生导师，主要从事环境规制与企业社会责任研究。

围绕白酒产业转型提出的白酒产业营销转型、"白酒金三角"打造、白酒产业集群模式、产业融合等模式在一定时间、空间范围内取得不少成功，但缺少从白酒产业整体布局出发，对净化白酒产业系统、明确白酒产业内部战略规划的研究。基于此，本文运用商业生态系统理论，构建白酒商业生态系统，辨识白酒商业生态系统内关键"生态位"，探索以商业生态系统为基础的新型白酒产业转型路径。

二、理论综述

现有关于白酒产业转型的研究涉及产业深化、产业融合、产业扩张与企业转型等路径与模式。白酒产业深化是指在经济全球化、产品分工合作的背景下，技术创新会驱动白酒产业从产业链低端向产业链高端过渡。尤其在白酒产业出现衰退迹象时，要在产业链上游培育高粱生产基地，大力研发发酵技术，在产业链下游运用"互联网+传统制造业"的新模式拓展营销路径，丰富白酒终端产品类别，促使白酒产业沿产业链向"微笑曲线"两端延伸，形成高附加值的白酒产品。如杨国华、张肖克等提出在贵州省创建白酒产业技术创新战略联盟，分析了联盟组建模式、运作机制以及白酒行业产学研深入合作的若干问题[1]；苏潮提出基酒与品牌酒生产企业重新组合，使生产附加值不高的基酒的企业能够沿产业链不断升级，生产出附加值较高的品牌酒[2]；林峰指出基于国情、文化习俗、人口趋势等特点，白酒产业应打造产业整合、资本并购的多品牌运营平台，在以地区竞争为主导的产区化格局中，打造以龙头企业为代表的集群品牌[3]。白酒产业融合是指在一定的空间或区域内，白酒产业与其相关联产业进行相互融合、相互交叉，逐渐渗透进而生产出新型白酒复合型产品。具体的白酒产业融合包括：第一，白酒产业与高新技术产业融合，即白酒产业与电商、物流合作开启新的营销模式取代代理商模式，如林峰根据政策调整对白酒产业的影响，提出将白酒、酒文化、旅游、房地产四个产业相融合，并在此基础上形成产业联动，带动电商行业、物流业以及金融业，并不断延伸到更多的产业[3]。第二，白酒产业与第三产业融合，表现为以白酒文化产业与白酒产业渗透形成系列白酒高附加值产品，如康珺提出整合白酒生产、白酒文化、白酒历史与白酒旅游等资源，统一规划，实现生产旅游的一体化[4]；王道鸿根据茅台镇悠久酿造历史，提出设计白酒文化博物馆、厂区观光、酒诗艺术体验、"美酒河"度假村、生态酒都一日游、白酒文化节等旅游产品，让白酒生产、酒文化、旅游结合，打造综合、独特的旅游体验[5]；王启凤提出从泸州白酒产业发展、特色酿造文化、多元媒体宣传、旅游产业开发等方面推出城市文化品牌，塑造白酒城市形象[6]。白酒产业扩张指从产业组织角度，纵向或横向延伸产业链，以达到纵向一体化或横向一体化战略，从而形成一定产业优势，具体表现为白酒产业集群等，如黄永光、刘杰提出打造"白酒金三角"的战略意义是加快中国白酒业发展、打破现有格局，培育白酒龙头企业，带动关联产业发展，使更多的人力、资源、财力向龙头企业集聚，促进技术创新，提高区域产业核心竞争力[7]；朱家德以泸州为例，分析并论证了白酒产业集群与城市竞争力的互动关系和提升城市竞争力的路径选择[8]；张叔猛等提出凭借四川白酒业悠久的酿酒文化优势、优质的地理环境优势、独一无二的酿酒人才优势及政策倾向优势等，针对目前产业发展的问题，提出打造白酒集群品牌，提升品牌竞争意识，并为建立四川白酒产业集中区提出对策[9]。白酒企业战略转型表现为企业生产技术、市场营销、销售渠道、管理模式等方面转型，例如，杨印宝提出在白酒企业可以实施"十大"转型：由"渠道"向"终端"转型，"垄断盈利"模式向"扩张盈利"模式转型，高投入的"中高端品牌"提升方式向互动式的"大众化品牌"占有转型，由偏重"经销商利益维护"向"顾客价值研究"转型，"传统"营销网络向"兼顾现代电商"营销网络转型，"单一营销战术"运用向"系统营销策略"运用转型，关注"市场影响力"投入向关注"营销团队激励"投入转型，"厂家话语权过多"向"厂商平等合作"方向转型，区域"独家代理"向"密集代理"转型和"低价操作"模式向"深度分销"模式转型[10]。

在商业生态系统研究方面，主要的研究成果包括：第一，商业生态系统内各主体关系研究，包括共生关系研究、竞争与合作关系研究等，如顾力刚和谢莉利用灰色关联法分析丰田商业生态系统内企业共生关系，发现非对称性共生与对称共生并存[11]；田世海和韩琳研究物联网商业生态系统中主体竞争关系和特征，构建了运营商与系统集成商的合作竞争演化模型，进行了 Matlab 仿真研究[12]。第二，商业生态系统维度分析研究，如 Hu 等对碳交易行业从"3C"，即环境（Context）、配置（Configuration）、合作（Cooperation）三个维度出发，探讨如何培养商业生态系统促进新兴碳交易产业发展，并分析了商业生态系统进化的模式[13]。在"三维"分析框架的基础上，有学者对其进行拓展，如 Rong 等在"3C"分析框架的基础上扩展了"6C"分析框架，用环境（Context）、合作（Cooperation）、构建（Construct）、配置（Configuration）、能力（Capability）和改变（Change）六个维度分析物联网商业生态系统如何产生共赢[14]。第三，商业生态系统内企业战略的研究，如钟耕深等以奇虎 360 公司与腾讯公司商业纠纷案为案例，研究认为系统内大企业的角色与战略不匹配，导致商业生态系统失调，呼吁构建健康商业生态系统，明确企业角色与战略[15]。第四，商业生态系统评价研究，包括系统稳定性、企业绩效评价等，如王国顺、杨晨运用专家打分法、层次分析法，构建了一套商业生态系统内缝隙型企业的评价指标体系[16]。

基于以上分析可见关于商业生态系统理论研究较为成熟，学者们运用商业生态系统分析框架、战略思维方式、分析层次，构建了白酒商业生态系统，并深入分析了白酒商业生态系统内重要子系统的功能与作用，明确了系统内关键成员的战略规划。

综上所述，关于白酒产业转型路径的研究聚焦于产业链的延伸、区域内的产业集聚、企业微观战略调整，鲜有学者关注白酒产业网络系统性分析，较少有人从白酒产业整体性分析产业现状，缺乏协同共赢的战略模式思考，且鲜有关于白酒行业商业生态系统的研究。因此，本文基于商业生态系统理论整体性、共赢性新战略思路，为探索白酒产业转型的路径、模式等提出对策建议。

三、白酒产业转型发展的路径分析

（一）白酒产业发展现状分析

2008 年全球经济危机爆发以来，各国经济增速放缓，进入经济深度调整时期，而自 2013 年以来，受相关政策及负面事件的影响，白酒产业战略转型势在必行。

中观层面上白酒产业呈现出行业标准缺失，具体表现为白酒产品定价标准、产品质量标准缺失。以年份酒为例，各龙头企业专业打造高端白酒，尤其以"年份"为噱头，哄抬高端白酒价格，包揽政企高层宴请消费，满足消费者标榜身价的虚荣心理，利用信息不对称及缺少定价标准等因素攫取超额利润。在白酒质量方面，"塑化剂"、"酒精勾兑"等事件频出，白酒多头分段监管造成监管真空与缺失，严重损害消费者的健康与利益。在白酒消费方面，白酒消费群体集中于中老年男性，他们对白酒消费有刚性需求，但对于潜在消费群体如"80 后"、"90 后"年轻人群，市场的挖掘力度不够，造成白酒消费群体的单一化；另外，公众对白酒缺乏正确认知进一步阻碍白酒消费，即健康饮酒、喝酒不开车、开车不喝酒等观念有待重塑，避免公众对白酒片面化误解。国外市场方面，白酒消费基本处于空白，由于白酒酒精度较高、中西方饮酒文

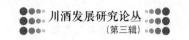

化差距较大且外国设立的技术壁垒等原因，白酒并不受国外消费者青睐，这也进一步缩小了白酒消费市场。

在白酒产业组织内，微观主体白酒企业数量较多，尤其是中小企业较多，但其规模、产量、大众接受度、价格等各方面与龙头企业有较大差距。截至 2014 年底，在拥有白酒生产许可证的 7000 多家白酒企业中，100 家酒企占据白酒市场 90% 的份额，龙头企业已经形成市场力量，拥有绝对的定价权、技术研发优势，对白酒行业发展起到决定性作用。而中小白酒企业缺少资金支持，缺乏技术创新能力，一味跟风龙头企业实行产量扩张战略，在国家政策给予白酒产业较大压力时，纷纷面临库存大增、产能过剩等问题。

基于以上宏观、中观、微观层面的分析，我们发现白酒产业发展面临重重困难，产业组织有待优化，企业战略出现错位，白酒消费群体流失，潜在消费群体消费意愿不足，行业标准缺失，龙头企业与中小企业恶性瓜分白酒市场。因此，白酒产业转型路径有待探索。

（二）白酒产业转型的动力分析

白酒产业的发展与国家政策紧密联系，白酒行业的发展及其战略转型必须符合国家关于白酒业的法律、法规、政策和经济、技术、社会消费环境等方面的规制。另外，政府主管部门也需要引导、协调和辅助传统白酒产业的健康发展；实施白酒产品质量标准和完善白酒定价明细；鼓励外资注入白酒资本市场，缓解白酒中小企业融资难问题；加大投入白酒技术研发专项资金，促进固态酿造技术改良；引导白酒消费者健康饮酒，挖掘潜在消费群体，开拓白酒国际市场。

同时，白酒产业系统存在的结构性问题需要通过转型来解决，而其重要途径就是构建白酒产业生态系统：在分析白酒产业外环境、产业内部企业现状的基础上，梳理白酒产业生态系统呈现出的系统乱象、规制政策缺失、企业战略错位等问题；进一步构建白酒产业生态系统，打破传统的纵向一体化、实施产业集群化、集中化和集约化策略，将与白酒产业相关联的主体纳入商业生态系统并做出战略规划与调整，形成各主体协同发展的新型战略模式。

在白酒企业方面，白酒企业要注重核心能力的培养，处于商业生态系统内不同"生态位"的白酒企业要培育不同的竞争优势，采取不同的企业战略，避免市场重叠交叉，减少恶性竞争，让实现白酒产业共生共赢成为白酒企业转型发展的动力与源泉。

（三）基于商业生态系统的白酒产业转型发展路径

1. 商业生态系统理论及模型分析

商业生态系统理论最早于 1993 年美国著名经济学家 James Moore 在 Harvard Business Review 上发表的文章 Predators and Prey：A New Ecology of Competition 中首次提出[17]；之后又在其著作 The Death of Competition：Leadership and Strategy in the Age of Business Ecosystems 中进行了系统阐释[18-19]。白酒商业生态系统是指与白酒产业相关的组织与个人构成的相互联系、相互支持的共生网络，包括原材料供应商、基酒企业、白酒企业、销售商、消费者构成的核心生态系统；直接竞争者、潜在竞争者构成的竞争系统，监督检查部门、行业自律部门、高校研究部门、消费者协会等构成的行业支持系统；经济环境、法律环境、政治环境、科技环境、社会环境、地理自然环境构成的环境系统。图 1 为基于白酒产业转型需要构建的白酒商业生态系统模型。

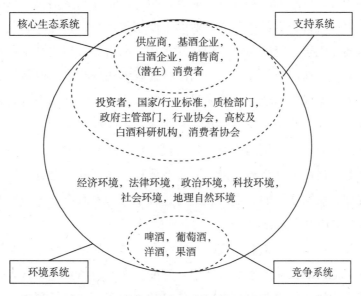

图 1　白酒行业商业生态系统框架模型

商业生态系统理论是白酒产业转型的理论背景之一。其中，子系统核心生态系统内成员是白酒产业转型最活跃的主体，是战略转型的源泉，决定着白酒原材料采购、生产、销售、消费的整个过程，与白酒产品产生直接相关。行业竞争系统对白酒市场产生挤压态势，与白酒产品共同分割饮品市场，其势力的强弱对白酒产品发展至关重要。白酒行业支持系统能为白酒产业转型提供法律保障、标准指引、质量检测、技术

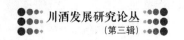

支持、行业引导、资金融通等支持。白酒环境系统是白酒产业最外层的系统，是为白酒产业转型提供支持的客体与背景。各子系统相互嵌套、相互影响、相互融合，形成整体的、系统的白酒商业生态系统。

2. 基于商业生态系统的白酒产业转型发展路径

研究白酒产业转型发展的路径需要先划分商业生态系统的层次，辨识各层次子系统的作用与功能，明确系统成员战略规划，形成共赢的战略模式。同时，白酒产业转型路径主要依托商业生态系统内白酒生产企业战略转型来实现。

参照马尔科·扬西蒂和罗伊·莱维恩在《共赢：商业生态系统对企业战略、创新和可持续性的影响》中对在商业生态系统中具有不同地位与作用的企业的划分，本文将白酒企业划分为网络核心型白酒企业、支配主宰型白酒企业、缝隙型白酒企业、坐收其利型白酒企业[20]。不同企业转型发展的路径如下：

第一，网络核心型白酒企业是商业生态系统的中枢系统，占据商业生态系统中的关键节点，利用较少节点就能掌握核心命脉，与其他企业共享信息、技术，为其他企业提供网络节点、平台，以提高白酒企业的生产技术水平，将白酒商业生态系统化繁为简，为白酒商业生态系统的稳定承担更多责任。网络核心型白酒企业作为白酒企业的核心，发挥着引领性的指导作用。在白酒行业收缩的现状下，网络核心型白酒企业应构筑系统平台，形成白酒企业与顾客最紧密的联系方式，利用平台向每位系统成员提供所需信息；同时，小企业与消费者也利用平台不断反馈信息，实现信息共享。其目的是做大白酒行业，以双赢的战略方式取代零和的战略方式，让各白酒企业共享白酒行业发展红利。最后，网络核心型白酒企业要拥有良好的社会责任形象，将勇于承担社会责任的观念贯穿于采购、生产、销售过程中，为白酒企业树立良好的楷模，使白酒行业的社会责任深入人心。

第二，支配主宰型白酒企业实施横向或纵向一体化战略，盘踞与操控较多的系统节点，更能对其他白酒企业产生挤压作用。支配主宰型白酒企业通常占据较多市场资源，具有低成本优势；但其获得很多行业信息却不共享，从自身利益出发并利用信息不对称，做出损害商业生态系统的行为，导致白酒商业生态系统的崩溃。此类企业需从行业发展的大局出发，维护白酒行业的持续健康发展，从恶性瓜分白酒市场转向积极拓展白酒市场；需积极与其他企业共享信息，为其他白酒企业搭建基础平台，实现平台盈余共享，逐步发展成为网络核心型白酒企业。

第三，缝隙型白酒企业规模往往不大，但较集中于某一专有市场或产品，能有效区别于其他白酒企业。这类企业可以制定空缺市场点战略，将白酒企业的精力集中至行业领导者忽略的市场、产品、顾客，通过开拓有增长潜力的领域，使白酒企业迅速发展，从而提高白酒商业生态系统的复杂性与稳定性。或者，缝隙型白酒企业实施专业化战略，将竞争行动集中在某一细分市场，通过供应特殊类产品、服务个性化的消费者，建立独特的竞争优势。另外，拥有优质产品质量的缝隙型白酒企业可以实行卓越产品战略，与质量敏感的消费者签署长期合同，吸引消费者参与到产品开发中来。

第四，坐收其利型白酒企业从系统网络中不断攫取对其有利的价值与信息，但自身并不控制商业生态系统，也不为维护商业生态系统做出贡献。坐收其利型白酒企业的存在及其战略的实施会严重损害商业生态系统的稳定。因而，这类企业应尽快调整战略，转向缝隙型白酒企业，开拓细分市场或未被发觉的市场，完善白酒商业生态系统。

商业生态系统内白酒企业不同转型战略与路径的实施，为白酒产业转型提供了新的路径与模式。但这种转型路径也存在瑕疵，比如其他子系统成员的战略地位没有明确以及战略规划缺失，还需进一步深入研究。因此，白酒产业转型发展的顺利进行不仅需要明确企业的战略地位，还需深层次扩大子系统成员的地位与战略研究。

四、白酒产业转型发展的政策与对策建议

基于以上白酒产业转型发展的分析，本文从以下几个方面提出建议与对策：

第一，白酒产业生态系统内的环境系统与支持系统应明确职责。监管部门应明确质量监管细则，从白酒原材料供应、生产、销售、消费各环节保证白酒质量安全；设立单一监管部门，避免监管交叉、监管真空；完善白酒质量监测标准，设立有针对性的法律条文；建立监管监督约束机制，防止白酒企业的寻租行为。白酒行业协会应正确引导白酒产业健康发展，建立白酒行业约束机制，防止个别白酒企业为追求超额利润损害行业利益；规范白酒企业定价，设立白酒产品定价标准。政府应鼓励外资注入白酒企业，为白酒企业带来新的管理模式、资本运作模式，大力开拓国际市场。白酒科研机构应专注于白酒酿造技术、口感改良及酒类新品种的研发。

第二，白酒企业应以品牌和消费者（包括潜在消费者）为中心实施战略转型。首先，白酒企业可以开发多样化的白酒产品，如盯住收藏酒、定制酒、创意酒市场，尝试个性化的营销渠道。定制酒不仅减少了层层代理过程中的流通费用，还让厂商与消费者面对面，使厂商更关注终端消费感受；收藏酒、创意酒赋予白酒产品更多的文化

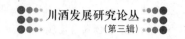
与艺术价值，应满足消费者对传统工艺与创意结合的高附加值白酒产品需求。其次，拓宽白酒销售渠道。白酒厂商应充分运用"互联网+传统制造业"模式，利用电商平台，降低中间费用，回归白酒理性价格。最后，尤其针对"80后"、"90后"消费群体的口味与喜好，把白酒引入酒吧等消费场所，与其他酒类调制成新型口味鸡尾酒，充分迎合年轻消费者的消费习惯，发展潜在消费者。

第三，白酒企业应实施社会责任战略转型。白酒企业作为白酒商业生态系统中的系统成员，尽管所处的地位和发挥作用有差别，但都有责任有义务维护白酒行业声誉，任何以短期牟取暴利而铤而走险的商业行为，都会给自身企业发展和白酒商业生态系统带来毁灭性破坏[21-22]。

白酒产业转型道路漫长而艰辛，需要宏观环境的营造，更需要商业生态系统的构建，还需要微观主体的战略调整。白酒商业生态系统的构建从新的战略思路为白酒产业转型提供新思路、新路径，有助于白酒产业在经济"新常态"背景下优化产业配置、调整产业布局，实现产业战略转型。

参考文献

[1] 杨国华，张肖克，黄平，姜莹，骆佳龙，黄永光. 贵州白酒产业技术创新战略联盟的基础理论研究 [J]. 酿酒科技，2014（12）.

[2] 苏潮. 邛崃白酒产业竞争力分析 [D]. 电子科技大学硕士学位论文，2010.

[3] 林枫. 白酒业应多产业联动发展 [J]. 股市动态分析，2013（11）.

[4] 康珺. 基于川酒文化的中国"白酒金三角"旅游发展策略 [J]. 四川理工学院学报（社会科学版），2012（1）.

[5] 王道鸿. 茅台镇白酒文化与旅游开发研究 [D]. 华中师范大学硕士学位论文，2014.

[6] 王启凤. "中国酒城 最美泸州"城市文化品牌推广的价值及现状分析 [J]. 中国集体经济，2014（12）.

[7] 黄永光，刘杰. 中国白酒金三角发展战略分析 [J]. 酿酒科技，2010（8）.

[8] 朱家德. 培育产业集群与提升城市竞争力研究 [D]. 西南财经大学博士学位论文，2008.

[9] 张书猛，辜义洪，王琪，郭云霞，刘琨毅. 四川白酒酒业集中区的构想及发展 [J]. 中国酿造，2013（10）.

[10] 杨印宝. 白酒企业应适时而变，实现过渡转型 [J]. 酿酒科技，2014（10）.

[11] 顾力刚，谢莉. 商业生态系统中企业共生的实证研究 [J]. 中国科技论坛，2015（2）.

[12] 田世海，韩琳. 基于生态位的物联网商业生态系统主体竞争合作演化模型研究 [J]. 科技与管理，2013（3）.

［13］Hu G., Rong K., Shi Y., et al. Sustaining the Emerging Carbon Trading Industry Development: A Business Ecosystem Approach of Carbon Traders［J］. Energy Policy, 2014, 73.

［14］Rong K., Hu G., Lin Y., et al. Understanding Business Ecosystem Using a 6C Framework in Internet-of-Things-based Sectors［J］. International Journal of Production Economics, 2015, 159: 41-55.

［15］钟耕深, 陈衡, 刘丽英. 企业发展与商业生态系统演进——基于奇虎360公司和腾讯公司纷争的案例分析［J］. 东岳论丛, 2011（10）.

［16］王国顺, 杨晨. 商业生态系统下缝隙型企业成长评价指标体系构建［J］. 财务与金融, 2013（4）: 46-49.

［17］Moore J. F. Predators and Prey: A New Ecology of Competition［J］. Harvard Business Review, 1993（5/6）.

［18］Moore J. F. The Death of Competition: Leadership & Strategy in the Age of Business Ecosystems［M］. New York: Harper Business, 1996.

［19］［美］詹姆斯·弗·穆尔. 竞争的衰亡［M］. 梁骏等译. 北京: 北京出版社, 1999.

［20］［美］马可·扬西蒂, 罗伊·莱温恩. 共赢: 商业生态系统对企业战略、创新和可持续性的影响［M］. 王凤彬, 王保伦译. 北京: 商务印书馆, 2006.

［21］翁靓, 曾绍伦. 社会责任视角下的企业绩效评估实证分析——以川酒上市公司为例［J］. 酿酒科技, 2014（4）.

［22］翁靓, 曾绍伦. 白酒上市公司社会责任竞争力差异评估研究［J］. 生态经济, 2014（11）.

"新常态"下川酒企业可持续发展研究*

张小兰

摘要： 在"新常态"下，川酒企业的传统粗放型增长方式已经不能适应发展的需要。川酒企业缺乏可持续发展的意识，科技创新能力不强，而且在生产过程中产生了水污染、废弃物污染和其他污染，阻碍了川酒企业的转型升级。为了使川酒产业实现可持续发展，首先必须要重视可持续发展。川酒企业具有可持续发展的自然生态优势、技术优势和政府重视优势，所以川酒企业要适应经济新常态的要求，不断改革创新，积极探索可持续发展模式，通过技术创新和制度创新，形成企业、园区和社会的可持续发展体系。

"新常态"是国外先提出而后由我国引入的概念，但我国经济"新常态"的内涵不完全等同于外国的"新常态"。2014年10月习近平同志在河南考察工作时第一次提及新常态："我国发展仍处于重要战略机遇期，我们要增强信心，从当前我国经济发展的阶段性特征出发，适应新常态，保持战略上的平常心态。"可见我国"新常态"主要是指，在当前的经济环境背景下，经济增速下降、围绕潜在增速寻找新的均衡水平。国务院发展研究中心"中长期增长"课题组（2014）指出，中国经济正处在由10%的高速增长阶段向7%左右的中高速增长阶段转换的关键时期，这个转换期还没有结束，增长阶段转换不仅是增长速度的调整，更重要的是增长动力和发展方式的实质性转变。可见"新常态"意味着包括家庭、企业、政府等多个经济部门在内的经济主体都要积

---

* 基金项目：四川省教育厅人文社会科学重点研究基地川酒发展研究中心"资源环境约束下川酒企业发展循环经济研究"（项目编号：CJY12-03）资助。

作者简介：张小兰（1971—），女，安徽马鞍山人，西南财经大学经济学博士，西南民族大学经济学院教授。研究方向为产业经济、低碳经济。

极主动调整，去适应经济环境的变化，而不是被动地等待、呼吁或期待中央政府推出货币政策和财政政策全面放松的粗放型刺激政策。

川酒产业是四川省的优势支柱产业和特色优势产业，从 2008 年四川省提出中国"白酒金三角"战略构想以来，川酒产业发展迅速，2013 年，四川规模以上白酒企业达 333 家，完成产量 178.6 万千升，实现工业总产值 993.2 亿元，同比增长 6.03%。规模以上白酒企业分别实现主营业务收入、利税、利润为 942.8 亿元、186.31 亿元、103.3 亿元，其经济效应已经凸显，但从总体来看，川酒和全国白酒产业一样，仍然未走出低谷。在"新常态"下，国内外经济形势的变化和白酒高峰期的结束，预示着缺少创新但却能获得高效益的传统粗放型的川酒产业增长方式已经不能适应新时期发展的需要，川酒企业面临着结构调整和转型升级的压力。在"新常态"下，川酒企业要积极主动调整战略，创新改革，推进生态化、可持续建设。

一、影响川酒企业可持续发展的因素

（一）企业可持续发展意识不强

受传统粗放型增长模式的影响，川酒企业更多地注重产值、产量和利润，忽略了自己应当承担的社会责任和保护生态的责任。另外由于我国生态环境保护法律法规体系相对滞后以及政府监管不力，使得企业违法、违规经营的成本同其所获得的巨大利益相比极低，因此，在巨大利润的诱惑面前，靠企业自身自发地建立良好的生态保护意识是不现实的，而可持续发展意识也没有贯穿于企业的生产经营行为中去。这种状况难免使企业的可持续发展建设流于形式，没有从根本上成为川酒企业核心价值观的重要内容，也难以在实践中发挥作用。

（二）科技创新能力有待提高

建设可持续发展的川酒企业，需要科学技术和资金的支持，这就迫切需要川酒企业有较强的科技创新能力。但是川酒企业呈现"散、小、乱"的格局，产业集群优势难以充分发挥。单个川酒企业由于受资金、科研等资源的制约，独立创新行为很难取得重大的技术突破，而川酒企业合作意识不强，导致集群内酒企的信息、资源和技术

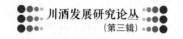

优势不能有效利用。再加上环保高新技术产业化投资大、周期长、风险高，这在一定程度上降低了川酒企业使用环保技术的欲望与热情。另外一些川酒企业对技术创新的重要性和必要性认识不够充分，对白酒质量监测和提高白酒质量标准的重视度不够，对技术创新和生态保护建设投入太少，对广告营销投入得多，致使整个川酒企业科技创新能力低下。

（三）川酒生产存在污染

川酒产业在发展的同时，其产生的环境污染问题也随之产生，如果不能处理好污染问题，川酒产业的发展也必将受阻。川酒生产中产生的主要污染有：①水污染。由于白酒生产过程中要消耗大量的水，所以白酒企业大多沿河、沿江修建，另外白酒企业生产过程中还会产生的大量的废水，如蒸馏锅底水、冷却水、发酵废液（黄水）、清洗场地用水以及洗瓶用水等，其中包装工序排出的废水属低浓度有机废水，酿造蒸馏过程排出的废水属高浓度有机废水。仅以酒甑产生的废水为例，如果一个川酒企业有数十个酒甑、每个酒甑每天排放 5 吨废水，一个企业每天排放废水至少 50 吨以上，这些废水虽然无毒，但 COD 值、BOD 值、SS（悬浮物）含量高，且生化性较差，较难降解，并且许多白酒企业的废水直接排放到江河中，给江河造成极大的污染。②废弃物污染。白酒生产过程中产生大量固体废弃物，如酒糟、瓶渣、废渣、废包装材料等，企业规模越大，产生污染量越大，如不能有效治理和循环使用，不仅会对生态环境造成巨大的污染，而且还会制约整个产业的发展。③其他污染。除此之外，川酒产业在生产过程中还会产生噪声污染、燃煤粉尘污染，而且川酒很多属于高档酒，为了增加产品的吸引力和档次，往往出现过度包装问题，而酒类包装礼盒大多使用密度板制作，废品收购站一般不予回收。所以这些花哨包装最后都成了废弃物，也会造成环境污染。

二、川酒企业可持续发展的必然性

川酒产业历史悠久，文化积淀深厚，川酒不仅是四川的财富，也是中华民族宝贵的文化遗产。在大力促进川酒产业发展的同时，必须要重视可持续发展，这也是川酒产业实现良性发展的必然要求。

（一）可持续发展是川酒企业发展的关键

可持续发展是人类生存和发展的必然选择，也是川酒企业生存和发展的必然选择。白酒的生产工艺是生物发酵，对环境的依赖度非常高，对水、土、气等生态条件要求较高，没有好的生态条件，川酒的品质也难以提高，可是四川省水质、土质和大气污染的加剧影响了川酒品质，为了提升川酒品质，就必须在推行循环经济方面下大力气[1]。尽快转变经营理念，调整生产方式，以适应"新常态"下川酒产业可持续发展的需要。

（二）四川省生态安全的要求

四川省地处长江上游，是建设长江上游生态屏障的重要地带，随着经济发展，四川省生态环境逐渐恶化，经济发展与生态环境的矛盾越来越突出，可持续发展已经成为任何企业都无法忽视的压力，可持续发展代表着未来川酒产业的发展方向，川酒产业通过可持续发展可以更有效地利用资源和保护环境，且随着白酒产业国内外竞争的白热化，川酒产业可持续发展是大势所趋、大势所迫。

（三）可持续发展是川酒企业提高国际竞争力的手段

川酒产业目前在国际上已经具有一定知名度，要想使川酒产业提高国际竞争力，与洋酒相抗衡，除了质量、习惯因素外，可持续发展也是其中有效途径之一。随着国际竞争加剧和全球对环境保护的重视，绿色贸易壁垒日益增多，越来越多的国家在产品的研发设计、生产运输和最终使用等各环节都规定了环保要求，在国际贸易中，很多国家利用产品质量与绿色环保标准作为新贸易保护主义的措施。可持续发展是川酒产业参与国际竞争、突破绿色贸易壁垒、提升国际形象的重要手段[2]。川酒企业只有开展绿色生产，提高白酒的质量和标准，生产出符合国际环保标准的产品，争取绿色标志，才能有效拓展国际市场。

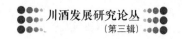
三、川酒企业具有可持续发展的优势

（一）独特的自然生态优势

四川具有得天独厚的区域性酿酒资源和优良丰富的酿酒原料以及悠久的酿酒历史和独到的工艺，这使四川省白酒产业在我国白酒产业中占有重要地位。为了保证和进一步提升川酒品质，必须保护好自然生态资源。

（二）技术优势

早在 20 世纪 90 年代，四川沱牌集团、五粮液集团、泸州老窖等川酒巨头就投入大量的人力、物力和财力，对酿酒工艺、污水处理技术、酿酒生产设备进行改进，将传统工艺与现代科技相结合，优化生产工艺，减轻工人劳动强度，把生产过程中产生的废水、废气、废渣综合加工再资源化，在清洁生产、环境保护、节能降耗等方面取得了较大成就，不仅减少了对环境的污染，也为企业带来了经济效益。

（三）政策扶持优势

四川省委省政府打造"白酒金三角"重大战略的实施、全国糖酒会的交易平台、宽松的地方产业政策环境，使川酒产业在全国具有较高的知名度。目前省委省政府又把发展循环经济作为提高四川省经济竞争力的必由之路，对川酒企业可持续发展的支持力度加大，出台了一系列的财政、税收、金融扶持政策，为川酒企业可持续发展提供了良好的外部环境[3]。

四、川酒企业实现可持续发展的对策

（一）改变传统观念

"新常态"下，川酒企业必须扬弃传统的观念，重塑经济"新常态"的动力结构。川酒企业一要改变过去 GDP 至上的传统思想，高度重视创新为核心的生态经济学，通过技术创新努力降低能源消费和排放强度，促使川酒企业实现生态保护与经济发展的协调同步。二要抓住全球与我国重视生态保护的机遇，利用国内外较好的外部环境，加快川酒企业推行循环经济的进程。三要构造和延伸川酒产业链，提高川酒产业附加值。处在产业链上的每一个企业，在生产方式上都要做到环保、绿色，上下游企业间在满足相互供求关系的同时，选择那些对环境索取最小、资源浪费最少的合作方式。四要通过机制创新、宏观政策的引导和不同产业之间的协调发展，构建川酒企业生态文明与经济协调发展的长效机制。

（二）积极探索可持续发展的模式

打造可持续发展模式，能全方位提升川酒企业品质和形象，所以川酒企业必须要改变过去的末端治理模式，积极探索可持续发展模式，在生产源头，一方面要保证粮食和原辅材料的绿色生态，另一方面要尽量减少粮食和原辅材料耗用；对于生产过程中产生的污水、烟尘等污染物，通过技术创新，能循环利用就循环利用，不能循环利用的要经过处理后才能排放；对于生产结束后产生的酒糟、黄水等废弃物，不仅要进行循环利用，而且还要进一步提高循环利用的深度和精度，提高附加值。通过良性循环，达到生态平衡，从各个环节塑造川酒企业的可持续发展模式。

（三）制度创新与科技创新相结合

政府应当做好川酒产业可持续发展的规划，健全川酒产业资源综合利用和废弃物循环利用的法制体系，制定相关标准，并对可持续发展的川酒企业在财政、税收上给予大力支持，并以企业为主体，坚持政府引导和产学研相结合，鼓励川酒企业进行可持续发展技术创新，加快新产品的开发，增强产品的技术含量，进而不断增强自主创

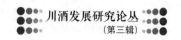

新能力，树立川酒企业可持续发展的绿色形象。通过综合运用经济、法律和行政手段，形成富有活力的可持续发展的创新体系和政策环境。

（四）推进企业、园区和社会的可持续发展体系

在川酒企业内部，推广五粮液、泸州老窖、四川沱牌集团等川酒巨头在推行可持续发展等方面取得的成就和经验，形成一大批可持续发展的川酒企业；在川酒产业开发园区，鼓励川酒企业往园区集中，按整体生态功能规划，推动园区企业基础设施共享，企业间副产物交换利用、废水再生利用，提升园区循环发展水平[4][5]；最后形成社会可持续发展的大环境，推进城市生活垃圾分类回收，树立绿色消费理念，减少川酒过度包装，减少消费过程中的废弃物，对于消费后的包装和瓶子，通过回收加工形成新的资源，减少对环境造成的负面影响，从而使可持续发展成为企业、社会和个人的自觉行动。

参考文献

［1］陈于后. 基于科学发展的川酒行业规制［J］. 酿酒科技，2012（10）.

［2］Helge Brattebo. Toward a Methods Framework for Eco-efficiency Analysis?［J］. Journal of Industrial Ecology，2009，9（4）.

［3］黄元斌，樊玉然. 基于产业集群的中国"白酒金三角"建设探讨［J］. 江苏商论，2011（3）.

［4］王缉慈等. 超越集群：中国产业集群的理论探索［M］. 北京：科学出版社，2010.

［5］李会勤. 生态文化自觉探析［D］. 江西理工大学硕士学位论文，2010.

"新常态"下的"白酒金三角"战略联盟研究

李强

摘要："中国经济新常态"深刻地影响了"中国白酒新常态"，既给中国白酒产业、企业提供了重要的战略机遇，也带来了新的矛盾与问题。白酒行业在"三期叠加"环境下呈现深度调整和适度增长，通过组建中国"白酒金三角"战略联盟，进而全面提升联盟整体素质和核心竞争力乃题中之义。因而，通过战略联盟的基础理论来探求"新常态"下产业资本、投资资本和央企资本等产业整合进行的渐进式变革和转化，对白酒产业转变运营思维、提升价值和实施创新具有重要的战略意义。

一、白酒产业的背景及意义

目前中国经济正处于"三期叠加"的特殊历史阶段，即经济正处于增长速度换挡期、结构调整阵痛期和前期刺激政策消化期。习近平同志将该特殊阶段首次确认为"中国经济新常态"，明确提出中国经济已进入到从高速增长转为中高速增长，经济结构不断优化升级，从要素驱动、投资驱动转向创新驱动的"速度结构"时代。与整体处于周期性、阶段性调整的国家宏观经济发展环境高度相似，白酒行业目前也面临着

作者简介：李强（1969—），男，河南焦作人，博士，副教授，主要研究方向为金融投资与风险管理。

"新常态"局面。这预示着中国白酒产业也将从"黄金十年量价齐升高速增长时代"走向"结构调整持续创新缓慢增长时代"。具体体现在白酒行业超常规增长期基本结束，整个行业面临着结构调整的阵痛，消费群体和消费偏好发生严重分化，相关政策和社会舆论发生显著变化，导致白酒行业在"三期叠加"环境下呈现深度调整和适度增长。

"中国经济新常态"深刻地影响了"中国白酒新常态"，既给中国白酒产业、企业提供了重要战略机遇，也带来了新的矛盾与问题。白酒产业企业的结构性调整与创新性发展将成为白酒发展的新动力，创新与变革将成为"白酒新常态"的第一驱动力。因此，积极探索白酒行业通过消费模式创新、渠道创新及商业模式等创新，探求新常态下产业资本、投资资本和央企资本等产业整合的渐进式变革和转化，对白酒产业转变运营思维、提升价值和实施创新具有重要战略意义。

二、白酒产业的机遇与变革

"新常态"下，白酒行业的发展机遇体现在"增速由高速转向中速"、"结构不断优化，消费者需求成为主体"、"动力因素转换"等方面。首先，中国经济增速虽然放缓，但实际增量仍然十分可观。本轮结构调整对于高端、超高端白酒有重大遏制功能，但是对中档大众酒却是长期的利好。基于中国经济"新常态"，白酒行业将从"缓增长"走向"稳增长"，直至走向快增长、高增长。其次，经济增长更趋平稳，动力更加多元化。随着拉动中国经济的动力引擎越来越多元化，中国白酒消费将呈现出前所未有的机遇，中国白酒行业需要抓住多元化机遇，采用超级细分战略迎接中国白酒多元化消费时代。最后，白酒行业紧跟政府简政放权步伐，完善市场化进程，以期再创中国白酒业辉煌。

变革首先体现在体制、机制的创新和谋变。体制机制创新需要解决企业的决策机制和激励机制问题，还需要经营管理重心前置。白酒行业要提高市场竞争力，必须将经营管理重心从市场营销前置到研发、采购与生产，尤其是产品品质上。其次体现在转型和结构调整中的创新和谋变。通过明确发展定位，重新规划未来的发展目标，进而适度调整规模和扩张的节奏，细分市场，明确目标客户群体。如在"十三五"时期，要更重视速度结构。即从重视速度转向更加重视内涵的结构增长，运营思维要体现商务"泡沫化"与百姓可支付收入增长带来的结构下调与结构升级并存状态。再次体现在产品和品牌的创新与谋变。如茅台将其品牌打造成"世界蒸馏酒之王"、五粮液品牌塑造成"世界顶级名优白酒品牌"、泸州老窖主打"国际化品牌"。最后体现在营销方式的创新和谋变。重建渠道，重新建立厂商分工合作关系，深化合作关系，各司其职，提升效率。电商作为新型销售渠道异军突起，深刻改变了行业格局，重视电子商务的运用和创新，线上、线下有机结合。生产和经销共同发展，规范渠道，形成生态圈和产业链。如在互联网思维的影响下，贵州茅台出资 2500 万元与控股集团等设立贵州茅台集团电子商务公司，总注册资金 1 亿元。五粮液与京东集团签署战略合作协议，京东成为五粮液战略级合作电商平台。泸州老窖宣布与酒仙网共同推出一公斤装的网络专销产品"三人炫"。再如在渠道创新方面，白酒行业将更加重视渠道扁平化，扁平化变革将深刻改变中国白酒经销商商业版图。这也预示着白酒消费将从"权贵时代"走向"大众消费时代"。结构调整进一步证明，权贵主导中国白酒消费的时代已经终结，中国白酒必须接受百姓消费"新常态"；在品牌战略上中国白酒将从"家国天下"转向"百姓情怀"。

三、白酒企业战略联盟的理论基础和现实进展

随着经济全球化趋势的不断增强，市场环境变化越来越快，产品和技术生命周期越来越短，越来越多的企业开始对竞争关系进行战略性调整，即从对立竞争转向大规模的合作竞争，依靠外部力量，通过资源共享、风险共担来实现自身的发展战略目标，降低企业自身的风险。日益发展的合作战略中最突出的是"战略联盟"（Strategic Alliance）。战略联盟的概念最早是由美国 DEC 公司总裁 J. Hopland 和管理学家 R. Nigel 提出的，用来描述产业经济活动中，多个企业之间的合作协议，包括合作研究协议、少数股权参与以及合资企业等多种形式。战略联盟作为一种现代企业组织形式的创新，现已成为企业提升竞争优势的重要手段，对它的研究也已成为战略管理领域的重要课题。

学术界以交易成本理论和资源基础理论为基础，将战略联盟作为企业经济活动在企业（内部化）、市场（外部化）这两种治理模式之外的第三种可供选择的治理模式，对战略联盟形成的动因、治理、绩效和风险等诸多问题进行了深入的探索。一般来说，战略联盟是指两个或两个以上的企业为实现各自的战略性目标而结成的长期或短期的合

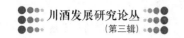

作关系[1]，其主要表现形式有合资企业、产权战略联盟和非产权战略联盟三大类[2]。通过建立战略联盟，可使公司获得规模经济，减少多余的生产能力，转移知识产权，降低经营风险。按照一般的分法，战略联盟包括技术联盟、生产联盟、销售联盟等多种形式。对白酒企业而言，销售联盟更具可行性。在营销联盟中获得的效率提升则主要来自于联盟成员相互借助对方的销售渠道和关系网络而提高规模经济，帮助联盟各方以更快的速度进入新市场并尽快提高市场份额，此外，还可以通过信息共享或者联合广告宣传等措施，降低营销成本。

对于战略联盟这一新的现代组织形式，无论是经济学界还是管理学界都在努力对其进行深入研究。在 20 世纪 80 年代末，学术界就吸收了 Williamson 关于"中间治理"的理论和资源学派的思想[3-5]，并在 90 年代形成了以交易成本经济学和资源基础理论为主的战略联盟基础理论[6-7]，关注战略联盟的基本模式[8-9]、动因和绩效[10-11]、风险[12] 等问题，并逐步深入地研究联盟的基本原理和机制[13-15]，将战略联盟作为企业经济活动在企业（内部化）、市场（外部化）两种治理模式之外的第三种可供选择的治理模式[16]。

由于理论发展的深入和实际需要，以资源基础理论为基础的联盟能力研究致力于从参与联盟的企业层次或企业内部来解释企业间通过联盟获得的绩效差异，这已成为战略联盟研究领域的一个崭新的且具有实际应用价值的研究方向。现有研究主要从如何发展联盟能力和联盟能力的构成要素以及联盟能力与联盟绩效的关系方面进行了理论与实证研究。然而，作为企业层次的一种重要组织能力，联盟能力尽管因其显著的绩效推动力大受重视，但对治理决策影响的相关研究却难以推进，原因主要有两点：一是联盟能力的多重构成维度；二是不同阶段的测度指标有所区分。现有研究虽然对如何发展联盟能力以及联盟能力的构成要素进行了较深入的研究，但由于联盟能力本身的多维性和动态性，对其架构的认识至今未取得共识。事实上，Barney 在研究企业能力如何影响治理决策时就明确指出企业能力显然会影响治理模式的选择[17]，因此，具有多维和动态性的联盟能力必然要影响联盟治理机制的合理性和模式选择，同时，现有研究更未考虑到这种影响还会因联盟动机的不同而存在差异。

近 30 年来，战略联盟作为一种重要的企业战略类型日益盛行。战略联盟合作策略在国外被广泛应用于高新技术行业，如生物制药、医药、半导体、软件、航空航天等领域，其共同特征有投资大、风险高、技术或需求更新速度快等。在国内联盟合作模式的运用尚未普及，也未呈现出显著的行业特征。如 2001 年武钢集团与首钢、宝钢结成战略联盟，在铁矿石等大宗原材料的联合采购，运输环节的整合，新产品、新技术和新工艺的联合研发等方面开展合作，以此降低采购、运输及研发成本，优化市场资源配置。在合作营销方面，重庆太极集团与上海雷允、广州广药以资源共享为目标，本着互惠互利的原则，签署了《市场资源置换协议》，组建了"销售联盟药店"，三家药业企业将各自属下的连锁店设置为对方产品的特约经销点，以设立产品专柜的形式加大品牌推介，降低相互间药品的上架费[18]。战略联盟是一种极难管理的组织形式，而且失败率也较高[19]。其原因是参与联盟的企业管理联盟的能力，即联盟能力是不同的，有文献认为，联盟管理能力强的企业从联盟获取的收益比管理能力弱的企业平均高出 11 个百分点[20]。

为了保证战略联盟取得理想效果，联盟企业首先必须明确在不同的联盟阶段自身所具备的主要联盟能力，并根据主要联盟能力选择所需的对自身更有利的合作伙伴和合作形式。战略联盟治理机制的选择是联盟管理的关键问题之一，企业可以通过合资、参股、签署合作协议、开展技术交流、特许等多种正式治理机制与合作伙伴开展合作活动，也可以通过建立信任、减少摩擦、加强交流等非正式的治理机制控制合作风险，只有选择恰当的治理机制才能够最大限度地保证联盟目标的实现。具体而言，在联盟建立前，根据自身的知识保护能力选择合适的联盟合作伙伴；在联盟建立后，再根据自身构建合作规则的能力、发展和维护关系的能力和联盟前选择的联盟伙伴来选择合理的联盟治理机制。其次企业必须明确自身的联盟动机，因为联盟动机不同，往往会导致企业在联盟过程中的行为不同，进而影响到联盟运作的绩效。

以上论述就归属于以资源基础理论为基础的联盟能力研究，资源基础理论最早可追溯到 Selznick 提出的组织独特能力，其认为各组织具有与众不同的能力，是因为不同的组织具有不同的组织成熟度与组织环境所致，并提到组织领导者具有"建构和维持组织持久竞争优势责任"的观点[21]，这些都揭示了"各企业所具有的资源都是异质性的"，初步涉及企业的能力与持续竞争力之间的关系。Penrose 在其所著的《企业成长理论》中，以经济理论探讨了企业资源与企业成长的关系，提出企业是资源的集合体，并认为资源和能力是构成企业经济效益的稳固基础，使得该理论不再只是观念上的争论，更具有了经济理论的支持，奠定了资源基础理论[22]。1984 年，Wernerfelt 在美国《战略管理杂志》上发表了《企业资源观》一文，认为企业内部的组织能力、资源和知识的积累是解释企业获得超额收益、保持竞争优势的关键，不少战略管理学者也开始思考资源基础理论是否是一个新的厂商理论。首先将资源基础观以"理论"一词提出的是 Grant，他在 1991 年提出资源基础理论（Resource-based Theory，RBT）。之后出现了一批着重研究企业资源的管理学家和研究成果，形成了企业资源学派。

企业资源理论认为各个厂商的资源具有极大的差异性，而且不能完全自由流动。当一家厂商拥有某种资源，或拥有一种其竞争对手所不具有的特殊资源时，那么这种特殊资源就有可能为这家厂商带来潜在的比较优势。Barney 在《管理学杂志》上发表了《企业资源和持续竞争优势》一文，他把"资源"定义为"一个企业所控制的并使其能够制定和执行改进效率和效能的战略的所有资产、能力、组织过程、企业特征、信息、知识等"[23]。厂商能获取竞争优势地位与优良财务业绩，主要建立在其相对于竞争对手所具备的资源比较优势基础上。资源的选择和配置能导致企业间的差异主要是由于要素市场的不完善性，这种不完善性是指关键资源的获取、模仿以及替代的障碍。这些障碍阻止了竞争者获得或复制关键资源的能力，导致了企业间盈利能力的长期差异。当战略要素市场不完善或不完全时，它们创造了阻碍资源流动的边界以及竞争企业间资源分配的不对称。资源市场的特性形成了资源的特性和资源的盈利潜能。资源的特性包括资源是否是稀缺的、难以模仿的、不可交易的、不可替代的。资源盈利的特性不仅来源于要素市场的不完善，还来源于独特的历史环境和特殊能力的积累。

在以异质性资源为主要投入要素的价值创造活动中，企业的竞争必然会由产品层面的竞争延伸到资源层面的竞争。产品竞争与资源竞争的一个显著区别在于，前者只是在一定时期内决定企业效益水平和盈利能力，而后者则在相当长的时期内决定着企业的竞争能力和竞争优势。该理论认为企业对生产经营活动的各种投入，根据其所在关系可以分为内部资源和外部资源，这两类资源相辅相成，共同构成了企业资源基础。Miller 和 Shamsie 根据可模仿性的障碍的概念，认为所有资源可以分为两种广义的类型：基于产权（Property-based）的资源和基于知识（Knowledge-based）的资源[24]。基于产权的资源是指企业拥有的合法财产，包括金融资源、实物资源和人力资源等，所有者对这些资源享有清楚的所有权或使用权，未经所有者或持有者许可他人不能拿走它们。基于知识的资源是指企业的无形专门知识（Know-how）和技能（Skill）。内、外部资源均包括基于产权（Property-based）的资源和基于知识（Knowledge-based）的资源。从根本上讲，企业持续竞争优势最终取决于企业内、外部资源的融合能力，而内部资源属于企业内生变量相对稳定，因而在很大程度上企业嫁接外部资源的能力显得尤为突出。

而相对于企业不断提升的发展目标来说，任何企业不可能完全拥有所需要的一切资源，在资源和目标之间总存在着某种战略差距（Strategic Gap）。通过与合作伙伴建立某种形式的联盟可弥补自身资源的不足。如一个公司通过与另一个公司强大的销售网络联姻，可以大幅度地缩短新产品从生产到进入市场的周期。另外，企业有形产品与联盟伙伴无形资源（如品牌）的结合可使双方互惠互利。如佳能创造的复印机曾用柯达的品牌销售。

作为资源理论重要发展成果的能力（知识）理论也为联盟关系提供了理论依据。能力理论在资源学派基础上，解释了一个企业如何基于内外部资源积累核心能力的问题。从企业核心竞争力的角度来看，企业联盟的目标就是通过控制和利用外部独特的战略资源或战略要素，强化企业的战略环节并扩展价值链以增强企业的总体竞争能力。能力理论构建起了"价值（Value）、稀缺性（Rareness）、不可模仿性（Inimitability）和组织利用性（Organization）"的分析框架，解释了企业拥有的资源和能力的潜在报酬，讨论了企业合作战略中暗中串谋和联盟对企业绩效的贡献，揭示了合作战略的选择权和企业竞争优势的关系。

战略联盟使企业资源运筹的范围从企业内部扩展到外部，在更大的范围内促进资源的合理配置，从而带来资源的节约并提高使用效率。由于企业资源在各企业间是不均匀分布的，不同的企业可能拥有完全异质的资源，通过建立联盟可取得互补效应，而同质资源则可相互共享，从而提高资源的配置效率。

战略联盟是连接市场与企业的中介，发挥着"组织化市场"的功能，因而较好地体现了信息化时代市场竞争和组织管理关联一体、综合运作的要求。传统的市场机制往往根据竞争者之间的相互关系分配资源，而传统的组织则是根据企业组织管理的目标来配置资源，两者都不能使资源的获取成本降至最低。而战略联盟能发挥乘数效应，通过对联盟内资源进行有效组织，实现要素的共享，从而保证从投入到产出全过程的"节约"。当这种多主体和多组织相结合的联盟形式跨越行业界限时，联盟的出现有可能改变竞争的性质，从而更有效地配置社会资源，提高资源使用效率。

具体到白酒联盟能力，研究过程中的实际内容与前述理论基本一致，从白酒企业的单一战略、川酒"金三角"到中国"白酒金三角"的发展演变中，体现了多个理论协同互补和相互支持，也全面刻画了联盟能力的多重纬度。

首先，从白酒企业单一战略的发展目标看，贵州茅台着力把仁怀打造成"国酒之都"，把茅台镇打造成"国酒之心"，把茅台品牌打造成"世界蒸馏酒之王"；泸州老窖则是打造"中国酒谷"，即以泸州老窖为"龙头"，以产业集群为理论基础，整合白酒上下游产品，打造中国最大的白酒集中加工基地、中国最大的包材集散基地和国家级酒类交易中心。"中国酒谷"通过建立"产、学、研"合作联盟，大力助推传统固态酿造产业升级，推动我国固态酿造行业快速可持续发展，进一步提升其国际市场竞争力。以创新运营理念作为持续发展的关键，开拓新思维、新理念、新模式，颠覆传统酒业生产运营模式，主打国际化品牌，进军国际奢侈酒市场。而五粮液则是建设"中国白酒之都"，将其品牌打造成"世界顶级名优白酒品牌"，将宜宾建设成"世界顶级白酒生产基地"。聚焦资源着力打造五粮液、六和液、五粮春、五粮醇、绵柔尖庄五大战略品牌。在资源整合方面，实现厂家、平台运营商、城市运营商三位一体，在品牌宣传、主题活动开展、渠道促销、消费者主题活动促销等方面加大投入力度；在操作模式方面，通过总部大部制强化营销力度、整合力量，通过七大营销中心让组织更加贴近市场，通过平台运营商的渠道扁平化模式提高市场的反应速度、服务水平和管理能力；在服务平台方面，公司将进一步完善和构建信息服务平台，与运营商强强联合，共同走向市场服务前线，提高全员的市场服务意识，提升市场的精细化服务水平。

其次，从区域战略川酒"金三角"联盟看，刘奇葆同志提出打造川酒"白酒金三角"概念，其主要目的是通过打造四川白酒产业带从而拉动川南地区产业经济的整体腾飞，并探索区域发展模式。"白酒金三角"战略主要表现为两个范畴：生产配套服务及营销品牌打造。其中生产配套服务包括规范高粱等原材料种植及采收、校企合作建立各种技术研究机构、酒业集中产业园建设、工业旅游配套设施建设；营销方面，"白酒金三角"力图打造产区概念，形成中国白酒生产的"波尔多"。根据四川省政府的规划，在"白酒金三角"腹地，将着力于泸州酒业集中发展区、五粮液酒业工业园区、剑南春酒城名酒名街、古蔺名酒名镇、沱牌名酒产业生态园、水井坊遗址酒文化街区等工程建设。打造"酒·城市、酒·生活、酒·生态、酒·文化"四个主题，在打造川酒"金三角"的过程中，泸州老窖新推出主打产品"世界品味"，以进军国际奢侈酒市场，与国际顶尖洋酒竞争。

最后，从打造中国"白酒金三角"战略联盟看，以推进中国"白酒金三角"核心园区发展为主题，以建设绿色原料基地为基础，以加快转变发展方式为主线，以园区为依托，以创新为驱动，以质量为根本，以品牌为核心，以效益为目标，坚持走品牌、质量、效益型发展道路，强化政府引导，突出"龙头"带动作用，狠抓配套产业，促进原酒整合，形成"大企业引导、强品牌主导、高质量支撑、多项目推动"的发展格局，全面提升中国"白酒金三角"战略联盟的整体素质和核心竞争力，着力打造名优白酒产业发展基地，加快构建辐射川、滇、黔的区域中心城市。中国"白酒金三角"的战略核心就是打造产区概念，通过"金三角原产地"概念的打造，形成超越品牌的地理标识。短期看，产区概念打造对品牌力较强的茅台、五粮液、泸州老窖、郎酒等品牌提升作用不大，而对区内众多小企业的品牌形象提升则较为明显。长期看，产区概念打造，产区美誉度提高，在国内形成唯一中国白酒优秀产区概念，则会对区外其他企业造成竞争冲击。

四、结　语

综上所述，在"塑化剂"事件和中国经济"新常态"下，白酒行业竞争激烈，为了加快转变发展方式，构建辐射川、滇、黔的区域中心城市圈,中国"白酒金三角"战略联盟正显示着旺盛的生命力和不可逆转的趋势。通过对战略联盟的理论梳理和现实进展的追踪，有效转变经营思维和提升核心价值，使联盟主体形成稳固的合作基础，再创中国白酒辉煌。

参考文献

[1] 龙勇，余涛.高新技术企业战略联盟动机及联盟形态研究 [J].科技进步与对策，2008，25 (4)：74-77.

[2] Santoro M. D., J. P. Mcgill. The Effect of Uncertainty and Asset Co-specialization on Governance in Biotechnology Alliances [J]. Strategic Management Journal, 2005, 26 (13)：1261-1269.

[3] Jones G.R., Hill C.W.L. Transaction Cost Analysis of Strategy-structure Choice [J]. Strategic Management Journal, 1988, 9 (2)：159-172.

[4] Joskow P. Asset Specificity and the Structure of Vertical Relationships：Empirical Evidence [J]. Journal of Law, Economics, and Organization, 1988 (4)：95-118.

[5] Borys B., Jemison D. B. Hybrid Arrangements as Strategic Alliances：Theoretical Issues in Organizational Combinations [J]. Academy of Management Review, 1989 (14)：234-249.

[6] Parkhe A. Strategic Alliance Structuring：A Game Theoretic and Transaction Costs Examination of Interfirm Cooperation [J]. Academy of Management Journal, 1993 (36)：794-829.

[7] Dyer J. H. Effective Interfirm Collaboration：How Firms Minimize Transaction Costs and Maximize Transaction Value [J]. Strategic Management Journal, 1997, 18 (7)：535-556.

[8] Eisenhardt C. B. Schoonhoven. Resource-based View of Strategic Alliance Formation：Strategic and Social Effects in Entrepreneurial Firms [J]. Organization Science, 1996, 7 (2)：136-150.

[9] Das T. K., Bing-Shengteng. A Resource-based Theory of Strategic Alliances [J]. Journal of Management, 2000, 26：31-61.

[10] Hagedoorn J., Schakenraad J. The Effect of Strategic Technology Alliances on Company Performance [J]. Strategic Management Journal, 1994, 15 (4)：291-309.

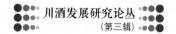
［11］ Lin Z., Yang H., Demirkan I. The Performance Consequences of Ambidexterity in Strategic Alliance Formations：Empirical Investigation and Computational Theorizing ［J］. Management Science, 2007, 53 (10)：1645-1658.

［12］ Oxley J. E. Appropriability Hazards and Governance in Strategic Alliances：A Transaction Cost Approach ［J］. Journal of Law, Economics, and Organization, 1997(13)：387-409.

［13］ Sampson R. C. Organizational Choice in R&D Alliances：Knowledge-based and Transaction Cost Perspectives ［J］. Managerial and Decision Economics, 2004, 25(6-7)：421-436.

［14］ Wang L., Zajac E. J. Alliance or Acquisition? A Dyadic Perspective on Interfirm Resource Combinations ［J］. Strategic Management Journal, 2007, 28 (13)：1291-1317.

［15］ Wittmann C. M., Hunt S. D., Arnett D. B. Explaining Alliance Success：Competences, Resources, Relationalfactors, and Resource-advantage Theory ［J］. Industrial Marketing Management, 2009 (38)：743-756.

［16］ Villalonga B., McGahan A. M. The Choice Among Acquisitions, Alliances, and Divestitures ［J］. Strategic Management Journal, 2005, 26 (13)：1183-1208.

［17］ Barney J. B. How a Firm's Capabilities Affect Boundary Decisions ［J］. Sloan Management Review, 1999, 40 (3)：137-145.

［18］ 李薇, 龙勇. 竞争性战略联盟中结构—风险—绩效关系研究 ［J］. 软科学, 2009, 23 (11)：53-57.

［19］ Duysters G. M., Heimeriks K.H. The Lnfluence of Alliance Capabilities on Alliance Performance：An Empirical Investigation ［J］. Paper Presented at SMS Conference Rotterdam, Duysters and Heimeriks, 2002.

［20］ Bamford J. D., Ernst D. Growth of Alliance Capabilities. In Mastering Alliance Strategy：A Comprehensive Guide to Design, Management, and Organization ［M］. Bamford JD, Gomes-Casseres B, Robinson MS (eds). Jossey-Bass: San Francisco, CA, 2003.

［21］ Selznick P. Leadership in Administration ［M］. New York, NY：Harper & Row, 1957.

［22］ Penrose. The Theory of the Gowth of the Firm ［M］. New York：Wiley, 1959.

［23］ Barney J. B. Firm Resource and Sustained Competitive Advantage ［J］. Journal of Management, 1991, 17 (1)：99-120.

［24］ Miller D., Shamsie J. The Resource-based View of the Firm in Two Environments：The Hollywood Film Studios from 1936 to 1965 ［J］. Academy of Management Journal, 1996, 39 (3)：519-543.

白酒文化资源整合与开发

"新常态"下川酒文化旅游政企联合开发战略研究[*]

张莉　田向果　耿子扬

摘要：本文主要研究"新常态"下，川酒文化旅游的政企联合开发战略。文中首先对川酒文化旅游资源进行概述，分析四川白酒文化旅游的发展现状，提出以政府和川酒企业为开发主体的酒文化旅游资源开发战略，通过协调机制将政府战略与企业战略联系起来，最终形成系统的川酒文化旅游开发战略体系，为"新常态"下川酒产业的发展提供新方向。

一、引　言

中国白酒产业是一个传统优势产业，虽然属于限制发展产业，但近几年的发展进入了一个崭新的阶段。2014年10月中共十八届四中全会之后，习近平同志第四次关于"中国经济新常态"的深度论述影响了"中国白酒新常态"，中国白酒将从"黄金十年量价齐升高速增长时代"走向"结构调整持续创新缓慢增长"时代。而未来3~5年，

---

*基金项目：2014年度川酒发展研究中心规划项目一般项目（项目编号：CJY14-07）；2014年四川省社科规划"白酒产业发展专项课题"（项目编号：SC14BJ05）；2012年川酒发展研究中心规划项目一般项目（项目编号：CJY12-09）；2013年四川省社科规划"白酒产业发展专项课题"（项目编号：SC13BJ04）。

作者简介：张莉（1976—），女，四川宜宾人，四川大学商学院讲师，管理学博士，研究方向为企业管理、创新管理；田向果（1986—），女，河北邯郸人，四川大学商学院硕士研究生，研究方向为物流工程；耿子扬（1975—），男，山西太原人，成都中医药大学管理学院副教授，管理学博士，研究方向为企业管理、创新管理。

酒体创新、消费模式创新、沟通创新、媒体创新、渠道创新、商业模式创新等将成为驱动中国白酒发展的重要动力，这一点与中国经济"新常态"高度一致。因此中国白酒产业在价值上将从"因循守旧"走向"战略创新"。

进入21世纪之后，各大名优酒企逐渐认识到要稳扎市场，必须打文化之战。因此，茅台提出了国酒文化和健康文化，泸州老窖提出了活文物文化和数字文化，水井坊提出了出土文化，剑南春提出了历史文化，洋河提出了蓝色文化，郎酒提出了人文文化（郎文化）。酒文化是酒业发展的历史积淀，也是酒业发展的助推器；同时，酒业发展又促进了酒文化的发展并丰富了酒文化内涵[1]。旅游业是21世纪的战略性产业，我国的旅游业正处于快速发展时期，在新的机遇面前，挖掘更多的旅游资源来丰富旅游市场是十分必要的。早有学者提出将白酒产业和旅游产业相融合，因为内涵丰富的酒文化与旅游之间是一种相容关系，发展酒文化旅游可以带动旅游产业的发展，而旅游能够促进经济发展，经济的发展也反作用于旅游，因此酒文化旅游会促进整个白酒产业发展，提升白酒的销量和白酒品牌知名度，增加相关行业的就业机会和经济收入。

四川处于"中国白酒金三角"的核心区域，是世界顶级浓香型和酱香型白酒的发源地，其历史文化底蕴深厚，源远流长。随着白酒产业的快速发展，一批以白酒产业为基础、以白酒文化为核心的旅游产品也在四川省逐步形成。而深入挖掘酒文化旅游资源的价值，推动和发展酒文化旅游，有助于推动四川产业结构的调整与优化，促进区域经济增长，全面构建和谐社会，实现经济的可持续发展。发展川酒文化旅游，对于推动四川旅游产业发展和四川白酒产业发展同样具有非常重要的意义。具体来说，首先，这是全面提升川酒影响力的极佳宣传平台，可以不断扩大四川白酒的影响力，提升品牌价值。其次，这将为四川酒业带来巨大的利润和产值。旅游本身也是一种消费方式，同时也能促进白酒业的大量消费。最后，将丰富白酒业态，延长产业链。引导其他关联产业发展，可以带动原材料的生产，推动农业结构调整。总而言之，川酒文化旅游是"新常态"下川酒产业发展的新方向。

本文基于川酒文化资源，探讨川酒文化旅游的发展现状，从政府和企业两个角度探索川酒文化旅游开发战略，并构建战略协调机制，以实现川酒产业在经济新常态下的健康发展。文章在第一部分提出"新常态"下发展川酒文化旅游是川酒未来发展的新方向；第二部分对川酒文化旅游的开发现状进行分析，发现目前川酒文化旅游文化资源开发存在的问题；第三部分对川酒文化旅游资源进行了概述；第四部分从政府和企业两个角度提出川酒文化旅游的开发战略，并构建政企联合开发战略；第五部分对文章进行总结，并提出"新常态"下未来川酒文化旅游的发展方向。

二、川酒文化旅游资源开发的研究现状

学者们关于川酒文化资源开发的研究在理论方面主要集中在酒产地酒文化旅游开发策略研究和酒文化旅游区域合作研究两个方面。在酒产地酒文化旅游开发策略研究方面，刘时和提出利用"大巴蜀酒魂"、古蜀文明等，打造胜于法国波尔多地区的"大巴蜀白酒旅游文化原生带"[2]。孟宝从工业旅游的角度就如何发展宜宾白酒文化主题旅游给出了建议[3]。王洪渊和唐健禾从川酒文化研究的功能出发，探索川酒文化国际传播的可行性。提出以译介为依托，进行川酒文化国际传播，打造川酒产品及其文化名片，提升川酒的国际营销能力[4]。王玲提出从宜宾五粮液酒文化旅游开发模式出发，建立厂区观光旅游、酿造工艺旅游、博物馆旅游等酒文化旅游开发模式[5]。在酒文化旅游区域合作研究方面，吴晓东从旅游市场的发展趋势和游客的需求出发，结合该区域的实际，提出了"中国白酒金三角"酒文化旅游开发策略[6]。康珺认为，未来"中国白酒金三角"旅游专线的核心资源应是川酒文化[7]。雷蓉等分析指出中国"白酒金三角"区域品牌的核心价值，提出产业集群、综合开发区构建、酒文化旅游品牌、区域品牌宣传构建对策[8]。孟宝等指出旅游对白酒品牌国际影响力提升的重要意义，认为要借鉴国外成功经验，形成"白酒金三角"旅游意象和推进白酒发展人才战略等[9]。杨柳指出白酒产业文化生产力来源于酿造过程中的地域文化因子和环境特色要素，可通过"中国白酒金三角"地理品牌的传播，强化文化生产力[10]。

虽然在学术研究中涉及川酒文化旅游资源开发的不多，但在开发实践中，四川主要酿酒产区的酒文化旅游方兴未艾，一批以酒产业为基础、以酒文化为核心的旅游产品也在四川省逐步形成。目前已推出的酒文化旅游产品主要有：宜宾五粮液酒史博物馆、中国宜宾酒圣节、泸州老窖陈列馆、四川红星领地酒庄、美酒河风景区、郎酒厂天宝洞和地宝洞、泸州 1573 老窖窖池等。而泸州也正着手打造"中国酒城历史文化旅游产业社区"，其目标为建设大型的酒文化旅游观光、度假的中高端国际化社区，以凸显酒文化旅游在泸州市旅游业中的主打地位[11]。

这些理论研究和实践对推动川酒文化旅游发挥了积极作用，但仍然存在许多不足：没有明确区分利用川酒文化推动四川旅游的条件及其相应的主体；偏重于经济效益，而对开发酒文化旅游的社会效益缺乏重视。这些不足说明目前对川酒文化旅游的研究

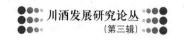
和实践仍处于初步阶段，还有深入挖潜的巨大空间。

本篇文章将针对上述不足，首先对四川白酒文化旅游资源进行系统概述，再从政府和企业的视角综合探讨川酒文化旅游开发战略。

三、川酒文化旅游资源概述

酒文化旅游是围绕酒和酒文化这一主题，利用酒的历史价值、文化艺术价值、保健实用价值吸引旅游者，以休闲、娱乐、获取知识及生活体验为目的而展开的形式多样、内容丰富的一系列旅游活动，而酒文化旅游产品是休闲性极强的，集酿酒、器具、酿造工艺、酒道、酒艺、民间吃酒习俗、宗教酒仪、酒节庆、饮酒歌舞、酒鉴赏为一体的组合性体验产品[12]。四川是我国主要的白酒产区之一，其酒类文化资源分布广泛、类型多样、特点鲜明，是现代旅游业中不可多得的重要资源，具备发展酒文化旅游的巨大潜力和独特价值。本文从五个方面对川酒文化资源进行系统总结。

第一，川酒历史文化旅游资源。从古蜀国时期到清康熙年间再到现今，四川在漫长的酒类产品生产经营过程中积淀了深厚的酒文化元素，为酒文化旅游的发展奠定了历史文化基础。例如，"中国白酒金三角"之一的酒都宜宾拥有四千年酒文化历史和底蕴，从先秦时期僚人酿制的清酒，秦汉时期的蒟酱酒到古戎州的重碧酒，宋代的荔枝绿酒、姚子雪曲，明代的杂粮酒，直至现代的五粮液，其悠久的酿酒历史是中华酒文化耀眼的一页。位于五粮液集团公司内的五粮液酒文化博物馆建于1988年，是目前国内建得最早、规模较大、馆藏丰富的酒文化博物馆，向人们充分展示了五千年中国酒文化的历史画卷[13]。2007年12月，首届中国酒都宜宾"酒圣节"成功举办，"酒圣节"现已被评为四川省最具影响力的十大民俗节日之一，进一步展现了宜宾酒文化的号召力与吸引力。

第二，川酒酿造技艺文化旅游资源。四川有以茅台酒、郎酒为代表的传统茅香型大曲，以泸州老窖、五粮液为代表的泸香型大曲，还有长期流传在川府民间的小曲白酒等[14]。2006~2008年，四川名酒"六朵金花"的白酒传统酿造技艺先后被列为国家级非物质文化遗产，四川堪称中国蒸馏酒工艺历史博物馆，这使酒文化旅游资源的开发具备很强的延续性和传承性。

第三，川酒酒风酒俗文化旅游资源。彝族、羌族、傈僳族、土家族等少数民族在各自不同的生产生活过程中形成了各具特色的酿酒工艺、饮酒习俗、民间歌舞酒会。如在饮酒习俗上，有彝族的"转转酒"、傈僳族的"晨酒"、土家族的"咂抹坛酒"等；在酒俗中，有伏天踩曲、重阳下沙等。这些特有的民族风情，再现了不同民族的文化传统，对丰富酒文化旅游内涵、吸引外来游客有着无可替代的作用。

第四，川酒酒器（具）文化旅游资源。在酒窖方面，有以泥底石板壁为窖的酱香型白酒窖池、用猕猴桃藤汁和碱性白泥筑成的董香型白酒窖池，还有以泥土为窖的浓香型白酒窖池。"中国白酒金三角"之一的酒城泸州酒窖文化独具传统特色，泸州老窖就拥有 10084 口古窖。1996 年 11 月，"1573 国宝窖池群"被国务院评为"全国重点文物保护单位"；2006 年 6 月，泸州老窖酒传统酿造技艺被国务院认定为"中国非物质文化遗产"，这两者并称为"双国宝"[15]。除窖池外，四川民间还有种类繁多的酒器具，如苗族使用的竹筒杯、牛角杯、蚌壳杯、葫芦酒具，彝族使用的鹰爪杯、猪脚杯等，既体现了酒器的传统内涵，又展现了丰富多彩的酒文化特色，极大地增强了酒文化旅游资源的开发潜力[16]。

第五，名酒文化旅游资源。四川是著名的白酒产区，形成了以"六朵金花"（五粮液、泸州老窖、郎酒、剑南春、沱牌、水井坊）为典型代表，以"三匹黑马"（丰谷、小角楼、江口醇）为中坚力量，以宜宾高洲酒业等"八大原酒"为供应梯队的发展态势，在区域经济发展中占据了举足轻重的地位。在地理位置上，川酒分布从广元、江油、绵竹、灌县、邛崃到乐山、犍为、宜宾、泸州、合江，再到重庆、涪陵、万县、云阳形成外延线；从绵阳、德阳、广汉、成都、彭山、眉山到荣县、自贡、富顺，再到合川、广安、渠县、达县构成内环圈。这外延内圈形成一条逶迤千里的酒文化资源锁链，为酒文化旅游的发展创造了得天独厚的产业优势。

四、"新常态"下川酒文化旅游政企联合开发战略

四川有如此丰富的酒文化旅游资源，那该如何将这些白酒文化资源开发利用起来，如何把川酒文化旅游品牌树立起来？这是需要川酒旅游相关利益主体，包括政府、企业、行业组织和社区居民共同探讨和努力解决的问题。解决了这些问题才能达到白酒文化传承创新、白酒文化旅游健康发展、区域经济增长和社会发展的综合目标。对政府来说，开发酒文化旅游资源，不仅是未来"新常态"下经济发展的需要，也符合白

酒产业和旅游未来发展的趋势。以企业为开发主体是延长本企业产业链、增加附加价值的有效手段。本文主要探讨政府和川酒企业这两个相关利益主体在进行川酒文化旅游资源开发时采取的战略，提出政企联合开发战略的协调机制，以系统性地提升开发效果。

（一）以政府为主体的开发战略研究

政府作为川酒文化旅游资源的开发主体，应兼顾开发的经济效益与社会效益，打造川酒文化旅游区域品牌。

1. 政府酒文化旅游资源开发行动总结与反思

白酒文化旅游需要政府引导、组织、支持、规范产业发展，因此政府在川酒文化资源开发的过程中占据非常重要的地位，需要对整个区域的酒文化旅游资源开发制定发展规划。但是在对川酒文化旅游资源开发的过程中，常会出现政府缺乏川酒文化旅游资源保护意识和生态意识的情况，政府往往偏重于旅游的经济效益，忽视了对酒文化资源的保护和管理。针对目前的情况，政府在制定开发战略时，必须在保证经济效益的同时考虑社会效益。以下将提出基于政府视角的川酒文化旅游资源的经济效益与社会效益协调开发战略。

2. 经济效益与社会效益协调发展战略

"新常态"下，政府在对川酒文化旅游资源进行开发时一方面要实现相应的经济效益。首先通过开发川酒文化旅游资源，增加当地酒类企业的营业收入；其次能通过旅游强大的联动效应来推动区域相关行业，如餐饮、饭店、交通、娱乐、购物、影视、房地产等的发展，从而实现增加当地财政收入、促进当地经济发展及带动整个酒文化相关区域经济进步的目标；最后对发挥四川酒业有明显的优势：保护四川酒区地理标志、弘扬川酒文化、维护四川名酒知识产权、提升川酒品牌等。

另一方面政府在开发酒文化旅游资源时要有计划、有步骤、有节制地进行开发，要考虑社会效益。一是要对川酒文化资源和生态环境进行保护，这是因为产酒地区进行旅游规划开发后，会对周边生态环境和当地居民的生活有所影响，破坏生态环境的承载能力。特别是在川酒文化中有很多非物质文化遗产和物质文化遗产，在开发的过程中政府必须采取保护的方式，保证这些资源的可持续发展。二是有利于增加酒文化旅游所在区域劳动者的就业岗位。酒文化旅游的开发除了能带动与之直接关联的行业（旅游饭店、旅游餐饮、旅行社、旅游交通等）发展外，还能联动区域内与之间接关联的行业（如零售业、通信业等）的发展。随着市场规模的扩大，对劳动者数量的需求也会增加。因此开发酒文化旅游能够拓宽当地劳动者的择业渠道，增加就业机会，惠民和利国。

因此政府作为川酒文化旅游资源的开发主体，不仅要追求经济效益，还必须保证社会效益，实行经济效益与社会效益协调开发。

（二）以酒企为主体的开发战略

本文在总结现有酒企开发自身文化资源的经验基础上，分析酒企开发酒文化旅游与其主营业务的关系以及两者相互促进的途径。

1. 现有酒企酒文化旅游资源开发行动总结与反思

目前很多开展川酒文化旅游的企业都是历史悠久的国有大型企业，以酒类产品生产企业为开发主体。企业对川酒文化的开发打造仅为了企业品牌的宣扬，扩大其品牌的吸引力，着眼点并不在于旅游开发，几乎没有开展让游客体验和玩乐的内容，旅游配套服务更是严重不足，使得酒文化旅游资源产品成为其他成熟旅游线路的附属。

酒文化旅游资源开发的核心应该着眼于"文化"二字，川酒文化氛围浓厚，但相对于企业文化，酒企对酒文化内涵的挖掘还远远不够。如五粮液酒文化博物馆内虽然展示了很多关于五粮液酒的发展史及古代文人墨客咏叹宜宾酒的诗词歌赋等珍贵内容，但仅局限于陈列，而对于其背后所反映的酒文化却没有加以提炼和延伸。

酒企所开发的酒文化旅游产品仅为所生产的酒类产品，内容单一，未与其他类型旅游产品进行联合开发，从而导致川酒文化旅游的游客局限于对酒类产品感兴趣的人群，旅游客源明显不足。

因此，对于大型国有酒企来说，要加大对酒文化旅游资源开发的投资，在保证正常生产和销售的情况下，扩大酒文化旅游设施建设并深入挖掘酒文化旅游资源。此外，各个酒企可形成联合开发机制，同时与周边地区的其他旅游资源结合，开发体验式酒文化旅游产品，形成酒文化旅游产品体系，从而吸引更多的旅游客源。

2. 酒企旅游开发行为与主业经营行为的关系及相互促进战略

酒文化是在酒的基础上发展而来的，酒企开发酒文化旅游资源是酒业发展的战略转型。当川酒文化旅游资源的开发主体是大型国有企业时，通常采取的开发战略有：①加大对川酒文化旅游产品开发的投入，深刻挖掘川酒文化内涵；②与周边地区的其他旅游资源结合，开发多种形式的旅游产品；③各地区、各酒种、各企业共同塑造四川省特色酒文化旅游的形象，使之成为国内一流的酒文化旅游品牌[17]。这些战略措施不仅会增加酒企的附加价值，而且会吸引更多的旅游客源，增加酒类产品的销售收入。而对酒企主要经营的酒类产品来说，不断开发适应当代不同类别消费者需求的酒产品，

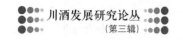
如在传统酿造技术中加入现代科技手段等，会推动酒文化的继续发展前行。两者之间是相互促进的关系。

酒企通过发展酒文化旅游引进大量资本（资金资本、人才资本和建设物资等）的投入，加强了旅游市场对各方资源的优化配置，提高了酒文化旅游地区资源的利用效率，调整了酒业的产业结构，促进了区域经济的发展。酒企增强对酒文化旅游开发的信心，一方面发展与酒文化旅游内涵相匹配的酒类产品，生产符合当代旅游者消费观念的产品；另一方面加大对酒文化旅游开发的投入，完善酒文化旅游基础建设和提高旅游接待能力，深化对酒文化内涵的开发，丰富酒文化旅游产品类型，吸引更多的旅游客源。由此可见，两者之间相互促进，一方的繁荣发展会促进另一方的增长。

（三）川酒文化旅游政企联合开发战略

在川酒文化旅游资源的开发过程中，为了达到整体效益最优的目标，既不能凡事政府说了算，酒企完全没有发言权，也不能是政府对酒企听之任之，酒企完全掌握整个酒文化旅游资源开发的控制权和战略方向。鉴于两者之间在开发目的、开发投入、开发步调、开发内容等方面存在不同，必须建立相应的协调两者行为的机制，形成政企联合的开发机制，以保护酒文化资源和达到更好的旅游开发效果。

1. 政企沟通机制

在川酒文化旅游资源的开发过程中，可采取政府主导、企业主办的开发模式。政企作为不同的利益主体，其开发目的和投入是不同的，要建立沟通机制达到开发该项目的目的。政府作为区域经济的权力机关，处于主导地位，对整个区域的酒文化旅游资源进行统一规划。而酒企要在政府的引导下，开发适合自己企业的酒文化旅游产品。建立政企沟通机制，使酒企的立场和问题及时有效地传达、反馈给政府，政府据此调整资源配置和开发的战略。

在构建政企沟通机制时，一是需要企业积极主动地与政府进行沟通，及时了解酒文化旅游资源的发展动向和趋势；二是政府需主动关心酒企的需求，使政府驱动的经济需求与酒企的市场需求匹配，并且为酒企提供有效的沟通平台，增进双方的沟通，保持长期良好而有序的沟通关系，最终形成互相信任、合作的健康关系。在这个机制下，政企在发展思路和方向上就能步调一致，遵循中国经济"新常态"下的战略转型原则，形成有效的川酒文化旅游资源政企联合开发战略，从而使川酒产业更加健康地发展，获得持续稳定的增长。

2. 政企联合策划机制

科学合理地开发川酒文化旅游资源，不仅需要政府的整体规划，还需要企业的市场运作。文化资源的产业化开发归根结底是以产品的形式呈现出来的，无论是生产有形产品，还是无形产品，最终都必须进入市场才能产生经济效益。从酒文化旅游产品开发到流入市场都需要一个向导做指引。

针对目前川酒文化开发的实际情况，如产品单一、基础设施建设不够完善、文化需求不够旺盛、文化消费市场不够繁荣、市场机制还不够健全等状况，在开发过程中，政府要整合资源，协调分歧，将有限的资源发挥出最大的效益，降低投资的风险。而在市场经济条件下，开发川酒文化旅游资源仅靠政府是不够的，还必须依靠酿酒企业和消费者市场，充分发挥市场作用，以酒产品市场和旅游者市场为导向，对现有川酒文化旅游资源进行优化配置，开发出符合市场需求的酒文化旅游产品。

总的来说，针对目前川酒文化旅游开发的实际情况和市场经济背景，川酒文化资源的产业化开发应该走一条政府统一规划与酒企市场调节相结合的道路，政府和企业两者需要联合起来对川酒文化资源进行开发，只有这样才能真正顺利实现川酒文化旅游的产业化。

3. 政企冲突协调机制

由于政府和企业是不同的利益主体，在开发过程中必然存在冲突，这些冲突可能包括资源优先与行动优先的冲突、开发者之间的利益冲突、经济效益与社会效益的冲突等。为保障川酒文化旅游资源的顺利开发，还应对这些矛盾冲突进行协调。

资源优先与行动优先冲突的协调。政府通常希望把名酒文化资源作为优先开发的对象，但拥有名酒文化资源的企业可能不愿进入文化资源开发领域或只愿意对拥有的次优名酒文化资源进行优先开发。当政府和企业在开发对象选择上存在分歧时，需要在坚持优先开发优势资源和以企业行动意愿为准则之间进行权衡。

建立开发者之间利益冲突的协调机制。当政府和企业作为开发川酒文化旅游资源的主体时，由于两者的开发目的不尽相同，政府追求的是整个区域的经济发展和民生，而企业更注重该开发项目对本企业酒类产品的品牌影响力和销售的带动作用。因此在政企联合开发过程中，主体间必然会产生利益冲突，为此需要建立政企利益冲突协调机制。

经济效益与社会效益冲突的协调。酒企以盈利为目的，通过开发川酒文化资源可提升酒企的品牌和竞争力，为达到经济利益最大化，酒企对酒文化旅游资源的开发可能会出现过度开发，使得大量游客涌入，破坏当地居民的生态环境，带来负的社会效

益。对于政府来说，川酒文化旅游的发展会带动区域经济的快速增长，政府支持酒企对川酒文化资源的开发，同时由于资源和环境的限制，政府注重川酒文化旅游资源开发的社会效益，在开发的过程中实行和鼓励企业投入资金保护资源，建设生态环境，实现开发、利用和保护的有机统一。当企业和政府在经济效益和社会效益上有冲突时，应以政府为主导，在开发川酒文化旅游资源的过程中不能以损害经济利益为前提来获得社会效益，应坚持经济效益和社会效益并重的原则。

五、结论与展望

白酒产业和旅游是四川省经济贸易的重要组成部分，打造川酒特色文化能够带动旅游等服务性产业和川酒产业的发展。一般来说，酒文化是酒业发展的历史积淀，是酒业发展的助推器；而酒业发展又促进了酒文化的发展并丰富了酒文化内涵。两者是相互促进的关系，这符合"中国白酒新常态"的发展。本文分别从川酒历史文化旅游资源、川酒酿造技艺文化旅游资源、川酒酒风酒俗文化旅游资源、川酒酒器（具）文化旅游资源和名酒文化旅游资源这五个方面对川酒文化旅游资源进行归纳。在此基础上提出了当政府和酒企分别作为川酒文化旅游开发主体时的开发战略。但由于两者在开发目的、开发投入、开发步调、开发内容等方面存在不同，本文提出政企联合的开发机制，通过协调机制将政府战略与企业战略联系起来，形成具有系统性和整体性的战略体系，以便保护酒文化资源和达到更好的旅游开发效果，对今后有关川酒文化旅游开发乃至川酒文化资源开发的其他相关研究均有较强的理论借鉴意义。

在"新常态"下，川酒文化旅游具有发展潜力，对四川酒业发展具有促进作用。在川酒文化旅游资源的政企联合开发战略的基础上，可推出针对"中国白酒金三角"的酒文化旅游开发政企策略，形成跨省跨市的整体开发策略，甚至是发掘和开发整个中国白酒文化旅游资源，打造中国白酒品牌世界影响力。

参考文献

[1] 黄平，黄永光，姜螢等.论酒文化与酒业发展的关系 [J].酿酒科技，2012（10）：17–26.

[2] 刘时和.白酒文化原生带与大巴蜀旅游 [J].中华文化论坛，2009（4）：178–181.

[3] 孟宝.白酒文化主题工业旅游产品的开发研究——以宜宾市为例 [J].江苏商论，2011（5）：

131–133.

　　［4］王洪渊，唐健禾. 继承与发展：川酒文化国际传播研究可行性探索［J］. 酿酒科技，2013（5）：32.

　　［5］王玲. 酒文化旅游开发模式初探——以宜宾五粮液为例［D］. 重庆师范大学硕士学位论文，2012.

　　［6］吴晓东. 中国"白酒金三角"的酒文化旅游开发策略［J］. 中国商贸，2011（29）：140–141.

　　［7］康珺. 基于川酒文化的"中国白酒金三角"旅游发展策略［J］. 四川理工学院学报（社会科学版），2012，27（1）：65–67.

　　［8］雷蓉，胡北明. 中国"白酒金三角"的核心价值及其构建［J］. 酿酒科技，2012（9）：17–21.

　　［9］孟宝，郭五林，鲍燕. 中国白酒金三角旅游开发与中国白酒品牌国际影响力提升浅议［J］. 酿酒科技，2012（9）：125–128.

　　［10］杨柳. 文化软实力："中国白酒金三角"的核心动力［J］. 酿酒，2012，39（2）：94–96.

　　［11］翁兰. 四百年老窖酒史与泸州老窖酒瓶及章士钊咏老窖诗二首浅议［J］. 四川文物，1993（1）：68–69.

　　［12］康珺. 基于酒文化的四川省旅游经济发展战略［J］. 安徽农业科学，2010（13）：6984–6986.

　　［13］邹良洁. 宜宾酒文化旅游发展探析［J］. 管理学家，2010（12）：35–36.

　　［14］蒋雁峰. 中国酒文化研究［M］. 长沙：湖南师范大学出版社，2006.

　　［15］柏珂，王虹. 论泸州在中国白酒金三角区域旅游中的定位与融入［J］. 四川烹饪高等专科学校学报，2010（5）：67–69.

　　［16］康珺，倪江波. 四川酒文化剖析［J］. 商业文化（学术版），2010（2）：55–58.

　　［17］耿子扬，张莉. 基于品牌符号的川酒文化资源开发模式研究［J］. 酿酒科技，2014（5）：108–111.

论中国"白酒金三角"酒文化
旅游区的构建*

吴晓东　王敏　许海燕　康珺

摘要：四川泸州、宜宾和贵州遵义所在的川黔地区方圆约 5 万平方公里的三角地带，孕育了茅台、五粮液、泸州老窖、郎酒等中国名酒，被誉为中国"白酒金三角"。在白酒行业转型升级和突围的今天，整合资源，建设中国"白酒金三角"旅游区作为途径之一，受到关注。本文从中国"白酒金三角"旅游区构建的必要性、可行性、面临的问题入手分析，提出了相应的对策。

一、问题的提出

中国"白酒金三角"，是于 2007 年 9 月 28 日，在沿海与中西部县市区第 21 次联席会议上被首度提出的，具体指泸州、宜宾及遵义三座毗邻的著名酒城。这方圆约 5 万平方公里的三角地带，由于拥有独特的水源、土壤、空气、微生物及原粮、窖池、技艺、洞藏等最优势资源，经联合国教科文及粮农组织专家考证，被誉为"在地球同

* 基金项目：川酒发展研究中心"中国白酒金三角酒文化旅游区构建研究"课题的阶段性研究成果（项目编号：CJZ12-06）。

作者简介：吴晓东（1963—），男，四川理工学院教授，研究方向为区域经济、旅游管理；王敏（1979—），女，四川理工学院副教授，研究方向为旅游管理、区域经济；许海燕（1968—），女，四川理工学院讲师，研究方向为旅游经济与管理；康珺（1978—），女，四川理工学院讲师，研究方向为旅游文化。

纬度上最适合酿造优质纯正蒸馏白酒的地区", 成为中国最著名的美酒聚集地。孕育了茅台、五粮液、泸州老窖、郎酒等中国名酒, 占据了中国白酒产业的半壁江山, 被称为中国"白酒金三角"。

沿海与中西部县市区第 21 次联席会议还正式决定, 利用东部沿海发达地区条件, 开辟和打造"中国名酒金三角(泸州—宜宾—遵义)国际旅游专线", 并将其列为"沿海与中西部县市区人民政府驻上海联合工作处"2008 年度的 10 大工作重点之一。这是政府层面建设中国"白酒金三角"旅游区设想的首次正式提出。在 2007 年 11 月 25 日至 12 月 1 日, 由沿海与中西部县市区人民政府驻上海联合工作处秘书长刘其坤带队的考察团对"中国名酒金三角国际旅游专线"进行前期考察。得出了"中国名酒金三角(泸州—宜宾—遵义)国际旅游专线"大有可为的初步评价。2008 年 1 月 16 日,《中国名酒金三角国际旅游专线"1+3"议定书》签字仪式在上海浦东时代广场举行, 标志着"中国名酒金三角国际旅游专线"正式创立。国际旅游专线"1+3"中的"1"代表上海,"3"代表遵义、宜宾、泸州。把总部设在上海, 是希望利用东部沿海发达地区的条件, 整合贵州省的遵义市、四川省的泸州市和宜宾市的酒文化资源与旅游资源开辟和打造中国"白酒金三角(遵义—宜宾—泸州)国际旅游专线", 以此为基础, 逐步推动中国"白酒金三角国际旅游文化产业集聚区"产业链、产业集群形成, 以拉动该区域旅游文化产业以及绿色农业、工业、民俗文化等其他产业的发展。

2008 年, 四川省委、省政府从加快四川省白酒产业跨越式发展的角度出发, 提出打造中国"白酒金三角"的设想, 目的是以宜宾、泸州、遵义三市为核心, 打造一个具有世界知名度和国际影响力的区域性白酒品牌。2010 年 1 月 20 日, 中国"白酒金三角"启动仪式在四川泸州举行, 标志着打造中国"白酒金三角"千亿元产业带工程正式启动, 也为该区域酒文化旅游的开发创造了千载难逢的机遇。为深入贯彻落实四川省委、省政府打造中国"白酒金三角"的战略部署, 尽快有效整合优质旅游资源, 精心策划、包装、打造、营销中国"白酒金三角"旅游精品线路, 促进酒业与旅游业的协调发展, 四川省旅游局于 2012 年 6 月 14 日至 16 日, 在泸州市古蔺县主持召开了中国"白酒金三角"精品旅游线路策划座谈会。

不仅政府努力推进中国"白酒金三角"旅游区的建设, 企业也积极投身其中。该区域的五粮液、泸州老窖和茅台酒集团都相继开展了酒文化旅游活动。茅台镇开发了以中国酒文化博览中心、古式茅酒作坊等为主的酒文化旅游区; 五粮液集团配有自己的车队和讲解员, 设计了专门的旅游线路; 泸州老窖旅游区被评为国家 4A 级旅游景区, 公司成立了专门的文化旅游中心。在 2004~2007 年我国建立的 23 个白酒

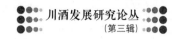

工业旅游示范点中，泸州老窖集团公司、宜宾五粮液工业园区、贵州茅台酒厂均榜上有名。

但我们不得不面对的是，从 2007 年提出中国"白酒金三角"酒文化旅游区的建设，至今已过去 8 个年头，我们盼望的中国"白酒金三角"酒文化旅游区仍难觅踪迹，签约建设的"中国名酒金三角国际旅游专线"也未形成气候。中国"白酒金三角"酒文化旅游仍无实质性进展，基本停留在工厂参观阶段，在游客中缺乏吸引力。原因何在？我们需要建设中国"白酒金三角"酒文化旅游区吗？可以建成吗？应该如何建设呢？这些问题不得不引起我们的深思。

二、中国"白酒金三角"酒文化旅游区建设的必要性

（一）有助于该区域形成新的增长极

四川省社会科学院党委书记李后强教授认为："将中国'白酒金三角'上升为国家战略目的是高度整合川南和黔北资源，在长江上游和赤水河流域打造一个新的经济增长极，带动贵州和川南实现跨越发展。"2009 年诺贝尔经济学奖获得者奥利弗·威廉姆森认为，打造中国"白酒金三角"这一战略构想，具有国际化视野和战略眼光，符合国际潮流，中国白酒产业将因此实现资源高效整合，达到区域规模和利益的最大化。如何实现跨省区的高度整合？这无疑是摆在我们面前的一道难题。但该区域如果能打破行政壁垒，共同构建中国"白酒金三角"旅游区，建立相应的整体营销、共建机制，无疑对该区域的高度整合和形成新的增长极是有帮助的。

（二）有助于该区域经济结构的转型升级

一个不争的事实是：该区域经济高度依赖白酒生产，并孕育了茅台、五粮液、泸州老窖、郎酒等中国名酒品牌，占据着中国白酒产业的半壁江山。2011 年，川酒主营业务收入突破 1400 万元大关，稳居全国第一位；而贵州白酒产业实现增加值 231.78 亿元，居全国第二位。众所周知，由于"塑化剂"事件、消费心理变化、消费群体结构断层等影响，中国白酒业进入寒冬。2012 年底，贵州茅台股市市值跌破 2000 亿元。2013 年，郎酒销售收入同比下降 30%，近千名一线工人因薪资不保而选择离职，导致

郎酒出现严重的"用工荒"。2014年五粮液第一季度净利润大幅下滑（净利润26.19亿元，同比下降27.79%）。中国白酒业该如何突破重围？调整结构、寻找新的经济增长点，无疑是途径之一。充分利用"白酒金三角"独特而优质的酒文化旅游资源，发展酒文化旅游，使经济结构多元化，增加第三产业比重，也是途径之一。澳大利亚旅游协会就与澳大利亚葡萄酒管理局达成合作，共同推进猎人谷、巴罗萨谷和亚拉谷等产区葡萄酒旅游业的发展。澳大利亚的葡萄酒旅游业每年可吸引490万国际游客。2008年澳大利亚葡萄酒旅游业年产值将超过15亿澳元。仅维多利亚一市，一年的葡萄酒相关收入就高达9亿澳元，其中葡萄酒旅游产生的收入占到了65%。有美国"波尔多"之称的美国加州纳帕谷（Napa Valley），从1838年开垦出第一个葡萄种植园，纳帕的葡萄酒产业至今已有170多年的历史。其间，葡萄酒产业先后遭遇了无序扩张、根瘤蚜虫侵袭、禁酒令和"二战"等困难，但纳帕人始终没有放弃，现在不仅把产业做得精细、精致、精美，形成了全产业链，还实现了从生产经营到品牌经营，再到文化经营的跨越。纳帕谷每年接待世界各地的游客约500万人次，旅游经济收益达到6亿美元，为当地提供了17000多个工作机会，因此而获得的直接间接税收达到2.21亿美元。澳大利亚葡萄酒和旅游业的年产值也达到1400亿美元左右。

（三）有助于提升该区域白酒的竞争力

白酒产业与酒文化旅游互动，可实现多赢。丰富多彩的酒文化旅游产品不仅丰富了该区域的旅游产品类型，提升了产品附加值，而且满足了旅游者高层次的文化旅游需求，实现了多赢。人们通过酒文化旅游，对白酒产业及其文化有了更深刻的了解，必将促进其对白酒的认识、理解和认同，激发他们的消费欲望。美国纳帕谷葡萄酒产量虽只占加州葡萄酒产量的4%，产值却占到约30%，一年就为加州创收近千亿美元，提供工作岗位23.1万个，逐步成就了葡萄酒产业的繁荣。其中酒产业与酒文化旅游互动功不可没，统计显示，它每年接待世界各地的游客约500万人次，这些游客的影响力和消费能力（平均收入水平超过10万美元）无疑推动了该区域葡萄酒产业的竞争力以及产业链的延伸和产品附加值的提升。

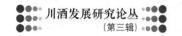

三、中国"白酒金三角"酒文化旅游区建设的可行性

（一）独具优势的酒文化旅游资源和配套旅游资源

要进行中国"白酒金三角"酒文化旅游区建设，旅游资源是基础。

首先，该区域因白酒生产而形成的酒文化旅游资源世界一流。该区域因白酒生产而沉淀的悠久历史、巧夺天工的绝技和传奇的故事等，共同构成了酒文化丰富的内涵，成为酒文化旅游开发的魂。早在 2000 多年前，茅台镇的酒就得到汉武帝"甘美之"的赞誉。泸州老窖则拥有我国建造最早（始建于公元 1573 年）、连续使用时间最长、保护最完整的 1573 国宝窖池群，1996 年被列为全国重点文物保护单位，2006 年列入"世界文化遗产预备名录"。同年，泸州老窖酒传统酿制技艺进入首批"国家级非物质文化遗产名录"，成为行业唯一拥有"双国宝"的企业；1949 年，茅台酒被周恩来同志定为开国大典国宴用酒；在"日内瓦和谈"、"中美建交"、"中日建交"等历史性事件中，茅台酒都成为融化历史坚冰的特殊媒介；党和国家领导人无数次将茅台酒当作国礼，赠送给外国领导人。这里的制酒工艺更是各具特色，巧夺天工。例如，五粮液的"五粮配方，小麦制曲，人工培窖，双轮低温发酵，量质摘酒，按质拼坛，分级储存，精心勾兑"；泸州老窖的"回马上甑、续糟混蒸、分层蒸馏、加回减糠、低温入窖、尝评勾调……"这里还有大量与酒有关的民俗风情、名人轶事、诗词歌赋和传奇故事。如茅台酒的夺冠传奇。

其次，该区域的其他人文及自然旅游资源与酒文化旅游资源相得益彰，为综合开发内容丰富、形式多样的酒文化旅游产品奠定了基础。仅靠酒文化来开发旅游产品，显得较为单薄，吸引力有限，应该以酒文化为主题开发综合旅游产品，满足游客的个性化需求。这里地处云贵高原与四川盆地过渡地带，形成了独特而无法复制的地理环境，植被繁茂，物种丰富，生态环境极佳。其中，国家级风景名胜区有四川蜀南竹海、石海洞乡、贵州赤水；国家森林公园有贵州赤水竹海、燕子岩、红花岗区凤凰山和四川福宝；国家级自然保护区有贵州赤水桫椤、习水中亚热带常绿阔叶林和四川长江上游合江—雷波段珍稀鱼类自然保护区；还有世界地质公园四川兴文石林，国家地质公园贵州绥阳双河溶洞。遵义会议和"四渡赤水"等重大历史事件都发生于此。此地蜀南竹海的竹文化、宜宾珙县僰人悬棺的僰人文化等也很有特色。

(二) 有享誉世界的知名度

知名度，是一个区域旅游开发成功与否的重要因素。该区域虽地处西南内陆，但却因白酒的生产而享誉世界。遵义仁怀的茅台酒与苏格兰威士忌、法国科涅克白兰地齐名，是酱香型的鼻祖，享有中国"国酒"的美誉。宜宾的五粮液在 1915 年和 1995 年两度获得"巴拿马国际博览会"金奖。泸州老窖特曲（大曲）被誉为"浓香鼻祖"，获 1915 年"巴拿马国际博览会"金奖，其国窖 1573 是中国白酒鉴赏标准级酒品和钓鱼台国宾馆特供酒。这些响当当的品牌，无论对旅游开发商和旅游者都有极大的影响力、号召力和吸引力。

(三) 有潜在的巨大市场

从宏观上看，中国的国际国内旅游发展迅猛。世界旅游组织预测，到 2020 年，中国的入境游客数将居世界首位。中国国家旅游局党组成员、规划财务司司长吴文学认为，旅游正逐渐成为中国居民日常生活的刚性需求，中国也拥有世界上规模最大的国内旅游市场。据统计，2011 年中国国内旅游人数达 26.4 亿，居民出游率近 2 次/人。但与发达国家相比，中国居民年均出游次数依然较少，旅游业未来发展空间巨大。预计到 2050 年中国国内旅游人数将达到 50 亿。

从微观上看，这里既是以国家级风景名胜区、国家森林公园、国家级自然保护区、世界地质公园等构成的"生态金三角"，又是以酒文化、红色文化、竹文化、僰人文化等构成的"文化金三角"，两者交相辉映，良性互动，市场前景广阔。

从旅游业发展的趋势看，文化旅游产品越来越受到人们的欢迎。如到五粮液酒厂参观的外宾和外国政要越来越多，他们对中国白酒的历史、生产环境、酿造过程、原料种植以及当地浓郁的酒文化非常感兴趣。法国驻成都总领事杜满希先生到五粮液参观后，极力建议五粮液借鉴"波尔多模式"发展酒文化旅游。因此，面对中国旅游产品供给依然较为滞后、开发建设不足的局面，加快开发极富特色的酒文化旅游产品一定会赢得广大的市场。

(四) 有千载难逢的开发机遇

首先，政府、企业对建设中国"白酒金三角"旅游区形成共识。如前所述，开辟和打造中国"白酒金三角（泸州—宜宾—遵义）国际旅游专线"，首先由沿海与中西部县市区第 21 次联席会议上提出，四川省旅游局也主持召开了中国"白酒金三角"精品旅游线路策划座谈会，从政府层面全力推进中国"白酒金三角"旅游区的建设。叙蔺高速公路能被纳入省高网规划正是源自政府对建设中国"白酒金三角"的大力支持，2009 年 6 月，当时的四川省委书记刘奇葆赴古蔺调研，提出打造"白酒金三角"的构想。郎酒是"白酒金三角"的重要组成部分，于是古蔺县建立西部综合交通枢纽和川南经济次高地等规划随即被提上议程，2010 年，叙蔺高速公路被纳入省高网规划，如图 1 所示。同样，由于白酒产业的发展现状倒逼企业寻找新的突破口，所以酒文化旅游不再只是摆设和门面，真正成为酒企关注的一个发展方向。

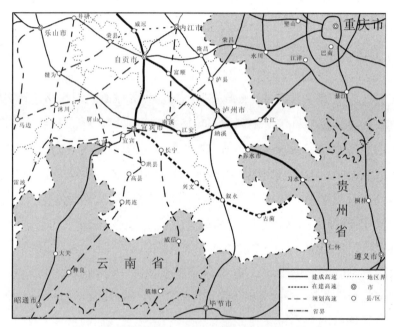

图 1 中国"白酒金三角"旅游区交通干线示意图

其次，酒文化旅游资源开发所面临的资金、交通等条件得到极大改善。"白酒金三角"地处川黔交界处，资金和交通一直是其文化旅游资源开发的"瓶颈"。随着打造中国"白酒金三角"千亿元白酒产业带工程的启动和该区域交通网的建设，该区域迎来了前所未有的发展机遇。2010 年宜宾宣布用 50 亿元打造中国"白酒金三角——酒都宜宾·五粮液特色街区"。郎酒故乡二郎镇计划投资 20 亿元，打造集旅游、参观、品酒为一体的白酒小镇；2014 年，全长 293 公里的成自泸赤高速公路全线贯通，不仅使成都至贵阳车程缩短为 6 小时，形成西南地区出海最便捷的快速通道，而且串起了川黔四大名酒（泸州老窖、郎酒、贵州茅台和习酒），彻底激活和提升了整个中国"白酒金三角"，同时串联起了沿线众多旅游资源（洞窝风景区、中国酒谷、尧坝古镇、法王寺、赤水四洞沟、丙安古镇，古蔺黄荆老林、"四渡赤水"红色旅游、赤水丹霞国家地质公园等），形成"两小时便捷旅游圈"。正在规划建设的宜叙高速公路（为宜宾—兴文—叙永—古蔺—习水高速的一段），全长约110公里，总投资107亿元，该高速不仅把蜀南竹海、兴文石海及僰王山景区连接起来，而且将串联起宜宾、泸州、仁怀三大白酒名城和京昆、厦蓉、成遵三大高速，成为连接川滇黔渝四省市的旅游黄金通道，并且有利于中国"白酒金三角"地区的联系，使中国"白酒金三角"旅游区更加紧密地融为一体。宜叙高速十分有利于川滇黔渝接合部地区经济社会发展，成为四川省与泛珠海地区联系和打造中国"白酒金三角"的主动脉。该高速已于2013年开工，预计2016年建成通车（如图1所示）。

四、中国"白酒金三角"酒文化旅游区建设面临的问题

（一）跨地区、跨行业的旅游区建设协调指挥机构和机制还未建立

中国"白酒金三角"旅游区涉及川黔两省的泸州、宜宾、遵义三市，总面积达5万平方公里。其建设需要一个协调指挥机构和相应的协调机制，统领、组织、部署、协调具体的建设工作。显然，仅由四川省旅游局出面组织一次中国"白酒金三角"精品旅游线路策划座谈会是不够的。还需要在更高的层面上去思考、统筹、指挥、部署建设，组织动员区域内的一切力量，全力推动实施，才能使中国"白酒金三角"旅游区的构建进入实质性实施阶段。也就是说，目前中国"白酒金三角"旅游区建设没有第一责任人，没有一个组织指挥机构，只能空谈，无法落实。

（二）中国"白酒金三角"旅游区缺乏总体规划这一纲领性文件

如何整合旅游区内的所有资源，科学合理地开发建设？这必须要有中国"白酒金三角"旅游区总体规划，这是建设中国"白酒金三角"旅游区建设所需的纲领性文件，不可或缺。没有它的引领，就会各自为政，造成资源浪费、重复建设、产品雷同等一系列问题。

（三）中国"白酒金三角"旅游区酒文化旅游产品体系还未建立

没有旅游产品的支撑，旅游区就是一个无人问津的躯壳。该区域目前开发的酒文化旅游产品，主要是白酒生产企业依据自身条件自主开发、以参观为主的单一旅游产品，未纳入整个区域的旅游产品体系，是它们所在区域旅游产品中的一个附属品。例如，参观五粮液酒厂，一般作为到宜宾蜀南竹海、兴文石林旅游的一个顺道参观点，而非旅游目的地。由于行业的局限，使酒文化旅游产品的开发难以跳出工厂的大门，难以和当地其他丰富的资源结合，在更高的起点、更大的规模、更深的内涵上开发酒文化旅游产品。这导致点线面结合，融观光、参与、休闲、度假为一体的酒文化旅游产品体系难以形成。

五、中国"白酒金三角"酒文化旅游区建设的对策

（一）打破壁垒，创新机制，建立健全组织协调机构和机制

该区域是世界一流的白酒生产区，但要建成世界一流的酒文化旅游区，必须打破行政、行业和体制的壁垒，从整个区域出发，整体打造。

首先是行政壁垒，这是最难的。该区域由两省三市组成，怎样才能避免各自为政，做到政出一门、政令畅通呢。为此，四川省人大代表陈林提出，科学合理地选择四川宜宾、泸州、贵州遵义沿长江流域和赤水河流域的相关县乡，成立一个跨区域的特别行政区管委会，对"金三角"实行统一规划、建设和管理。如果跨省协调难度太大，四川省可以先行建立跨宜宾、泸州两市的行政管理机构。

其次是行业壁垒。过去的酒文化旅游，主要是酒的生产企业所为。这势必造成利用空间小，利用资源少，开发力度小。结果酒文化旅游产品规模小、品质低、影响小，难成气候。酒文化旅游，必然要依托酒的生产企业，但我们还必须跳出酒生产企业，在更广的范围，动员社会各界，利用全社会的资源和力量来打造。我们也可以仿效澳大利亚旅游协会与澳大利亚葡萄酒管理局的合作模式，由旅游局与酒管局合作，共同推进"白酒金三角"旅游区建设。

最后是体制壁垒。该区域的酒文化旅游资源类型众多，形式多样，分布甚广。既

有以保存酿酒遗迹、酿酒工艺等为主的酒类生产企业，又有积淀于民间的、丰富多彩的酒俗，还有孕育了这些琼浆玉液的山水。因此，对其开发利用牵涉到企业、政府和当地居民，协调他们的之间的利益，使效益最大化，是必须面对的问题。

因此，该区的酒文化旅游开发，必须站在全局的高度，创新机制，以政府引导、企业为"龙头"、居民参与的模式进行。即在跨区域的中国"白酒金三角"特别行政区管委会统一领导下，由旅游局和酒管局联合成立中国"白酒金三角"旅游区管理局，由其具体组织实施管理中国"白酒金三角"旅游区的建设工作。政府负责整个区域的建设规划、协调和组织管理工作。动员组织区域内的所有资源和力量，以企业为"龙头"，以市场化运作为主，同时给予相应的扶持政策和分配适当向当地居民倾斜的政策。

（二）整体规划，突出特色，打造富有吸引力的酒文化旅游产品体系

该区域涉及两省、三市，必须将其作为一个整体，在超越行政边界的层面上，做出高层次、高规格、高水平的整体规划，统一协调和指导该区域的开发。

同时，三市要根据各自优势，做大各自品牌，形成各具特色的竞合态势。如茅台，应发挥"国酒"优势，以"国酒"为主题，结合长征文化和优美独特的自然环境来打造酒文化旅游产品；泸州则应围绕"窖池和传统酿制技艺" 双国宝资源开发酒文化旅游产品；宜宾则应以"酒都"为主题，结合三江文化开发酒文化旅游产品。

在酒文化旅游产品开发时，要与当地其他旅游资源结合，要与旅游市场结合。形成点线面结合、人文与自然结合、观光与休闲度假结合的酒文化产品体系。由"酒都"、"酒城"、"酒镇"、"酒村"、"酒厂"等形成重要节点，串联成线，再融入优美独特的自然景观之中，注入深厚的酒文化，加以浓郁的民俗风情。开发出富有参与性、体验性和文化内涵的，集观光、休闲、度假为一体的酒文化旅游产品。如美国纳帕谷葡萄酒旅游之所以具有巨大的吸引力，除了它有世界级顶尖质量的好酒，还与它丰富、新颖的旅游产品分不开。纳帕谷可以体验到的旅游活动包括酒厂参观、品酒、美食、SPA、高尔夫、热气球、各类休闲体育活动、生态农业游项目、丰富的夜生活、农贸市场农产品采购、公园、海滩、艺术展览、购物等。特色项目类型包括"品酒列车"、自行车谷地游、豪华轿车游、婚庆蜜月游、葡萄酒 SPA 等内容。

（三）加大基础设施投入力度，改善酒文化旅游条件

根据该区域的交通发展规划和已开工的在建项目，虽然该区域的旅游交通条件有了较大改观，但其他旅游服务设施还有相当艰巨的建设任务，需要加大投入。这些设

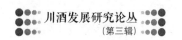
施主要包括吃、住、行、游、购、娱等旅游服务设施以及邮电通信等其他公共设施。从酒城、酒都的宾馆饭店到酒镇、酒乡的客栈、农家旅社，从酒乡漂流、徒步游、摄影游等时尚旅游的配套设施到酒厂参观旅游的游道，从大型的休闲娱乐场所到游道上的一个休息亭、观景台、摄影点等都需要整体规划，分期建设。要让游客进得来、留得住、玩得好、出得去。

（四）整体营销，借势营销，大力开拓酒文化旅游市场

应该说中国的酒文化旅游市场还处于初级阶段，市场还不发达，呈散、小、弱的局面。目前，全国还未推出有影响力的酒文化专项旅游产品，即使在已开展酒文化旅游的地区，主要还是酒类企业的行为，很少纳入其所在区域的旅游产品体系之中，是当地旅游线上的附属物，几乎处于顺道旅游的境地。为此，中国"白酒金三角"地区应该整体营销、整体策划、整体包装，两省、三市共同塑造中国"白酒金三角酒文化旅游区"的形象，打造世界一流的酒文化旅游品牌。

虽然该区的酒文化旅游还不够响亮，但中国"白酒金三角"的名气很大。我们可以借其产业的名声，为酒文化旅游扬名。由于酒的名气大，每年这里举办的各种酒类推介会都会吸引全世界的目光，大量客商会云集于此，这是宣传该区域酒文化旅游的良机和很好的平台，该区域的宜宾、泸州、遵义都举办过中国酒类博览会。

同时，我们还要利用各种媒体和渠道，展现该区域酒文化旅游的魅力。尤其要充分利用电视、网络等现代媒体；拍摄专题片；搞博览会、推介会；举办酒会、酒节；进行品酒、饮酒、酒文化创作（如关于酒的诗歌）、酒歌、专题摄影大赛等。全方位、立体展现酒文化，将酒文化旅游产品推向市场。

参考文献

［1］泸州宜宾遵义　联手打造白酒金三角旅游线［N］.泸州日报，2007-12-12.

［2］黄生平.中国名酒金三角（泸州—宜宾—遵义）国际旅游专线前期考察团考察佛宝景区［EB/OL］.合江县旅游局，2007-12-10.

［3］胡笑红，滕新慧.白酒业寒冬继续　五粮液等三大酒企业绩惨淡［N］.京华时报，2014-04-29.

［4］中国食品商务网.浅谈澳大利亚葡萄酒旅游产品开发［EB/OL］.2007-11-08.

［5］刘虹利.澳大利亚大力推广多产区葡萄酒旅游业发展［N］.华夏酒报，2012-12-20.

［6］大地风景国际咨询集团.世界葡萄酒旅游胜地——美国纳帕谷（Napa Valley）［EB/OL］.http://blog.163.com/blog_bes/blog/staatic/18019133720121089384O576/.

［7］王玲.小葡萄如何酿就大产业——美国加州纳帕酒谷发展考察报告［J］.政策，2012（9）.

巴蜀传统酒文化元素在川酒包装设计中的应用*

杜娜

摘要： 川酒文化是传统巴蜀文化中的瑰宝，而川酒包装则是川酒和川酒文化的重要组成部分，是川酒的物质与精神文化的载体。因此，本文提出将巴蜀传统酒文化提炼并转化成视觉化的表现符号，应用到现代川酒的包装设计中。同时结合案例分析了如何将传统的巴蜀酒文化元素融入川酒包装设计中，从而使川酒包装展现出巴蜀酒文化及历史底蕴，达到增强川酒的品牌价值和文化内涵、传承和发展巴蜀酒文化的目的。

一、引 言

巴蜀大地物产富饶、粮源充足，自古以来就是我国主要的白酒产地，当下，众多川酒品牌依然占据了国内白酒市场的半壁江山。丰富的酒品牌，深厚的酒文化，造就了川酒经久不息的辉煌。在数千年的川酒发展历程中，独具地域特色的巴蜀酒文化以其深厚的社会基础和持久的生命力深深地影响着川酒及其包装设计，而川酒包装作为巴蜀酒文化的重要载体，对巴蜀酒文化的传承和发展具有重要的意义。

---

* 基金项目：本文为四川省哲学社会科学重点研究基地川酒发展研究中心项目（项目编号：CJY13-11）。
作者简介：杜娜（1981—），甘肃兰州人，硕士研究生，讲师，主要研究方向为视觉传达和产品设计。

二、巴蜀传统酒文化的内涵

从历史的角度看，酒从来就不是一种简单的饮品，它蕴含了丰富的社会意义，酒的文化性使其成为历史文化、民族文化的重要表征，构成了一种特殊的社会文化符号。所谓酒文化，一般指酒在生产、销售、消费过程中所产生的物质文化和精神文化总称。酒的物质文化一般指与酒相关的物质现象，具体包括酒器、酒具、酿酒设施，酒的储存、保管、运输，酒的品验鉴定、出厂包装，酒楼、酒肆、酒幌等。酒的精神文化指的是酒的社会属性，即酒在社会活动中对政治、经济、文化、军事、宗教、艺术、科学技术、民风民俗等领域所产生的具体影响[1]。而任何地域的酒文化又都会不同程度地被当地的文化所浸染，并且与之相互影响，形成独有的地方特征，成为该地区社会物质与精神文化的凝练，川酒则是其中最为典型的代表。具有悠久历史的川酒，既是巴蜀物质文化的代表，又是巴蜀精神文明的象征，甚至可以说酒文化与巴蜀文化密不可分。

在今天，巴蜀地区主要是指重庆地区和成都平原地区，而历史上的巴蜀地区则包括四川、鄂西、贵州等地区。广义上的巴蜀文化则应包括从古至今巴蜀地区所产生的文化，狭义的巴蜀文化多指历史意义上的巴蜀文化内容。巴蜀文化博大精深，传统的酒文化则是其中最为耀眼的一颗明珠，悠久的酿酒、饮酒历史，纯熟的酿酒工艺，造型丰富的饮酒器具，流传千古的饮酒诗歌，以及浓厚的酒文化氛围，这些都构成了巴蜀传统酒文化。巴蜀传统酒文化不仅直接体现了巴蜀地区酒行业的发展状况，更间接反映了巴蜀地区的经济发展、社会生活状况，是一部文化史、经济史，同时也蕴含着巴蜀先民的审美情趣和艺术创作力，因此也是一部艺术史。对于巴蜀传统酒文化的研究和开发，是对历史酒文化的考证和继承，更是对现代酒文化的创新和发展。

三、川酒包装对于巴蜀传统酒文化的传承

酒的包装是酒及酒文化的一部分，是酒的物质与精神文化的视觉载体。酒包装从

最初单纯的功能价值定位，逐渐发展到体现酒的文化、艺术、品牌、经济等多方面融合的综合定位。因此，酒的包装是酒的品格与品质的外在表现，酒包装将酒文化进行视觉化的表现和传播，让消费者通过酒包装这种大众传播形式，在品味酒的同时，由内而外地了解酒文化，体验酒文化，从而使酒文化得以延续和传承。

巴蜀地区的白酒历史源远流长，在漫长的发展历程中积淀了丰厚的酒文化元素，这些正是川酒得以发展兴盛、名扬四海的文化根源。这些巴蜀酒文化瑰宝以酒为物质载体，以多种形式存在并发展，在今天依然是一座珍贵的文化宝藏，需要我们去开拓和传承。而川酒的包装就像一面镜子，是巴蜀酒文化传播的最直接、最广泛的形式，无论是酒的外包装盒的色彩、图形、文字和造型，还是酒的内包装容器的材质、造型等，都可以成为巴蜀酒文化元素的物化表现符号，将巴蜀传统酒文化提炼并转化成视觉化的表现形式，融入现代川酒的包装设计中，还能赋予川酒更深刻的文化内涵，利用酒文化营造川酒的文化性，是对川酒文化的有利传播，同时也能在竞争激烈的市场环境中，增强川酒的品牌价值和文化内涵。

四、传统巴蜀酒器在川酒包装设计中的应用

自酒诞生之日起，酒器的设计也就随之产生。古人云："非酒器无以饮酒，饮酒之器大小有度。"中国人自古就喜好饮酒，因此也格外讲究酒器的设计，从技巧精湛的制造工艺到种类繁多的造型纹样，酒器堪称酒文化的精华，历史悠久且精彩绝伦。而在我国古代，酒不仅是普通的饮品，更被视为神圣的祭品，用来祀天地、祭宗庙，酒器也因此被赋予更多的文化、宗教、权力含义，其造型、功能、材质也较为多样化。古代酒器按照使用方式可以分为煮酒器、盛酒器、饮酒器、储酒器等；按照材质可以分为陶制酒器、青铜制酒器、漆制酒器、瓷制酒器、玉器、金银酒器等。

据考证，川酒的历史可以追溯到三千多年前传说中的古蜀国蚕丛、鱼凫时代。在巴蜀地区一些文化遗址中出土的各种酒器文物，就是川酒历史最直接而有力的证明，也是川酒文化的结晶。例如，广汉三星堆考古发掘出的大量酒器文物，证明早在商周时代，酿酒和饮酒就已经出现在巴蜀地区。传统的巴蜀酒器，造型具象而丰富，体现了巴蜀先民独特的审美观，呈现了巴蜀酒文化的地域特色和文化内涵，其造型、纹样、色彩和材质，都为川酒的包装提供了丰富的素材。借鉴传统巴蜀酒器的设计元素，设

计出符合时代审美观的川酒包装，是对巴蜀酒文化的延续和创新。而在川酒包装设计的过程中，需要格外注意的一点是，由于社会经济不断发展，酒器的制作技术、材料、造型自然也会产生相应的变化，所以产生了花样繁多，令人目不暇接的酒器。但是，当社会发展到了工业大生产的阶段，人们对于酒器的需求不再像古代那样，有明显的阶级划分，过去那种精美、细致的手工装饰雕刻已不再是酒器设计的主流[2]，简单、实用、符合大众审美观的适度包装才是时代的需求。因此，对于川酒的包装也不能一味追求造型、材质的过度精美和奢华，而忽略包装的实用性，一定要将传统巴蜀酒器中的造型、色彩、材质等设计符号合理融入现代包装设计中，满足现代社会的实际需求和审美品位，只有这样的包装设计才能被市场和消费者所接受。

1. 传统巴蜀酒器造型在川酒包装设计中的应用

在四川广汉三星堆遗址发掘出土的文物中，酒器种类非常丰富。以陶器酒具为例，有盉、杯、尖底盏、瓠、壶等。这些器物的盖纽和勺把被设计成鸡冠状、花蒂形以及鸟、羊、虎、杜鹃等动植物的形象。其中有一种瓶形杯极具巴蜀地域特色，出土数量多达几百件，它被做成喇叭口、细颈项、圆平底，很像今天我国北方地区用来烫酒的陶瓷酒瓶。三星堆还出土了大量的青铜酒器，包括罍、壶、尊、方彝等。其中较具代表性的有六鸟三牛尊、三鸟三羊尊和四羊铜罍等，其造型都极为精美。除了三星堆遗址外，巴蜀地区一些墓葬和窖藏等也出土了大量的酒器。如出土于酒城泸州纳溪区上马镇的汉代青铜器——麒麟温酒器，不仅是泸州酒文化的象征，也是巴蜀地区乃至全国的酒器至宝。该酒器以麒麟为基本造型，形象生动且构造独特，在我国古代酒器中尚属孤品，是古代巴蜀文明的结晶，令人叹为观止。再如彭县竹瓦街曾两次出土过的战国青铜器，包括尊、觯等青铜器物多件，铸造水平堪比河南殷墟。在剑南春的发源地绵竹地区，出土了战国中期的船棺墓葬，其中有提梁壶等铜酒器11件[3]。这些造型丰富、数量巨大的酒器既反映了巴蜀酒文化的繁荣，也说明巴蜀古文化曾受到中原文化的影响，它们是巴蜀酒文化的见证者和传播者。

巴蜀传统酒器的造型为川酒的包装设计提供了丰富的设计素材，同时也能让包装传达出厚重的历史感和文化内涵，成为酒文化的象征。将传统酒器的造型运用到现代川酒的包装设计中，并不能简单地移植和复制，而要在理解酒器历史背景、文化内涵的基础上，对其造型进行再创造和设计加工。利用现代视觉传达设计的原理，分析传统巴蜀酒器造型中的形态要素和语义要素，结合川酒的具体品牌与定位，并将这些元素有机地融入包装设计中，才能做到酒包装的功能与形式的统一，审美与文化的融合。例如，陶盉是古人用来温酒的器皿，三星堆遗址中出土了大量的陶盉。陶盉器顶有一半圆形口，一侧有一管状短流；器身微束，一侧有一宽鋬；有三个中空的袋状足与器身相通，既可以增加容量，又方便生火加温。据说陶盉造型如此是因为三千多年前的古蜀人在饮酒时，会将酒器置于沙地上，陶盉的三个尖底和鼓腹能够在沙地上取放自如，还能尽可能多的盛放酒液。水井坊的陶瓷酒器装礼盒里就借鉴了三星堆出土的陶盉的造型，设计了一款风格类似的酒壶，如图1所示。该酒壶提取了传统陶盉的主要造型元素——圆口、三足，并在壶身上设计了内凹的点，以方便用户手指抓握酒壶，而小酒盅的设计则遵循水井坊出土的文物"牛眼杯"的杯口造型和盛酒量。该款包装设计，既继承了传统巴蜀酒器的造型特征，又从实用性角度出发进行创新，有效地突出了巴蜀酒酒器的风格特征和使用功能性。

图1 水井坊陶瓷酒器装礼盒的包装设计

2. 传统巴蜀酒器材质在川酒包装设计中的应用

中国传统酒器的样式随着时间的推移在不断地改变，这中间除了有文化嬗变的因素外，更有酒器材料的选择、工艺、技术进步的因素。从酒器材料的选择、加工到完成，都体现着设计者的智慧才能与制作工艺的巧妙结合，是中华民族悠久而灿烂的工艺艺术结晶[4]。

研究巴蜀传统酒器，包括三星堆、金沙遗址出土的酒器以及一些墓葬、窖藏出土的酒器，可以发现其材质种类繁多，陶质、青铜质、玉质、铜质、瓷质多种材质异彩纷呈，令人赞叹。巴蜀先民们对材质的研究和加工技艺的水平，在酒器上体现得淋漓尽致，各种材质所展示的视觉和触觉上的美，在今天依然带给我们深深的震撼。将这些酒器的材质，结合川酒包装的造型和色彩，一起进行设计，能为川酒包装设计带来更多传统酒文化的韵味。当然，一些材质的高昂价格和繁复的加工工艺，不一定适合现代包装设计的实际需求，所以在考虑材质选用的时候还应以实用为基本出发点。

3. 传统巴蜀酒器色彩在川酒包装设计中的应用

目前，中国白酒包装多是以红色、黄色为主，蕴含喜庆、尊贵、吉祥等寓意。但

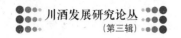

是，在竞争激烈的白酒市场上，过于同质化的包装色彩，很难引起消费者的关注和兴趣。所以川酒的包装可以尝试借鉴传统巴蜀酒器的一些色彩，借助色彩的力量传递更丰富的酒文化信息，以达到吸引消费者的目的。传统酒器的色彩大致可以分为两类：一类是材质本身所呈现出的色彩，这与材质的种类和加工工艺密切相关，例如青铜酒器所呈现出的青铜色就是其材质本身所特有的色彩效果。具体来说，青铜其实是现代人给予这种合金材质的名字，古时青铜是黄色偏红的，埋在土里后颜色因氧化而变成青灰色，后人称为青铜。另一类酒器的色彩则是通过对酒器进行加工设计，绘制或烧制而成的色彩效果。例如陶质酒器上的纹样色彩、漆器上的绘画色彩、瓷器上的釉色和绘画色彩等。

色彩在不同历史时期和不同地域环境下，往往被赋予不同的情感寓意和文化内涵。川酒的包装设计重视色彩符号的应用，由此可以更好地塑造品牌形象，传递出更多的情感表现力。如图2所示，水井坊的"世纪典藏"酒的盖套和酒瓶底座以青铜合金铸就，并且模仿了编钟的造型，独特的造型设计和与之相呼应的青铜色彩效果（原始青铜合金色彩），传递出庄重、古朴、威严、尊贵的艺术特征，形象地表现出了三星堆的青铜文化，很容易将消费者带入巴蜀酒文化的情感体验中。

图2 水井坊的"世纪典藏"包装

五、传统巴蜀酿酒文化在川酒包装设计中的应用

除了传统的巴蜀酒器，巴蜀酒文化还以另一种更直观、更完整的形式呈现，就是那些考古发现的珍贵酿酒遗址、遗物。据考证，巴蜀酿酒、饮酒文化历史悠久，距今已经有三四千年历史了。由于四川地处长江中上游，适宜的温度和自然地理条件，使

其粮源充足，水资源丰富，从而为巴蜀酿酒业提供了得天独厚的先决条件。巴蜀地区历代都是出产名酒佳酿的胜地，历史上蜀郡的成都，广汉郡的绵竹、射洪，犍为郡的宜宾，江阳郡的泸州等地，都是出产好酒的地方。据文献记载，秦汉以后，四川地区的酿酒更加普及，各类酿酒作坊应运而生[5]。例如，在挖掘出土的东汉画像砖和画像石中，可以看到各种酿酒图、酒肆图、宴饮图，这说明秦汉时期巴蜀地区酿酒业已形成规模。像成都西郊出土的石刻酿酒画像上，就生动地刻画了一个酿酒作坊中正在投曲酿酒的场面，排列整齐的酿酒大陶缸，来送粮食的牛车，这可能都是"地主庄园内酿酒的写照"。这种对巴蜀酿酒场景、酿酒工艺的历史素材的挖掘，可以尝试作为川酒包装的设计元素，通过展示记载酿酒历史和传统工艺的珍贵遗产资料，借助酒产品自身厚重的历史文化感丰富其品牌内涵，帮助川酒提升品牌价值和信誉度。

例如，泸州老窖拥有全球最大规模的酿酒老窖池群落，具有400多年的历史，其明代酒窖池群被国务院列为第四批全国文物重点保护单位。据统计，泸州老窖共拥有窖池10086口，其中百年以上老窖池1619口，16家明清酿酒作坊及三大藏酒洞。这些丰富而悠久的酿酒历史成为泸州老窖的宝贵财富，为其包装设计提供了丰富的设计元素。比如，泸州老窖打造的"国窖1573"系列酒，利用了其自身的酒文化资源，在酒包装上醒目地书写了经过精心设计的"1573"数字字样，让消费者看到后，很容易联想到泸州老窖拥有沿用了400多年的老窖池，于是对其悠久历史赞叹之余，也增加了对品牌的了解和信赖。其中，有一款"国窖1573"的高端定制酒的酒瓶包装上（如图3所示）还绘制有几幅古人酿酒的图案，为消费者详尽展示了传统酿酒的流程，传递出了企业的酿酒历史感和专业感。

再如，水井坊作为"中国白酒第一坊"，始建于元朝，是历史上最古老的白酒作坊。从水井街酒坊遗址的发掘情况看，这是一处明清时期典型的"前店后坊"的酿酒遗址，从水井街酒坊遗址所处的地理位置看，遗址的西面即是环绕成都老城的著名府河，北侧即是当时出成都东门通九眼桥水码头的街道。水井街酒坊遗址发现了自明代以来地层连续不断的不同时期的酿酒灶台、晾堂、酒窖、酿酒工具和陶、瓷等酒具，遗迹遗物丰富，保存完好。水井街酒坊遗址完整地保存了古代酿酒作坊的全部酿酒过程，是研究古代酿酒史的最佳实物资料[5]。因此，水井坊的品牌以"中国白酒第一坊"的概念为文化诉求，在其包装设计中也得到了充分的展现。如图4所示，水井坊的井台瓶的酒瓶底内凹处，以内烧画工艺将水井烧坊、武侯祠、杜甫草堂、九眼桥、合江亭、望江楼六幅图呈现其上，有效地借助酒包装设计将水井坊的酿酒文化历史和巴蜀的建筑古迹呈现给世人，提升了酒的文化历史品位和内涵。

图 3　泸州老窖国窖 1573 定制壹号包装

图 4　水井坊的井台瓶包装

六、传统巴蜀饮酒诗歌在川酒包装设计中的应用

自古以来，酒就与艺术结下了不解之缘，特别是诗歌艺术，"李白斗酒诗百篇"生动形象地说明了酒能催生文人的创作灵感和热情。其实，酒原本只是一种饮品，但酒的特殊味道和品质，及饮酒后令人产生的解脱束缚、逃离世俗、放荡不羁的精神境界，使得酒成为中国文人获得创作激情的一种重要途径 [6]。巴蜀是名酒之乡，历史上很多著名文人在巴蜀都留下了流传千古的咏叹川酒的诗词歌赋，如李白、杜甫、陆游、苏轼等。诗人因饮酒而作诗，诗因酒而变得更富情感，酒因诗而变得更有韵味，诗词为巴蜀酒文化增添了更多的传奇和故事。在川酒包装设计中引入相关诗词，能增加酒的文化品位和历史情怀，给消费者带来跨越时空的文化体验。

例如产于成都周边郫县的"郫筒酒"就深受诗圣杜甫的喜爱，他曾写过"鱼知丙穴由来美，酒忆郫筒不用酤"，诗中对郫筒酒的赞美溢于言表。宋代诗人陆游也对这种酒喜爱有加，他在《思蜀》中写下"未死旧游如可继，典衣犹拟醉郫筒"之句，另在《梦蜀》中写道："梦饮成都好事家，新妆执乐雁行斜。頳肩郫县千筒酒，照眼彭州百驮花。"由此可见郫筒酒的魅力，让诗人在梦中都想念至极。另外，出自广汉的色泽嫩黄的鹅黄酒，在古代被称为蜀酒之冠，杜甫在房公湖泛舟饮酒时，写下《舟前小鹅儿》，其中两句"鹅儿黄似酒，对酒爱新鹅"，借酒说鹅，同时又借鹅喻酒，佳酿的色美味香跃然眼前。陆游也有诗《游汉州西湖》"叹息风流今未泯，两川名酝避鹅黄"。苏东坡诗云："小舟泛鸭绿，大构泻鹅黄。"由此可见，鹅黄酒在唐宋时期久负盛名。宜宾是名酒五粮液的产地，古时候被称为戎州，又名叙州，其酿酒历史悠久，曾出产一种名酒

"荔枝绿"，色泽碧绿，味道醇厚，以其酒质佳美而被誉为"戎州第一"[7]。诗人黄庭坚饮此酒并作诗咏之："王公权家荔枝绿，廖致平家绿荔枝。试倾一杯重碧色，快剥千颗轻红肌。泼醅葡萄不足数，堆盘马乳不同时。谁能品此胜绝味，惟有老杜东楼诗。"杜甫路过戎州，也留下了赞美"荔枝绿"的诗句："重碧拈春酒，轻红擘荔枝。"

四川邛崃在古代被称临邛，据传汉武帝时期，汉赋大家司马相如少时家贫，但文才出众，临邛的首富卓王孙的女儿卓文君，被司马相如的琴声所感动，夜奔司马相如，结为夫妇，后二人在临邛酿酒为生，传下"文君当垆，相如涤器"的一段佳话，而当年的"临邛酒"也被后世称作"文君酒"。后世文人墨客借文君酒抒怀的佳句也随着美酒一并流传，如李商隐的"美酒成都堪送老，当垆仍是卓文君"。杜甫也有诗"茂陵多病后，尚爱卓文君"。"文君当垆"的故事被千古传颂，现在邛崃当地的"文君井"，据说便是文君夫妇二人汲水酿酒的井，一段传世爱情造就了千古佳酿，这些都成为当地文君酒所独有的酒文化背景，也是文君酒包装设计中最好的素材。如图5所示，在文君井酒的包装中，其外包装盒和酒瓶包装上都写有宋代陆游的诗《文君井·醉月》："落魄西川泥酒杯，酒酣几度上琴台。青鞋自笑无拘束，又向文君井畔来。"包装上借用了这样一首诗词，好似穿越千年时光，美好的爱情故事，洒脱的诗人情怀，都展现在消费者的面前，无形中加深了酒的文化底蕴。

图5 文君井酒包装设计

七、结　语

"酒之美，内于味，外于器；味美醉人，器美醉心。"包装是酒在形式和视觉上的载体[8]，是酒精神的物化表现，是酒品质和风格的象征。酒文化是一种极具地域感的特殊文化，既是地方文化的珍宝，也是中华文明的瑰宝。拥有悠久历史的川酒，其包装设计更应是酒文化的积淀，需要神形兼备地传达出传统巴蜀酒文化特有的内涵，在成为传统文化载体的同时，促进自身的品牌文化建设。川酒的包装设计通过再现传统酒器的艺术风采，记录传统酿酒文化的历史，展现诗词中的意蕴之美，不仅能继承和弘扬传统巴蜀酒文化，还能在市场上占据强大的文化竞争优势。

参考文献

[1] 邓绍辉. 巴蜀酒文化的特点及作用 [A]. 李诚. 巴蜀文化研究（第1期）[C]. 成都：四川出版集团巴蜀书社，2004.

[2] 袁美. 中国白酒包装设计与酒文化的研究 [D]. 苏州大学硕士学位论文，2009.

[3] 夏如秋. 从"三星堆"到剑南烧春"天益老号"——古代四川酒文化历史源流考 [J]. 中国酒，2001（10）：38-39.

[4] 高博. 浅析中国白酒包装的现状及发展 [J]. 中国包装工业，2014（3）：28-30.

[5] 张弘，练红宇. 水井坊遗址的考古发现与蜀酒文化 [J]. 成都大学学报（社科版），2007（1）：46-51.

[6] 马建玮. 倡导"朴素美"的民族化酒包装 [J]. 包装工程，2011（7）：95-101.

[7] 李祥林. 唐宋诗人笔下的川酒 [J]. 中国食品，1995（11）：36-37.

[8] 许佳. 酒传统包装设计统一中的差异 [J]. 艺术研究，2013（11）：129-131.

多感官体验与沉浸感营造：酒文化文博旅游博物馆展陈研究*

——以水井坊博物馆为例

周睿　雷锦锋　费凌峰

摘要： 参观者的体验在作为文博旅游重要形式的文化主题型博物馆中开始扮演越来越重要的角色，非物质内容及其文化资源的传递和呈现也需要寻求展陈设计的创新。就酒文化主题而言，引入多官能通道来创造独特的文化体验是创意设计探索的体现。本文以水井坊博物馆为主要考察对象，通过案例分析与旅游体验，归纳总结了文博展陈的设计方式；并就多感官的体验设计这一博物馆展陈趋势，提出针对川酒文化旅游特征的体验构建形式，以求营造独特的文化沉浸感。

引　言

随着博物馆自身的发展以及文博旅游产业的勃兴，博物馆的功能定位呈现出新的多元化发展趋势。国际博物馆协会于 2007 年通过的《国际博物馆协会章程》中将博物

* 基金项目：四川省哲学社会科学重点研究基地、四川省教育厅人文社会科学重点研究基地"川酒发展研究中心" 2013 年规划项目"四川酒文化旅游的文化创意设计研究"（项目编号：CJY13-04）。

作者简介：周睿（1981—）男，四川泸州人，西华大学艺术学院副教授，硕士研究生导师，研究方向为旅游文化创意设计、交互设计与用户体验。已发表论文 40 余篇。

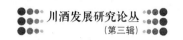
馆的教育职能置于首位，而博物馆的工作对象也由"物证"扩展为"物质与非物质遗产"，"传播并展出"是博物馆实现职能、履行社会责任的工作途径[1]。就文博展陈而言，其与博物陈列的重要区别在于，一是融入了文化类非物质的内容物，二是设计手段从单一的陈列向展陈转变。由于近些年文博旅游越来越受到政府重视和民众的喜欢，以及文化创意产业的融合，文化主题型博物馆的展陈设计需要更多地考虑创意的呈现与设计方式的创新，从而形成独特的文化体验，达成文博旅游的目的诉求。酒文化旅游这一旅游模式逐步成形并在四川、贵州等地方兴未艾。四川酒文化博物馆的代表水井坊博物馆既是典型的主题型博物馆，又是地方文化的重要文化元素的载体，同时也是文博旅游的特色性目的地。因此，强化文化体验是这一类博物馆所面临的设计挑战，也是具备鲜明地域特色的文博产业发展的新契机。

一、酒文化的文博展陈要素

与一般博物馆不同的是，作为文化主题型博物馆，水井坊博物馆除了展示与酒相关的文物外，更重要的是对非物质的酒文化本身的展示，以便起到认知、传播和传承的作用。尤其是作为文博旅游的目的地之一，还需要充分体现参观和旅游的行为属性并满足相应环节的诉求。对于主题明确和单一的博物馆，其展陈设计的针对性要求更强，必须充分考虑酒文化的独特性和特色性；但与此同时，文博展陈需要考虑的设计要素也更为多元：在契合于要素的前提下将文化创意与用户体验的主动性融入博物馆展陈。

1. 主题展示的内容

除了与一般博物馆相同的以文物和文献为主体的内容物外，酒文化主题博物馆还有着自身的特殊内容物需要进行展示（见表1）。就实体类而言，酒文化旅游侧重于展现遗址和场景，主题展示的内容服务于营造身临其境的场景体验；而非物质类更是酒文化文博旅游的参观重点，一方面川酒的独特性在于其特有的自然和地理条件，例如川酒知名品牌大多获得了我国的地理标识，强调产地特性。另一方面在于川酒独特的酿造技艺和工艺[2]。2006~2008年，水井坊、泸州老窖、五粮液、郎酒等川酒企业白酒传统酿造技艺先后被国务院列为国家级非物质文化遗产，足以体现川酒酿造技艺的重要性，它也是川酒文化的灵魂。非物质文化遗产主题的展陈内容是酒文化文博展陈的核心要素，也是酒文化主题博物馆的特色性体验价值所在。

表1 酒文化展陈的主要内容

	类别	与酒文化的关联点	主要展示形态	文博旅游典型例子
物质实体类	文物	出土的酒器、酿酒工具等：饮酒器、酿酒器、生产工具、窖池砖等	实体文物与器具	青铜酒器（如泸州出土的麒麟温酒器）
	文献	酒的诗词歌赋等；文字记载、文献资料	纸本	李白、杜甫的川酒诗篇
	遗址	窖池、酒窖、晾堂、水井等遗址	遗址场景；沙盘模型	水井街酒坊遗址、泸州老窖国窖遗址
非物质类	地域地理	适于酿酒的气候、地理环境；酿酒的粮食原材料	图文/实物	川酒的"曲"
	酒的知识	酒种分类；酒的味道；酒的品评等	酒品	酒的香型；感官品鉴
	技艺工艺	酿造工艺；酿造技艺：川酒独特的制曲、发酵、勾调、储藏	技艺流程与场景	水井坊白酒酿造的微缩景观
	礼仪习俗	酒礼（酒肆、酒宴）；饮酒习惯与风俗（节日、庆典、婚姻、祭祀丧葬、少数民族）；酒德	图文	《礼记·乡饮酒义》、行酒令
	历史轶事	历史变迁；酒的故事、传说；名人与酒	图文	"全兴酒厂"、"水井坊"酒的品牌发展变迁

2. 非物质文化的展示

酒文化包含了物质特征、文化现象，也有品酒所形成的精神内涵和制酒饮酒活动过程中形成的特定文化形态[3]。以文物收藏为重点的一般博物馆以文物的珍贵和历史积淀为核心，例如以青铜酒器为典型代表的文物。针对文博旅游的酒文化主题博物馆的重点则不在于此，差异化的核心在于非物质文化层面的展示，进而将酒文化置于文化环境之中，增强文化体验的针对性和确定性。成功的文化旅游吸引物往往有如表2所示特征[4]。在文博旅游过程中，非物质文化的展示不是对知识的机械化阐述，而应该对其非物质化属性进行创新性转换，选择恰当的文化载体，使用适合的媒介传达。正如前文所述，水井坊博物馆中的个体文物不是观者的兴趣所在，川酒的独特与高超的酿造工艺才是打动人的吸引点，酿造工艺结合景象化的技艺场景，形成与当下景象的反差，可营造与酒的历史特征相一致的文化关联性。

表2 文化旅游吸引物共同特征

共同特征	常见手段	可消费的文化转换策略
讲述故事	突出故事叙事性	给文化资源编织神话、围绕构建故事
娱乐和享受愉快的体验能够使文化资源生动化	营造愉悦情感诉求	使其有趣、轻松、娱乐身心

续表

共同特征	常见手段	可消费的文化转换策略
使体验具有可参与性	在博物馆、历史遗迹和艺术中心等漫步游览	使其成为景象、幻景
使体验对旅游者具有相关性	展示文化的方式必须使其与旅游者的知识和参照系发生联系	强调他性
突出质量和真实性	权衡综合体验质量	表现过去与现在的直接联系

3. 旅游体验的途径

旅游体验分为感官体验、情感体验、思考体验、行动体验和关联体验[5]。旅游的本质就是一种体验，体验感存在于观赏、交往、模仿、消费和游戏五种活动方式或实现途径[6]。博物馆是酒文化旅游最为重要的形式之一，增强观光者的感官与情感体验是酒文化博物馆需要重点实现的目标。其展陈设计往往围绕着能强化和放大这些体验感的途径进行创意，从而使酒文化在文博旅游过程中具有超乎知识性预期的吸引力，引发参观者情感的共鸣，形成"参观—感官—情感—精神"的升华式的文化认知与体验路径。针对这种体验途径，对于酒文化博物馆来讲，除了文化知识层面的呈现外，成功的展陈设计可针对文博旅游属性形成一种沉浸感：一是酒的官能层面的认知沉浸。二是酒文化中岁月积淀的情绪沉浸。三是超越物质享受的意境甚至是精神沉浸。例如对我国古代关于酒的诗篇佳作的认读和感受就是最后一类的典型例子。"白日放歌须纵酒，青春作伴好还乡"、"古来圣贤皆寂寞，惟有饮者留其名"等触动心灵的佳句就是可升华文化认知，从而实现精神体验的酒文化文博资源。四是体现中国酒文化中蕴含的中国文化注重人和自然和谐、讲究天人合一的基本精神哲学层面[7]。

二、文博展陈的设计方式

博物馆的展陈设计大致经历了陈列—展示—展陈几个大的发展阶段（如图1所示），具体的设计形式也趋于多元化。为了适应时代的发展，博物馆建设必须融入新的设计理念，突破传统的展示陈列方式，充分挖掘并发挥文化背景方面的综合优势，以创新的设计吸引观众，让人们在有限的空间中得到更多乐趣、体验和收获，增加博物馆在社会文化发展中的影响力[8]。博物馆展陈设计的创新，一方面是自身发展的前进演变；另一方面是体验经济浪潮和旅游产业整合的深刻影响；与此同时也是相应文化的保护、传承和传播的需要。例如博物馆传统的物品陈列形式，显然无法匹配酒文化文博旅游的目的性，因此，根据不同的文化载体选择适合的设计形式是文化体验的要求。

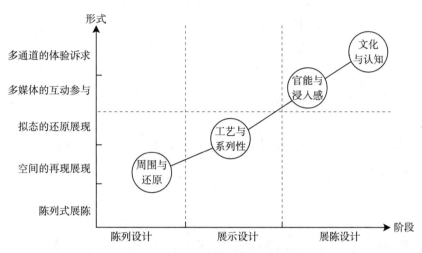

图1　博物馆展陈设计的发展阶段

1. 陈列式展出呈现

在博物馆展陈设计中陈列式仍然是使用最为广泛和普遍的一种方式。它能直观、快速地将展品的特征、性能等信息直接而迅速地呈现给参观者。一般分为分类陈列和专题陈列两种类型。专题陈列又称为主题陈列，并不以藏品的丰富和珍稀取胜的文化主题博物馆多采用后者：围绕某一特定事物、时期、进程等，集中陈列呈现出与主题相关的展品。与单纯的陈列设计阶段的陈列不同的是，展陈设计阶段的陈列设计形式，一方面往往对主题进行载体形式上的转化；另一方面也更为注重传示效果，需要对内容物和陈列细节进行有针对性的选择与改变，并非仅如同摆放一般的陈列即可。如图2所示是水井坊博物馆的历年白酒展品的展陈设计。由于此处展品并非文物而是自身品牌的系列产品，因此陈列不是要以物证史，而是彰显其酒品的高贵。场馆中央陈列形式显著区别于四周墙体窗，通过光照渲染和肌理材质选择，形成光柱群落，成功地营造了一种宏大气势。展陈设计的创新在于在恰当的光与材质的辅助下，利用矩阵化的陈列群，形成一种近似"气场"的展陈效果，达成与展品定位相吻合的设计目的。

2. 拟态的还原再现

在展陈的设施、环境与陈列方式的设计上利用展品内容的形态肌理等形式要素和文化符号要素进行拟态化，达到一种形式和气氛还原的目的，是现代博物馆的展陈设

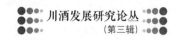
计及博览会展览的会展展陈中经常运用的方式。拟态的展陈方式比较直观形象，可以让参观者在比较丰富和复杂的视觉环境中快速形成一种焦点，并经验性地产生相应的主题识别与联想。但拟态的方式需要设计上的凝练以及判断恰当的适用，粗放式的模仿往往适得其反，会给人以粗浅的阐述，甚至是粗俗的仿照。文化符号的设计提取并不等同于对文化的简单符号化解读，具有以下特点。

一是适用性。展陈设计需要首先考虑拟态方式是否适用，避免牵强附会。如图3所示，水井坊博物馆在展陈设施上使用了仿照水井的条石可提供游客休息，在恰当的功能区形成了展品的水井和设施的水井的文化元素呼应，在不同的功能区塑造了形态观照的文化体验。

二是适度性。避免为了吸引眼球，将拟态方式在设计运用上过度夸张。如图4所示，在糖酒会上某酒企品牌的展位使用了巨型酒坛造型，博得眼球的同时却缺乏美感，给以人傻大呆笨的粗拙印象。近年来各类博物馆、会展展览的文博旅游展陈屡有类似的"粗俗展陈"方式，问题出在没有把握拟态方式的适度性。

三是承载性。非物质文化的展陈需要转化为可视化的效果，才能让观者进行感知和了解。拟态的方式使用具象的物品承载它所代表的非物质内容，如技艺等。选择的物品就演变为一种文化符号，具体的设计是要有效地、强化地承载和辅助呈现，设计师应思量避免对文化符号的粗浅铺陈。

图2　水井坊博物馆的白酒　　图3　水井坊博物馆的水井　　图4　糖酒博览会上的拟态展出
　　　展品陈列　　　　　　　　　　　拟态

3. 时空的场景叙事

酒文化博物馆展陈在空间上的设计还多了一层时间方面的考虑。酒的珍贵在于时间与曲的奇妙转变：好酒的陈年弥香需要岁月的沉淀，因此酒品的展陈需要体现出时空的造化。而关于遗址、酒肆、酒埠等也同样被时间赋予了历史的变迁和年月的沧桑变化。水井坊博物馆的展陈围绕着酒及其背后的酒文化注入了博物馆空间设计基础上的叙事性，然后利用场景营造时间的融入感。叙事性的空间设计在处理空间的大小、形态、明暗、冷暖等一系列的基本要素之外，能释放出生动且符合逻辑的空间形式[9]。与传统的微缩景观不同的是，场景的构建应将观者的体验作为设计的核心，将体验设计引入场景叙事。场景叙事体现在：①文博旅游特征的故事性；②与制酒藏酒等工艺一致的过程性（如图5所示）；③岁月的流逝感传递的时间性；④酒品牌、酒坊酒窖等遗址变迁的历史性（如图6所示）。如图5所示，水井坊博物馆展现藏酒场景，将光线的变化引入酒坛阵列的底部。光的变化如同等待光阴将新酒变香醇馥郁的过程，叙述光阴之于酒的故事。这种结合形成加速时间变化的代入感，可以使参观游客仿佛沉浸在窖藏的静好时空，体验时间和智慧的结晶。

图5 水井坊博物馆中藏酒的场景　　**图6 水井坊博物馆中酒肆船埠的场景**

4. 多媒体新媒介体验

随着科技的发展，展陈的媒介形式越发丰富，包括手机、互动屏、平板手持设备等各种新媒体与软硬件形式开始广泛地应用到博物馆展陈中：诸如3D动画、全息成像、眼球跟踪等各种新技术也成为博物馆吸引参观者的方式。新媒体技术的介入，让展览信息由单向传播向双向交流发展，由历时传播向即时传播演进，让人们对历史和艺术的认知更加立体化并更具开放性，因而成为现代博物馆展陈的重要手段[10]。这些新的展陈物设计方式鼓励参观者与展陈物进行互动，从而可以使其更多地参与到文化认知的过程中去，并在一定程度上体现了文博旅游的娱乐休闲属性；此外，它们也极大地解决了传统静态图文方式的局限性，让展陈的信息量更多，阐述更有效，尤其是针对文化的解说和解读，可以以广泛受众所喜闻乐见的方式进行传递，易于认知和了解。水井坊博物馆较多地运用3D技术再现了酿酒的情景，在序厅里利用互动屏讲述川酒的故事与窖池的筑造过程及技艺。多媒体技术让这些展陈内容变得生动的同时，更重要的是突破了图文展示的局限。好的互动展陈不仅能让参观游客乐于参与其中，而且能让参与者获得近似忘记自我的沉浸感：置于其中而乐在其所。但值得一提的是，对这些新媒介广泛应用于博物馆展陈的趋势我们同样需要反思是否具有过度性。当文

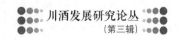

化被过度解释，以至于媒介本身变得比信息更重要的时候，就牵涉到旅游体验的本真性问题。

三、多感官的体验设计构建

由于酒文化的特殊性，在文博旅游体验中需要探寻多通道的知觉体验或者说感官体验。在展陈设计上尝试对除了视听觉以外的味觉、嗅觉、触觉等多元通道的体验挖掘。例如，法国格拉斯博物馆作为一家专门针对香水文化的博物馆，它的文博旅游展陈设计突破某个展位或区域的限制，利用无时无刻存在的空气作为展陈的介质：弥漫着各种沁人心脾的香味。这便是运用嗅觉来提升体验感的成功案例。同样，博物馆单纯依靠视觉和听觉的展示已经难以满足消费者对酒文化形成的立体的鲜活的诉求，需要增加对其他感官通道体验的刺激。

1. 味觉与嗅觉

酒的品评与鉴赏绝对离不开味觉与嗅觉，甚至这两个官能感受是判断酒质优劣的至关重要的标准。如何在"展陈"一词中寻求设计的创新，将此感官获得的生理刺激而形成的感受与情绪结合到对酒文化认知中是酒文化博物馆的特色所在，也是创意价值所在。

（1）真实的感官。

水井坊博物馆设置了品酒体验中心（如图7所示），让游客对水井坊酒品的头段和中段原酒亲自品尝，用味蕾去认知水井坊酒的独特曼妙。博物馆还专门为体验中心配有专业讲解员。参观者可以在体验中心进行酒品调制和品鉴等体验，在评鉴过程中增长酒文化知识、听取古法酿酒技艺讲解、了解酒礼习俗等。此处的讲解员不再是传统意义上博物馆的导览，其指导和解说内容都围绕着酒给人的官能感受。品酒体验中心的设置让真实的味觉和嗅觉加入到展陈的体验中。它们既是展陈的内容物，又是展陈的感官形式体现：酒入口引发味觉，可加以品评鉴赏；气味发散引发嗅觉，弥漫于体验中心。

（2）官能的转换。

水井坊博物馆的"感官品鉴"（Sensory Lab）展厅，以展陈国际不同酒品为主体。其展陈设计以突破味觉的创新来展开。如图8所示，充分使用了通感的设计手法，在视觉感受上进行探索：利用一整墙的酒的色调与光泽，配合着打光效果，让味觉的想象与印象相关联起来，从而达到一种味觉和视觉之间相通联的效果，展陈设计上实现官能之间的转换。这种设计手法，有效地解决了展陈设计无法引入真实感官的实际受限情况。例如《香港·味道》美食艺术展，利用投影技术让观众宛如置身顶级餐厅，运用科技互动品尝得奖菜式[11]。因此，酒文化博物馆的展陈创意可以探索官能转换给受众带来的奇妙感受和记忆联想。

图7　水井坊博物馆的品酒体验中心　　　　图8　感官品鉴展厅的一隅

（3）介质的突破。

正如前述香水博物馆，气味的展陈方面可以尝试对展陈介质的突破，利用实体馆场空间形成区域性的空气进行气味的传递或弥漫。例如我国"酒城"四川省泸州市，该市的城市宣传语"风过泸州带酒香"（胡耀邦同志对泸州和泸州酒的评价语[12]）道出了酒城的独特风韵。而宣传语就充分地体现了空气对酒香传递的介质作用，整个城市的自然空间就是一个酒文化气息的展陈空间。水井坊博物馆在酒香的感知传递方面还有比较多的创意空间可挖掘：让参观者的沉浸感从步入博物馆大门就开始形成，进而在后面的进一步参观中继续强化和升华对酒文化的感知与体悟。传递文化气息的感受和文化氛围的体验一直是文博旅游展陈设计的难点，对于酒文化主题博物馆而言，这恰恰有对应感官通道契合点的优势。

2. 参与式展陈

参与式展陈是比较新颖的一种展陈体验设计：完成一个完整的展陈需要参观者的参与或动作，参观者是展陈设计的一个不可或缺的角色环节。与互动式参与不同的是，互动式展陈离开参观者的互动同样能独立完成展示，而参与式展陈参观者不能缺席，从某个角度讲，参观者也是展陈设计的必要元素之一。

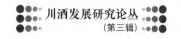

（1）触觉体验。

如肌理、纹路、手感等文化元素，静态呈现的是视觉感官效果，但要真正去了解和认知，必须通过参观者亲身去触摸，才能形成相应的触觉体验。触觉通道反馈的信息为典型的非物质源，通过物质性来承载，关注用户在使用产品或接触产品时形成的体验，放大触感症候和解读感官体验[13]。有的展品因为出色的光泽肌理、别样的材质特征而往往引发参观者触碰的欲望，展陈往往采取了隔离或提示的手段去禁止触碰。其实就设计层面来讲，能引起参观者特别关注而想去触摸的情形恰恰是设计的契机，可以考虑利用复制品的形式来实现触觉体验。例如在传统川酒酿酒技艺中开窖后有赤脚踩窖（踩酒糟）的工序，踩窖的独特触感体验无法用视觉和嗅觉的感官通道来替换，对酒糟的认知就可以通过手感来完成体验诉求：糅合了发酵酒味的粮食的粗糙质感。

（2）行为体验。

在文博旅游中通过参观者的亲自参与而形成的体验感就是行为体验，诸如动手制作、亲身演练等。就参与式展陈而言，行为体验的设计是完成整个呈现的必要环节或关键点，并适当地加入仪式化元素，让参与者有强烈主动性和成就感，完成"受众—参观者—参与者"的角色演变。使参观者在行为参与认知和学习过程中获得的文化体验更为立体和真实，印象感受也更为深刻。好的行为体验设计也同样可以形成沉浸感和收获意识，达到类似于某些游戏鼓励的效果。例如国家物质文化和非物质文化双遗产的"泸州老窖国窖窖池"旅游景点将酿酒产出原液的一个小工序交给参观者，由他们去开启琼浆美酒流出的过程，然后进行现场品尝斟酌。而水井坊博物馆品酒体验中心的游客同样也是一道风景线。他们品鉴佳酿行为本身就是酒文化的展陈内容：酒与饮就不能分离，饮中呈现了鲜活生动的礼仪和习俗，其品饮的行为过程就是一种展陈的状态。

四、结　语

正在蓬勃发展的各种文化主题型博物馆成为文博旅游重要的形式，也是非物质文化展示和保护的重要方式。独特的文化资源是文博旅游博物馆的核心价值所在，博物馆展陈应该围绕着这一核心寻求有针对性的设计，并以用户体验为突破点探索展陈设计上的创新。以水井坊博物馆为典型代表的酒文化博物馆开始探索针对特定文化特征的展陈创意，呈现了川酒文化赋予参观者的沉浸式旅游体验。而基于多通道的感官体验已经在设计界逐步得到重视，成为当代博物馆和博览会展等展陈设计的前沿趋势，尤其是除了视觉和听觉官能以外的味觉、嗅觉和触觉方面的体验设计为彰显文化魅力、创新性传承和发展文博资源提出了新的设计思路和具体的应用方式。通过文化创意产业和旅游产业的整合与探索，将文化体验作为一种特别的体验模式融合于博物馆展陈设计中，能进一步强化文化的感召力，呈现文化的价值。

参考文献

[1] 杨正宏. 多元体验下的博物馆展示设计——以镇江博物馆为例 [J]. 东南文化，2013（5）：117–122.

[2] 冯健，陈文. 川酒传统酿造中的文化遗产因素分析 [J]. 中华文化论坛，2009（1）：139–142.

[3] 候红萍. 酒文化学 [M]. 北京：中国农业大学出版社，2012.

[4] 梁学成. 旅游管理学前沿著作选读 [M]. 北京：中国经济出版社，2013.

[5] 陈才. 旅游体验的性质与结构——基于博客游记的探讨 [M]. 北京：旅游教育出版社，2010.

[6] 谢彦君. 旅游体验研究——走向实证科学 [M]. 北京：中国旅游出版社，2010.

[7] 魏彤峰. 关于酒文化与中国文化基本精神的研究 [J]. 学理论，2012（7）：128–129.

[8] 张烈，关琰. 数字娱乐技术在现代博物馆设计中的应用 [J]. 装饰，2007（6）：27–29.

[9] 王少斌. 构建地域文化特征的展示形式和空间体验——以云浮城市规划展览馆展陈设计实践为例 [J]. 装饰，2014（1）：30–35.

[10] 魏敏. 新媒体时代的博物馆展览——基于观众研究的分析与探索 [J]. 东南文化，2013（6）：94–101.

[11] 何筝. 互动科技感官飨宴，触动美食无限想象 [N]. 成都商报，2014–03–12.

[12] 中共泸州市委宣传部. 泸州新闻网 [EB/OL]. http：//www.lzep.cn/topics/2012zjjd/.

[13] 周睿. 基于触感体验的产品设计视角初探 [J]. 艺术探索，2009（1）：119–120.

"新常态"下四川名酒企业"非遗"保护可持续性路径研究[*]

——以泸州老窖酿造技艺的保护传承与合理利用为例

吴斌　罗眉　银元　周祥生

摘要：2012 年至今，以白酒为代表的中国酒业步入深度调整期，进入"新常态"。中国白酒"新常态"下的转型，首先是产品面向消费者的回归性变革，即白酒进入更贴近民众生活的大众化消费时代。在"新常态"下，传统酿造中的"非遗"越发凸显其在白酒品牌塑造中的价值。白酒企业可通过坚持本真性传承、立足多层级传习、拓展开放式保存、创新多形式利用、整合全域性推广等路径，实现传统酿造中"非遗"保护的可持续性。

　　四川白酒业历史悠久，文化积淀深厚。川酒中名酒众多，素有"川酒甲天下"的美誉，其中泸州老窖、成都全兴水井坊、宜宾五粮液、绵竹剑南春、古蔺郎酒、射洪沱牌曲酒六大中国名酒享誉中外。这六大名酒无一例外，都拥有深厚的文化积淀和历史传承，一直以品质、历史、文化等良好的品牌基因在中国白酒市场中占据着主流地位[1]。2006 年 5 月 20 日，国务院正式公布了《第一批国家级非物质文化遗产名录》，其中茅台酒酿制技艺、泸州老窖酒酿制技艺、杏花村汾酒酿制技艺同时入选"传统手工技艺"类名单。2008 年，五粮液、水井坊、剑南春、郎酒、沱牌等川酒企业的酿造

　　* 基金项目：2014 年度川酒发展研究中心规划项目"川酒传统酿造中（非遗）的保护传承与合理利用机制研究——以泸州老窖为例"（项目编号：CJY14–10）阶段性成果。
　　作者简介：吴斌（1965—），男，中共四川省委党校副教授，研究方向为管理学；罗眉（1972—），女，中共四川省委党校副教授，研究方向为管理学、文化学；银元（1985—），男，成都理工大学博士研究生，中共四川省委党校科研处工作人员，研究方向为文化旅游；周祥生（1969—），男，四川省非物质文化遗产保护中心保护部主任，研究方向为文化学、非物质文化遗产保护。

技艺也跻身"非遗"名录。对于四川名酒企业来说，酿造技艺入选"非遗"，不仅显示了酿造技艺的历史渊源，而且也成为塑造川酒品牌的重要资源。本文以泸州老窖对"非遗"生产性保护的实践为例，探究白酒传统酿造中"非遗"保护可持续性的路径。

一、探索"新常态"下四川名酒企业"非遗"保护可持续性路径的必要性

（一）致力于传统酿造中的"非遗"保护是"新常态"下名酒企业的必然选择

2012 年至今，以白酒为代表的中国酒业步入深度调整期，进入"新常态"。中国白酒"新常态"下的转型，首先的是产品面向消费者的回归性变革，即白酒进入更贴近民众生活的大众化消费时代，白酒产品回归文化、回归本质（品质或个性）、回归价值（性价比）、回归服务（树立消费者至上理念）势在必行[2]。白酒本质上是一种凝聚精神和文化价值的酒精饮品，当消费者需求和消费市场逐渐回归理性时，白酒企业需要把酒的本质还给普通的老百姓，让消费者真正充分感受到白酒品质和文化的价值。传统酿造中"非遗"是名酒企业拥有的深层次重要资源，名酒企业应通过对"非遗"的保护，重构白酒行业的价值体系，推动整个白酒行业的文化突破[3]，让中国白酒重新获得消费者的情感认同，使市场消费重现活力，这是"新常态"下白酒名酒企业的必然选择。

首先，通过"非遗"保护，名酒企业可以塑造有责任感的民族工业企业形象。

国务院《关于公布第一批国家级非物质文化遗产名录的通知》中强调："我国是历史悠久的文明古国，拥有丰富多彩的文化遗产。非物质文化遗产是文化遗产的重要组成部分，是我国历史的见证和中华文化的重要载体，蕴含着中华民族特有的精神价值、思维方式、想象力和文化意识，体现着中华民族的生命力和创造力。"白酒酿造技艺作为一项具有悠久历史、区别于世界其他蒸馏酒传统工艺的酿造技艺，因其代表着白酒酿造的典型工艺，是中国酒文化体系中不可模仿的历史传承，展现了鲜明的地方特色和杰出的中国民族文化创造力，体现了中华民族的人文精神。以泸州老窖为例，泸州老窖酒酿制技艺在元、明、清三代得到创制、雏形、定型及成熟，其"非遗"酿造技艺的基本内容包括泥窖制作维护技艺、大曲药制作鉴评技艺、原酒酿造摘酒技艺、原

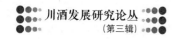

酒陈酿技艺、尝评勾兑技艺以及相关的固定法则等。泸州老窖传统酿制技艺是浓香型大曲酒的代表性技艺，是在泸州独特生态环境条件下孕育形成的。泸州老窖酿造技艺的每个细节，无不经历了千百年的世代相传，经过一代又一代酿酒师不断发现、探索和总结，凝聚了中华民族杰出的创造力，也充分显示了中国酿酒技艺的源远流长[4]。名酒企业可通过对"非遗"的保护，唤起全社会的共同关注，激发民族认同和民族情感，在消费者心目中塑造有责任感的民族工业企业形象。

其次，传统酿造中的"非遗"是塑造产品品质和文化的精髓，决定着品牌价值。

品牌是企业的灵魂，是市场竞争中最有力的武器。品牌源于文化，必须与文化深层次融合，对于精神享受重于物质享受的酒类品牌来说，更是如此。现阶段大多数白酒品牌仅反映出了白酒所应承载的文化体系的冰山一角，所以白酒的文化品牌是相对短缺的，这个短缺是真正有文化内涵的白酒品牌的短缺。而与"非遗"的最深层次，即精神文化层面相对应的是其间丰厚的历史文化积淀，这是白酒文化最深厚也最有爆发力的元素。白酒传统酿造中"非遗"的价值不言而喻，它不仅局限于历史和酿造工艺层面，是白酒品质的基本保障，更可以延伸至文化品位的精神享受，彰显消费者的品位和文化底蕴。因此，以"非遗"为载体，白酒品牌对于文化核心价值的挖掘将水到渠成。将其创新应用于培养年轻、时尚的新一代消费者群体，由对历史的尊敬、对文化的传承，表现为中国白酒对品质的坚持，对完美的追求，并将之转化为品牌个性与行业核心竞争力[5]。

（二）破解"非遗"生产性保护的难题亟须探索可持续性保护的路径

进入 21 世纪以来，我国"非遗"保护工作渐进到全面理性保护阶段，并建立了较为完善的以抢救性保护、整体性保护、生产性保护为主要方式的保护体系。有别于抢救性保护和整体性保护，生产性保护鼓励"非遗"在生产中实现传承。目前，这一保护方式主要是在传统技艺、传统美术和传统医药药物炮制类非物质文化遗产领域实施。四川白酒 "六朵金花"在国务院正式公布的"非遗"名录中，归入"传统手工技艺"类，因而目前川酒名酒 "非遗"保护主要采取的是"生产性保护"方式。

在"非遗"生产性保护中，如何处理好"保护传承"与"开发利用"的关系，一直是学术界争论的焦点。当前的主要观点有这样两个方面：一部分学者倾向于保守，强调"非遗"的"本真性"、"原生态"，认为继承、传承高于和大于发展、创新，坚持遗产文化本位，坚决反对商业化、产业化[6]；另一部分学者则相对比较激进，强调非遗的"变化性"、"活态性"，或者在学术观点上主张传承就是发展、创新，认为相当一部分非遗项目不变革就没有生存价值，或者在实际行动中推行某些非遗项目的产业化、商业化、规模化[7]。因而在白酒产业工业化的进程中，四川名酒企业"非遗"生产性保护面临的最大难题是：如何既维持"非遗"本真性又不限制其发展，让其不过多受现代化进程影响产生颠覆性变化而以自然流变方式发展；如何既保护"非遗"的精髓又不限制其文化价值的现代化利用，在充分保护其核心价值的基础上使其文化价值得到有效开发[8]。要破解"非遗"生产性保护的难题，亟须探索可持续性保护的路径。

二、泸州老窖"非遗"保护的实践性探索

在白酒"非遗"生产性保护领域，泸州老窖堪称典范，其具体做法应该引起重视，其探索的经验值得其他名酒企业借鉴。时任中国非物质文化遗产保护工作专家委员会秘书长屈盛瑞曾这样评价道："我目睹了泸州老窖酒的整个酿制过程，泸州老窖在保护传统酿制技艺、窖池、传统酿造过程及酿酒传承人方面做得非常好，是行业中的典范。泸州老窖对传统文化和技艺的传承，对酿酒大师的保护是对中华文明最好的传承。"

（一）泸州老窖始终把对传统酿制技艺"非遗"的保护传承视为其发展之本

泸州老窖在白酒市场激烈的竞争中，之所以能保持领先地位，最根本的原因不仅是其营销手段的高超和先进，更依赖通过注入传统文化内涵后，提升其品牌价值对消费者形成的吸引力，由此打造了自己不可替代的核心竞争力。

1. 弘扬传统文化，肩负保护传承的历史责任，塑造有责任感的民族工业企业形象

1999 年，作为行业内首家拥有健全文化体系的企业，泸州老窖提出了著名的"统治酒类消费的是文化"的观点，认为中国传统文化走多远，中国白酒就能走多远。自此，泸州老窖在文化遗产的保护传承上，一直走在行业前列。围绕"非遗"，泸州老窖公司做了大量的工作：2005 年，国家首次启动"国家级非物质文化遗产名录"申报工作，泸州老窖积极申报。经过泸州市、四川省、文化部层层推荐，2006 年 5 月 20 日，经过国务院批准，泸州老窖酒传统酿制技艺入选国家首批"非物质文化遗产名录"，成为当年我国浓香型白酒唯一入选企业，也是产酒大省四川省唯一入选的酒类企业。2007 年，赖高淮、沈才洪被文化部确定为首批国家非物质文化遗产代表性传承人，张良被确定为首批省级非物质文化遗产传承人。为加速推进"申遗"工作进程，泸州老

窖集团率先提出联合捆绑申报的倡议，得到同行单位的大力支持。目前，公司已成为中国蒸馏酒申报人类非物质文化遗产和中国白酒酿造古遗址申报世界文化遗产两个联盟的主要发起人和联络人。2008 年和 2009 年，以泸州老窖酒传统酿制技艺为首的"中国蒸馏酒传统酿制技艺"捆绑申报项目，经由中华人民共和国推荐申报人类非物质文化遗产代表作，成为国家向联合国教科文组织推荐的 14 个项目之一。2009 年，由泸州市发改委、文化局、规建局等单位参加的"泸州老窖酒传统酿制技艺传承保护协会"成立，推动了泸州老窖非物质文化遗产保护整体升级。

泸州老窖还通过开展一系列主题文化活动，展示白酒作为中国传统文化结晶的独特魅力，使公众对泸州老窖传统酿造技艺的保护意识和全社会参与"非遗"保护的水平大大提升，对中华传统文化的民族情感和认同持续增强。例如 2008 年，泸州老窖发起的"泸州老窖国窖 1573 封藏大典"，是以传承中华文明，弘扬中国白酒文化，展示中国白酒传统酿造技艺，并见证中国白酒首款超高端个性化定制酒——"国窖 1573 定制酒"全球首发的一场盛典。"国窖 1573"封藏大典的举行，可以说是传承历史文化、引领消费潮流、提升生活品位的盛宴。对于如此奢华隆重的庆典，多家权威大众媒体以及行业媒体都对其进行了报道，这对于其品牌的传播起到了非常好的宣传作用[9]。自此，作为"浓香鼻祖、酿酒大家"的泸州老窖每年农历二月初二都要举办封藏大典。每一年的封藏大典，都有一个十分重要且固定的环节，便是泸州老窖传统酿制技艺的祭拜先祖与师徒传承。祭拜先祖，是泸州老窖对传承至今的"泸州老窖传统酿制技艺"的铭记、感怀，是传承到这一代的"龙头"传人率领整个"国窖 1573"定制酒酿制大师团队，祭祀"国窖 1573"的始祖舒承宗的庄严仪式。此仪式表达出泸州老窖不忘酿酒祖训、不弃酿酒本心、不改酿酒坚持的决心与态度，也是泸州老窖对整个中国传统文化的继承、发扬和永续。

2. 以"非遗"的本真性为支撑，保证产品质量，提升品牌的内涵和吸引力

本真性是"非遗"的灵魂，对于正确实施生产性保护起着至关重要的作用。在今天的大工业化形势下，泸州老窖公司始终坚持把"非遗"的本真性作为其品牌塑造之本，显得尤其珍贵。泸州老窖从养窖、制曲、发酵、勾兑到陈酿，始终坚持手工艺操作的传统酿造技艺，脚踢手摸、看花摘酒、手捻酒液、口尝黄水等特殊技艺都是依靠人的经验判断的，而非定性或定量的语言所能描述，正所谓"只可意会不可言传"。正是这种通过师徒口传身授的技艺酿出了具有不同年份、呈现出不同口感和色泽特征的酒体——基酒，是泸州老窖得以酿出举世仰慕的标准级白酒引以为傲的财富[10]。"国窖 1573"的热卖证明了泸州老窖酒酿制技艺在生产性保护方面的成功，而这样的成

功，主要依赖于其中核心技术本真性的传承与保护。它的酿酒制作技艺，是泸州老窖所在地特有的生态环境和特定的生活生产方式的产物，其核心主要来自于两方面：一方面，1573 国宝窖池群是泸州老窖酒质生成的重要物质前提；另一方面，泸州老窖酒传统酿造技艺这种无形的非物质文化遗产融汇了 23 代能工巧匠的心血，逐渐发展汇集到当今之大成 [11]。不难想象，在酿造技艺不断成熟乃至臻于完美的过程中，每一代酿酒师都力图在自己的职业生涯中对技术去除糟粕，提炼精华，这是一场追逐完美的接力赛，一种跨越了几百年、传递了若干代人的精神锤炼过程，这种不懈的执着与追求显然已经超越了生产的范畴，直升入艺术的殿堂。也正是这种点点滴滴的沉淀，让"非遗"的文化元素凝结成文化资源，让艺术元素累积成艺术价值。"一杯千古事"，只有这样的积累，才能形成这种艺术穿透力，命中人们最易感动的那一寸 [12]。这样的产品已升华为艺术作品，这样的产品品牌独一无二，无可取代，这也是泸州老窖酒的独特性所在。在白酒行业同质化趋势明显的今天，清晰地表达体现出自己的风格与文化品质，有利于品牌的塑造。

3. 重视"非遗"的多层级传习

"非遗"是活态文化，应通过多层级传习方式进行活态传承。泸州老窖传统酿制技艺的传承从 1324 年开始，600 多年来代代相传，已经传承 23 代。最初的 36 家作坊不过是依靠传统技艺经营烤酒作坊，师徒相传地培养酿酒技师。而今天，泸州老窖突破传统"师带徒"作坊式传承模式，搭建平台，与职业教育相结合，将单一的、封闭的个体传承方式向系统化、规模化转变。通过多种培训途径进行"非遗"传承，现已拥有"中国酿酒大师"3 名，国家级非物质文化遗产代表性传承人 2 名，四川省首批非物质文化遗产传承人 1 名，享受国务院特殊津贴的专家 7 名，博士 9 名，工程硕士 70 余名，教授级高工 4 名，同时拥有包括国家级白酒评委、酿酒高级技师、技师在内的技能型人才数百名，人才优势在行业内遥遥领先。

（二）泸州老窖在"非遗"保护传承与合理利用上探索的新路径

1. 泸州老窖传统酿造技艺本真性与川酒工业旅游开发的融合

2004 年，"国窖 1573"广场在国家、省、市旅游局组成的联合创建验收组的严格考核检查中，通过国家工业旅游示范景点的验收，成为中国白酒行业唯一的"全国工业旅游示范点"。

作为全国首批工业旅游示范点，"国窖 1573"广场以自身为中心辐射企业各参观景点，形成泸州老窖工业名酒文化旅游线，包括 3 条旅游线路、20 多个参观景点，即以传统手工艺生产线和老厂区为核心打造文化观光体验区，走产销一体化和体验经济的路线。"国窖 1573"生产车间是由包括 4 口明代古窖在内的低矮糟坊改造成的，工人们身着"国窖 1573"的服饰，甑桶、天锅都是标注名称的木质器物，模拟传统的白酒酿制工艺来操作。架高的二层空间设置了走廊供游人俯瞰，传统酿酒工艺的每一个环节都一览无遗。在天下第一酒道场，泸州老窖巧妙地将传统酿酒工艺与深厚的中华酒文化融为一体，使游客充分品味酒香，欣赏酒道表演，感受饮酒妙趣，最终被博大精深的泸州老窖以及它所传达的中华白酒文化所吸引。泸州老窖正是通过在白酒的生产与营销环节中对"非遗"本真性的实景展现，通过消费者的体验活动，促使消费者关注"非遗"，认可"非遗"，从而实现对"非遗"有效的保护传承。

2. 泸州老窖传统酿制技艺本真性与泸州城市发展的融合

泸州老窖传统酿制技艺是在泸州独特的生态环境条件下孕育形成的，具有鲜明的地域性特征。泸州老窖大曲酒是典型的"地域资源型"产品。除 1573 国宝窖池群外，由于泸州地区所独有的白垩纪地质、五渡溪黏性土壤、优良水质、有机高粱及湿热气候等基础条件，加之泸州地处中国传统西南少数民族聚集区域和四省市交界处，这里的民众喜酒、尚酒习俗等文化环境，使得泸州老窖传统酿制技艺成为中国西南酿酒带上的璀璨明珠。

由于白酒的生产条件和环境是不可复制的，酒类企业产品的知名度和美誉度与所在地的关系就至关重要。一个企业的产品与所在地的地理、历史、民俗等联系越紧密，融入越自然，越能充实其内涵，也更能借助当地文化扩大影响力。因而泸州老窖把对"非遗"的保护传承与泸州城市发展相融合。2004 年，泸州市委、市政府顺应行业发展新趋势，率先提出建设白酒产业集群理念。泸州老窖积极响应，致力于打造一个以酒为核心的投资环境、经济效益、社会责任一流的特色园区。泸州酒业集中发展区的建成，为中国"白酒金三角"的构建树立了一根极高的标杆。2010 年，为落实四川省委、省政府打造"长江上游名酒经济带"、中国"白酒金三角"战略，泸州老窖规划高标准、高起点打造世界白酒主题文化公园和中国酒城老酒镇，建设具有鲜明中国酒文化特色的酒文化景观，一方面丰富中国酒文化内涵，弘扬泸州老窖文化遗产精神；另一方面，也成为泸州"酒城"城市形象塑造的核心力量。2005 年，泸州荣获"中国优秀旅游城市"称号。游人来泸州必先参观"国窖 1573"广场，浓香发源圣地使各地游人叹为观止。

三、四川名酒企业"非遗"保护可持续性的路径

（一）坚持本真性传承

"基质本真性"是指一种事物仍然有它自身的专有属性，是衡量一种事物不是他种事物或者没有蜕变、转化为他种事物的一种规定性尺度[13]。传统酿造中"非遗"的保护传承与合理利用一定要遵循本真性原则，这是白酒企业保护和利用好"非遗"的关键。在现实生活中我们也看到，在激烈的市场竞争中，由于市场的量化目标和受众的低成本选择，一些白酒企业往往会做出错误选择，即漠视传统酿造中"非遗"的核心价值，背离本真性原则，选择机械化的生产模式。殊不知机械化生产从本质意义上将人的活态情感机械化，而"非遗"生产性保护的根本模式是要保留物件上的活态情感，不能简单地用机械化生产取而代之，这是"非遗"生产性保护和现代化生产模式的根本区别。特别是对于白酒这种凝聚精神和文化价值的酒精饮品，消费者的情感认同尤其重要。

保持"非遗"本真性是实施生产性保护必须遵守的前提，它决定并制约着生产性保护的发展模式和规模。郎酒集团董事长汪俊林在接受《三联生活周刊》采访时说："白酒的质量是个很微妙的东西，在全部采用手工制作的情况下，即使在同一家工厂，同样气候下，不同厂区做出来的酒也会有区别，甚至酒质差别很大。"这句话揭示了保证白酒品质的两个关键所在：地理空间和手工技艺，离开当地独特的地理条件和手工操作流程，生产出的白酒就不是"原汁原味"的郎酒，因此，可以说地理空间和手工技艺正是白酒传统酿造技艺的本真性所在，制约着生产规模的扩大和发展。

"非遗"本真性的保护需要政府、企业和传承人以及公众的协同努力，应采取保护与开发"分道行驶"的办法。一方面利用"非遗"的内涵或形式进行创新性开发，使非物质文化遗产更好地融入民众、融入当代生活；另一方面通过保护"非遗"的核心内涵和传统形式，做到本真性传承。

（二）立足于多层级传习

与一般生产企业在生产运作管理当中对基础设施投入不同的是，实施"非遗"生产性保护的企业，必须建立自己的"非遗"展示设施和传习基地。实施"非遗"生产

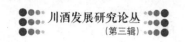
性保护的企业，在建设"非遗"展示馆（室）和传习所的过程中，要创新生产性保护企业设施投入模式。目前，主要的创新模式是：通过建立规范的传习基地和文化展示馆或博物馆，并对社会公众和游客开放，实施"工厂+博物馆+传习所+文化观光旅游线"的保护传承模式。

（三）拓展开放式保存

"非遗"要得到真正的保护，不仅是生产技艺或传承人的保护传承问题；也不是把它孤立保存起来，入馆储藏；更不是将其包装打扮、表演欣赏；要让它返璞归真、回到原有的生活"环境以及与自然和历史的互动"状态中，成为民众日常生活舒适化、审美化的实际需要，从本源上得到滋润和壮大，活态传承发展。

传统技艺不是孤立存在的，它源于生活，有其适宜存在的土壤，有较显著的地域特色。因此，那种仅在博物馆或旅游景区展示的传统技艺只能是作为人们对传统文化的一种记忆，尽可能多地保留传统技艺存在的文化空间，营造适宜传统技艺生存的文化环境，在生产和生活的互动中保护传统技艺，是使传统技艺延续下去的良策。

（四）创新多形式利用

对传统酿制中的"非遗"，在保障其本真性的前提下，通过创造性拓展，可进行多种形式的利用。目前可以采用的主要形式有三种。

1. "复古式"利用

恢复白酒传统工艺与制作流程，使产品生产符合"古方、古法、古料、古工艺"的要求。例如，"国窖1573"就是国宝窖池与传统酿制技艺的完美结合，被称为"可以品味的历史"。

2. "现代式"利用

把传统工艺与现代科技结合起来，在保持传统技艺流程基础上，创新生产符合时代消费特点的新产品。

3. 综合利用型

这一利用方式是将"非遗"与地域环境、人文环境及其他文化景观紧密结合起来，借助文化遗产和自然环境的双重影响来吸引游客，为广大参观者提供文化与自然的双重享受。

需要注意的是，无论哪种利用形式，利用的目的首先是有利于促进"非遗"的保护，延续其生命力。"非遗"的利用担负着传承传统文化的使命，文化的传承需要参与者的文化自觉。在"非遗"利用过程中，参与利用的各方需要对"非遗"保护与传承的意义有足够的了解和认同；在利用过程中，以自觉的文化担当去继承传统文化、发展传统文化和弘扬传统文化，减少传统文化保护与文化资源利用的经济诉求之间的矛盾性。

（五）整合全域性推广

中共十八届三中全会提出，坚持走中国特色新型城镇化道路，推进以人为核心的城镇化。保护与传承优秀传统文化，建设有历史记忆、文化脉络、地域特色、民族特点的美丽城镇，是新型城镇化建设的重要内容，也是当前迫切需要解决的重要问题。对地方政府来说，"非遗"就是一张名片，代表着城市的形象，传递着丰富的文化信息。城镇化建设可以创造性地利用好"非遗"资源，塑造有文化特色的新型城镇，避免千城一面的尴尬现象。解读"非遗"的宣传，不难看出地方政府文化繁荣与文化产业振兴的方略。"非遗"资源的合理利用及生产性保护，必定有效地推动区域经济、社会全面协调可持续发展。将川酒"非遗"的保护传承与合理利用全方位地融入城镇文化的整体建构之中，使之成为城镇文化的有机组成部分，才能真正让非遗"活"起来，同时也让城镇"文"起来，两者相辅相成，相得益彰。

参考文献

[1] 杨辰. 可以品味的历史 [M]. 西安：陕西师范大学出版总社有限公司，2012.

[2] 熊玉亮. 调整使行业更接地气 [N]. 华夏酒报，2014-09-21.

[3] 蒋佳. 名优白酒企业在行业深度调整期的应对策略——以四川为例 [J]. 四川理工学院学报（社会科学版），2014（6）.

[4] 何世辉. 泸州老窖申遗的资源条件及意义分析 [J]. 科技经济市场，2006（11）.

[5] 石磊. "非遗"见证中国白酒历史 [N]. 华夏酒报，2012-09-17.

[6] 刘锡诚. "非遗"产业化：一个备受争议的问题 [J]. 河南教育学院学报，2010（4）.

[7] 王松华，廖嵘. 产业化视角下的非物质文化遗产保护 [J]. 同济大学学报，2008（2）.

[8] 彭卫国. 博弈与共赢：非物质文化遗产保护与利用的新探索 [J]. 大众文艺，2014（1）.

[9] 程艳红. 白酒企业品牌定位研究——以泸州老窖为例 [J]. 江苏商论，2010（8）.

[10] 康珺，倪江波. 四川酒文化的剖析 [J]. 商业文化，2010（2）.

[11] 陈勤建. 定位分层、核心传承、创意重构——非物质文化遗产生产性保护的若干思考 [J]. 辽宁大学学报（哲学社会科学版），2013（11）.

[12] 张良，沈才洪等. 传统文化资源决定白酒艺术价值 [J]. 中国发展，2011（2）.

[13] 刘魁立. 非物质文化遗产的共享性本真性与人类文化多样性发展 [J]. 山东社会科学，2010（3）.

四川邛酒历史文化资源的保护与旅游开发研究

罗时宝　黄磊　刘源

摘要：历史文化资源是文化产业发展的基础和前提，随着文化产业的蓬勃发展，有关历史文化资源的理论和实践研究也随之发展，甚至成为研究的热点。如何处理好历史文化资源的保护与文化产业发展的关系，更是发展文化产业必须面对的问题。本文从如何正确看待邛酒历史文化资源的保护与旅游开发之间的关系、如何保护邛酒历史文化资源、如何进行邛酒文化旅游开发三个方面来加以论述。

邛崃是巴蜀四大古城之一，四川首批历史文化名城，有"天府南来第一州"的美誉。它有着深厚的历史文化底蕴，两千多年的历史积淀，形成了以文君文化为"龙头"的六大特色文化，是成都文化不可或缺的重要组成部分。文君文化、邛酒文化、邛窑文化、南丝路文化、红色文化和羌文化等正成为邛崃的响亮名片，其中的邛酒文化，无疑是这六大文化的重中之重。

邛酒悠久的历史奠定了邛酒历史文化资源的基础，但调查研究显示，目前学界关于川酒历史文化资源的开发和保护研究较多，而对于川酒之一的邛酒的历史文化资源的保护和旅游开发研究尚少。近年来，民俗旅游在全国各地蓬勃发展，具有文化特色的旅游更是成为旅游发展中的新兴市场，具有良好的发展前景。中国是盛产美酒的国度，具有悠久历史的"酒乡"不在少数，如山西产汾酒的杏花村，甘肃的酒泉

作者简介：罗时宝（1981—），男，四川射洪人，讲师，主要研究方向为视觉传达设计方向；黄磊（1981—），男，四川自贡人，讲师，视觉传达设计方向；刘源（1981—），男，四川自贡人，讲师，四川理工学院艺术学院视觉传达教研室主任，品牌设计。

等，便是依托当地酒文化应运而生的。邛酒以悠久的历史、灿烂的酒文化、得天独厚的酿酒条件和众多的白酒品牌闻名全国，但以邛酒历史文化为依托的文化旅游并没有得到大力发展，所以对邛酒历史文化资源的保护与旅游开发的研究就显得尤为迫切和重要。

一、邛酒历史文化资源的保护与旅游开发之间的关系

（一）保护好邛酒历史文化资源是进行旅游开发的前提

邛酒历史文化资源丰富多彩，历代文人墨客对邛酒的吟诵不胜枚举，如唐高祖李渊的部将李百药在《少年行》中对邛酒大为称赞。牛峤在成都品尝到临邛佳酿，陶醉之情溢于《女冠事》词中，称赞邛酒如锦江烟水般浓美。"卓女烧春"便是当时邛酒的品牌，"浓美"二字则准确定位了邛酒佳酿的品质。在古代文化名人中最有口福的恐怕要数陆游了。陆游曾客居蜀州做通判，几次留驻临邛。他常是"把酒孤亭半日留"或者"又作临邛十日留"。淳熙四年（公元1177年）八月，离任后的陆游应好友之邀再次游邛。酒酣之时，醉中戏作："此酒定从何处得，判知不是文君垆。"陆游对酒同对诗的用典一样有着非常深入的研究，他对邛酒用"碧、琳、腴"三个字评价，就高度概括了邛酒色、香、味的极佳品质。明代的高启"郎思沽酒醉临邛"，他在醉饮临邛美酒之后，大胆地做出认定，说临邛这个地方"酒比蜀都饶"。由此我们可以看到，邛酒以其独特优良的品质占领市场，为文人墨客所称道便是情理之中了。

旅游不是单纯的经济行为，从本质上讲它也是一种文化活动。对游客来说旅游是一种文化需求，对旅游业来说则是如何满足游客的这种文化需求。独树一帜的邛酒历史文化，最能从心理上满足游客对文化的心理追求。无论怎样美丽的自然景观，没有文化内涵，没有绚丽多姿、蕴含丰富的文化作支撑，旅游业不可能有持续的发展，会成为无源之水，无本之木，因此文化是旅游业的立足之本。

邛酒文化旅游最大的消费点就在于邛酒文化本身，这是一种文化旅游，是有别于传统的风景区欣赏自然景观的旅游形式。在这种新型旅游中，游客最大的消费需求就是对于邛酒文化本身的需求，游客在旅游的过程中欣赏和期待的并不是传统旅游中的"眼球消费"，而是更深层次的心理需求和文化需求的消费。如果旅游开发者不能够满

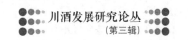

足游客相应的心理需求和文化需求,那么邛酒文化旅游开发也将难以为继。所以认识到这一点,我们必须先保护好邛酒的历史文化资源,才能进一步进行相应的旅游开发工作,否则一切都是纸上谈兵。因此,保护好邛酒历史文化资源是进行旅游开发的前提,也是进行邛酒文化旅游开发的首要工作。

(二) 合理的旅游开发有助于邛酒历史文化资源的保护

旅游业发展与历史文化保护、传承和创新是相辅相成、相互支持的关系。保护是开发和发展的前提,开发要服从于保护,而资源保护归根结底是为了更好地发展,文化资源必须经过开发利用,才能发挥其功能和作用,才具有现实的经济意义和社会意义。开发是动力,开发有利于更好地保护。对邛酒文化资源的开发将促进邛酒文化旅游的发展,改善、美化资源环境,增加其可进入性;同时,资源开发带来的旅游收益可以通过各种形式返回资源地,对旅游资源环境进行改造、整合,所以合理的旅游开发有助于历史文化资源的保护。当然,邛酒文化旅游也不例外,合理的旅游开发有助于邛酒历史文化资源的保护。

首先,邛酒文化旅游可以为保护、传承和弘扬邛酒文化提供直接的保障。保护、传承邛酒文化,必须发掘、抢救、整理出版过的、口传的、濒于失传的各种文化资料,比如对酿酒工艺的记录、整理,对邛酒起源的考证与梳理,并且要有相应的邛酒培训和研究机构,聘请专门人员进行研究。对于邛酒文化遗产保护需要资金,需要配置必要的设备和技术设施,完善各种保护措施,需要培养和聘请高级科研人才等,这些工作都需要有大量的资金投入,而发展邛酒文化旅游就可以为此提供有力的支持和直接的保障。

其次,通过对旅游产品和旅游商品的开发来推动邛酒文化发展。我们强调文化保护,不是消极意义上的保护,不是只把它保存在博物馆里就完了,而是要进行全方位的发掘、开发,以文化资源的开发促进邛酒文化的保护和繁荣。邛酒文化旅游业通过对旅游产品 (如邛酒文化博物馆、生态酒庄观光园等) 和旅游商品 (如复古型的邛酒酒壶等) 的开发,来发挥对邛酒文化发展的推动作用。

(三) 保护与开发并重,实现文化与经济的双赢

对于邛酒文化的保护和对邛酒文化旅游的开发是一件事情的两个方面,两者是相辅相成、紧密联系且不可分割的。只有加强对邛酒文化的保护,才能在此基础上大力发展邛酒旅游,实现经济效益和社会效益,也只有大力发展邛酒文化旅游,才能让更

多的人知道、认识、了解邛酒文化，才能丰富邛酒文化的内涵，使邛酒文化得以传承和发展。所以，坚持邛酒文化的保护和文化旅游开发并重，才是对两者关系的正确认识，才能实现文化与经济的双赢。

二、如何保护邛酒历史文化资源

（一）系统发掘、整理各种文化资料

"临邛自古称繁庶，尤以酿酒胜其名。"邛崃，在藏语里表示"盛产美酒的地方"。早在 2000 多年前，邛崃酿酒业就已经十分兴盛，邛崃在悠久的历史岁月中积淀了深厚的酒文化。最脍炙人口的当属西汉年间卓文君与司马相如在邛崃当垆卖酒的故事，该故事经《史记》、《汉书》的记载，更使邛酒闻名遐迩，名满天下。唐代时，邛酒的酿造便已发展到高峰，酒肆遍布邛崃，酒香弥漫临邛，邛酒甚至一时成为宫廷贡酒。邛酒文化历史资源丰富，需要我们进行系统的整理。

文字是文化传承的载体和呈现的形式，关于邛酒文化的文字整理工作十分重要。邛酒历史文化悠久，有关邛酒的历史资料繁多、庞杂，需要组织一批专门人才对历史文献知识进行筛选、排查、考证，从中梳理出邛酒的历史文化起源、邛酒的酿造工艺及其工艺的传承与演变等重要脉络。对于一些口耳相传的和濒于失传的文化资料更要抓紧组织人员进行抢救和保护，并做相关记录与梳理。最后将各类邛酒文化资料进行整合、出版，让更多的专家、学者和社会各界人士参与到邛酒文化研究中，丰富邛酒文化内涵，将邛酒文化进一步发扬光大。

（二）建立邛酒文化博物馆

博物馆的建立，不仅是一项土木工程，更是精神与文化的传承基业，同时，建立博物馆也是对文化的一种重视和尊重，更是一种文化自信的表现。并不是只有青铜器、名人字画才有资格放在博物馆里展览，酒文化也是文化艺术花园中的瑰宝。在我国传统的文化思想中，工商业被长期压抑，工商业和从事工商业的人员一直被视为没有文化知识的代表。这种错误的思想在一定程度上阻碍了工商业文化的发展，当然作为工商业文化中的巨头——酒文化的发展也受到了阻碍。所以建立邛酒文化博物馆，可以

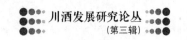

唤醒社会各界对酒文化的关注、重视与肯定。同时，建立邛酒文化博物馆，还可以系统收集各类邛酒文化资源，整合各种重要邛酒文化信息，让更多的人认识邛酒文化，使人们更直观、方便地了解邛酒文化，进而使邛酒文化得以传承和发展。

三、邛酒文化产业旅游开发

（一）建立生态酒庄观光园

现代邛酒生产产业化，是邛崃的特色支柱产业，拥有酒类生产、销售企业 700 余家，固定资产达 20 多亿元，年产白酒（浓香型原酒）30 万吨，啤酒 10 万吨，各种果酒、茶酒、滋补酒逾万吨，远销全国各地甚至东欧，为国内各大知名厂商提供优质原酒，并拥有"春泉"、"文君"和"古川"等中国知名品牌。在 2000 年时，"中国食品工业协会"、"白酒协会"等正式授予邛崃"中国最大的白酒和原酒基地"称号。

依据现代邛酒生产产业化、规模化、品牌化的特点，可以建立生态酒庄观光园，借鉴国内外知名酒庄观光园的经营模式，配备齐全的基础设施、娱乐休闲设施，将生态酒庄观光园打造成以邛酒文化为重点，集旅游、休闲、度假为一体的综合性观光场所，建立具有现代性、综合性的文化旅游产业链，丰富旅游内涵，满足现代游客多样性的旅游文化需求。同时，在名酒工业园 318 国道沿线建设地标性入门景观，进一步增强和利用品牌效应，统一沿路产酒企业的建筑外观，为发展酒文化旅游提供优越条件。

（二）积极运用媒体力量，进行媒体推广，扩大知名度

大众传媒和新兴媒体的蓬勃发展极大地促进了世界经济的发展，也为旅游文化产业的发展带来了新思路和新契机，我们要抓住机遇，积极运用媒体的力量，进行媒体推广，加大对邛酒文化的推广力度。

第一，邛酒文化旅游开发需要系统的设计和媒体推广，要充分利用"白酒原酒基地"的招牌，加强广播、电视、报纸媒体宣传。以广播、电视、报纸为代表的大众传媒凭借其广泛的公众影响力和其独有的权威性，在公众的舆论生活中扮演着重要的角

色，在一定程度上影响公众的思想和消费心理。邛酒文化旅游的宣传与推广，不可避免地需要借助大众传媒的力量，充分发挥"中国最大的白酒和原酒基地"、"中国白酒原酒之乡"等品牌优势，助力邛酒文化旅游发展。

第二，在公交站台、高速路牌进行全方位、立体式的广告宣传。公交站台、高速路牌是近几年新兴的比较流行的传媒模式，其以广告投放准确、高频次、高覆盖、持续展示、较低的千人成本（CPM）等特点，逐渐成为媒体新秀。对于旅游宣传而言，将邛酒文化旅游项目广告投放于公交站台、高速路牌无疑是非常直接、有效的方式。

第三，建立宣传邛酒文化旅游的网站和投放一系列网络广告。21 世纪是信息时代，我们要牢牢把握时代的脉搏，充分利用互联网快速传播信息的能力和特点，利用新媒体的力量推广邛酒文化旅游项目。建立宣传邛酒文化旅游的网站，派专人对网站进行定期维护与管理，加强与网友的互动，努力增加网站的点击量，扩大网站的影响力，达到广泛传播与推广的目的。同时，加强与热门门户网站的合作，投放一系列的网络广告，进一步增强影响力，推广邛酒文化旅游。

（三）设立"邛酒节"

设立"邛酒节"之类的文化节日，进行节日宣传活动，加强白酒生产企业与消费者的互动，进行深度宣传。"青岛国际啤酒节"是目前亚洲最大的啤酒盛会，由开幕式、啤酒品饮、文艺晚会、艺术巡游、文体娱乐、饮酒大赛、旅游休闲、经贸展览、闭幕式晚会等活动组成，是融旅游休闲、文化娱乐、经贸展示于一体的大型节庆活动。"青岛国际啤酒节"自 1991 年创办以来，每年都会吸引世界各地的众多啤酒爱好者前来参加，不仅极大地打响了"青岛啤酒"的品牌名声，还极大地推动了当地旅游产业的发展。邛酒文化旅游的开发完全可以借鉴其成功经验，通过"邛酒节"拉动邛酒文化旅游产业链的发展。

（四）开通旅游专线，便捷交通

交通是旅游活动中的重要一环，要发展邛酒文化旅游，就必须站在游客的角度思考问题，考虑交通工具和交通线路的问题。作为普通大众，最理想的交通工具便是经济实惠的公共汽车。开通邛崃汽车客运站到名酒工业园环线的公共汽车，可以极大地方便游客观光，扩大游客市场。

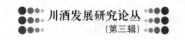

四、结　语

邛酒历史文化资源的旅游开发目前尚未成熟，还需要一段时间去建设和宣传，但邛酒文化的悠久历史与丰富内涵都为邛酒文化旅游的开发提供了有力的文化保障和精神支持。只要我们正确看待邛酒历史文化资源的保护与旅游开发之间的关系，保护好邛酒历史文化资源，科学规划、合理开发邛酒文化旅游产业，相信邛酒文化旅游一定能显示出其独特的魅力，有力地促进地方经济的发展。

参考文献

[1] 张天琚. 四川的酒文化历史与邛窑酒具 [J]. 收藏界，2006（9）.

[2] 康珺. 基于酒文化的四川省旅游经济发展战略 [J]. 安徽农业科学，2010，38（13）.

[3] 康珺，倪江波. 四川酒文化的剖析 [J]. 商业文化（学术版），2010（2）.

[4] 彭贵川，宋歌. 管论酒文化研究的薄弱点与着力点——以四川酒文化研究为例 [J]. 酿酒科技，2013（12）.

川酒文化资源特征与深度旅游开发研究

王瑛　但强

摘要： 四川酿酒历史悠久，酒文化资源分布广泛且相对集中，物质形态酒文化丰富厚重，精神形态酒文化多姿多彩，酿酒工艺独具匠心。为保证川酒文化资源旅游开发与保护的平衡并发挥其综合价值，本文分析了川酒文化资源旅游开发现状，提出了深度旅游开发构想：集合与川酒文化相关的调查研究；政府有效促进酒文化旅游发展；把握产业规律培育酒文化旅游；加强酒文化旅游产品精品化建设探索与实践；建设高素质的酒文化旅游人才队伍。

川酒可考的历史可追溯至4000多年前。广汉三星堆考古发掘出的大量酒器文物足以证明，早在商周时代，巴蜀大地已出现酿酒饮酒现象。川酒文化是川酒在生产、销售、消费过程中所形成的物质文化和精神文化的总称，包含酒原料、酒鉴赏、酒器具、遗址遗迹、历史风貌等物质要素，精神形态、行为形态、制度形态等思想制度，伦理道德、文化性格、思维方式等文化心理，是独特且完整的文化体系。作为川酒与四川传统文化融合互动的产物，四川的历史、文化及川民的宗教信仰与生活习惯，甚至性格特色均在川酒中得到体现，川酒文化资源早已积淀为易感知的旅游资源。酒文化旅游具有娱乐、审美、参与、经济功能，与其他旅游形式相比季节性不强。加强川酒文化资源旅游开发的研究，探讨其经济、社会、生态价值的发挥，有利于酒文化旅游的良性发展。

作者简介：王瑛（1971—），四川乐山人，硕士，教授，主要研究方向为旅游开发与管理；但强（1978—），四川自贡人，硕士研究生，主要研究方向为旅游文化与管理。

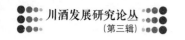

一、川酒文化资源特征

1. 酒文化资源分布广泛且相对集中

川酒类型丰富，以白酒闻名，民间亦有果酒、黄酒、配制酒等酿制的传统。白酒的发祥地基本位于四川盆地以内，沿盆周山区底部边缘呈"U"字形分布。"U"形地带之外圈西起广元、江油、绵竹、都江堰、邛崃一线，向南经过乐山、宜宾、泸州，再向东延伸到重庆、涪陵一带；内圈西起绵阳、德阳、广汉、成都、眉山，南过自贡，东连合川、广安、达州。"U"形带内外黄酒、果酒、滋补酒、药酒等星罗棋布。若从泸州、合江通过叙水、古蔺和赤水、仁怀，把川酒分布与贵州赤水河流域的黔酒分布连接起来，从南向北茅台、郎酒、五粮液、泸州老窖、全兴大曲、沱牌曲酒、剑南春形成一个高脚酒杯，这是对我国最优白酒产地的一个象形化注解。杯脚部分的泸州市、宜宾市和贵州省遵义市所在的川南黔北地区被称为中国"白酒金三角"，具有独特的水源、土壤、空气、微生物及原粮、窖池、技艺、洞藏等优势资源。

2. 物质形态酒文化丰富、厚重

酒文化的物质形态指酒文化的技术体系成果，是酒文化内涵和社会功能的生动体现。川酒物质形态酒文化丰富，成都水井街酒坊遗址、泸州老窖酒具窖遗址、剑南春天益老号酒坊遗址等都是物质遗存的精华，属"前店后坊"式酒坊遗址，较为完整地再现了具备完整生产要素的古法酿酒工艺流程，含酒窖、粮仓、蒸馏设施、炉灶、瓷质酒具以及墙基、路基、房屋等和作坊有关的建筑遗迹等[1]。宜宾战国时期的青铜酒樽，秦朝时期的五尺道，东汉时期的百戏宴饮图、夫妻钱行图、真武山崖墓群，宋朝时期的流杯池、会诗沟、锁江石、安乐泉，明朝时期的箐竹屋基、古窖遗址，清代的丹山碧水，现代的酒都饭店、酒都剧场、五粮液大道、酒都路、酒圣路、城雕《醉》等，均凸显了川酒文化的厚重。

3. 精神形态酒文化多姿多彩

在四川独有的文化生态空间里，川酒文化的物质成果与人们诸种意识形态互动，衍生出川酒文化的精神形态，显现在信仰崇拜、伦理道德、文化性格、文化心理、思维方式、审美情趣、语言文字、文学艺术、科学技术、社会理想等诸多方面。巴渝时代酿酒盛行，先民之诗曰"川崖惟平，其稼多黍。旨酒嘉谷，可以养父。野惟阜丘，彼稷多有。嘉谷旨酒，可以养母"[2]。汉代辞赋家司马相如为泸州老窖留下佳句"蜀南有醪兮，香溢四宇，促我幽思兮，落笔成赋"。川酒在唐代诗中成为一种必不可少的题材，杜甫称颂"蜀酒浓无敌"。宋代陆游创作巴蜀酒诗530首左右，使川酒的特色通过语言的凝练后风采尽显。四川境内的汉族有喝春酒、栽秧酒、开镰酒、丰收酒、上梁酒的习俗，彝、藏、羌、回、蒙古、傈僳、土家等少数民族在生产生活的过程中不仅形成了不同的酿酒工艺，其饮酒习俗、酒礼俗、民间歌舞酒会等也与汉族迥然不同，彝家的"转转酒"、傈僳人的"主客合杯酒"、土家人的"咂酒"等，是非物质遗存中的典范，以多彩的表现形式展现淳朴的民族风貌，越来越引起广泛关注。

4. 酿酒工艺独具匠心

川酒传统酿造工艺包含匠心独运的物质与非物质文化遗产要素，尤其是白酒。2006年、2008年国务院先后将泸州老窖、五粮液、剑南春、郎酒、水井坊、沱牌等白酒传统酿造技艺列为国家级非物质文化遗产代表作。川产原料适合酿酒，川产优质糯高粱出酒率和酒质远超粳高粱，泸州老窖、沱牌等都在产地建立了原料基地。浓香型酒窖池具有"常年连续使用"、"不提供酒醅，窖池酒窖微生物将死亡"的特点[3]，泸州老窖百年以上窖池保存数量最多，且拥有我国建造最早、连续使用时间最长、保护最完整的1573国宝窖池群，泸州上万口还在使用的古酒窖说明了老窖产好酒。川酒特别讲究开放式制曲，通过在自然环境中的充分发酵来最大限度收蓄香味。发酵方面，浓香型白酒酿造，历来有"低温入窖，粮糟缓慢糖化，发酵升温成酒"的传统[4]。在口感上新酒酒体多呈现燥辣"阳"性风格，白酒通过洞藏陈酿，在恒温恒湿的"阴"性环境中求得和谐，如郎酒厂的"天宝洞"和"地宝洞"冬暖夏凉，温度和湿度相对恒定，原酒通过陈酿在洞内能增加酒体的幽雅感与绵柔感。四川民间则有配制滋补酒、药酒等的独特工艺，如史志里有真一酒[5]、白羊酒[6]、屠苏酒[7]、桂酒[8]、五加皮酒[9]等配方记载。

二、川酒文化资源旅游开发现状分析

1. 川酒文化资源旅游开发现状

近年来，四川省各级政府与旅游主管部门不断增强加快川酒文化旅游发展的紧迫感，川酒企业对酒文化建设不断更新观念，加大投入，尝试与旅游业有机融合，使川酒文化资源的旅游开发获得了一定的成效。目前川酒文化旅游发展较好的区域，均开发条件良好，如酒文化建设在宜宾、泸州一带得以多方位拓展，泸州黄舣镇永兴村作为"名酒名园名区"项目建设核心村，形成了"高粱为主，果蔬轮作，旅游激活"的产业发展模式[10]。酒文化旅游资源与酒文化产业资源互用、产品共享，川内已走向市场的单项酒文化旅游产品包括宜宾五粮液酒史博物馆、宜宾酒圣节、泸州老窖陈列馆、泸州1573老窖古窖池、郎酒厂天宝洞与地宝洞、美酒河风景区、四川红星领地酒庄等。成都—绵竹—射洪—泸州—宜宾酒文化旅游专线得以开辟，涵盖成都水井坊遗址、全兴大曲酒厂、绵竹剑南春酒厂、射洪沱牌曲酒厂、泸州大曲老窖池、古蔺郎酒厂、宜宾五粮液酒厂区、明代地穴式曲酒发酵窖、世界最大的酿酒车间等，与贵州联手打造的中国"白酒金三角"（泸州—宜宾—遵义）国际旅游专线亦引起广泛注意。但从总体来看，目前川酒文化资源旅游开发程度、产出水平与四川作为酒类文化资源大省的地位并不相称，其经济与社会、生态效益亦不明显，存在诸多制约川酒文化旅游发展的因素。

2. 川酒文化资源旅游开发之不足

（1）酒文化内涵挖掘不够深入。

目前川酒文化利益相关者对酒文化内涵的挖掘、提炼、整合深度不够，未进行川酒文化体系的统一构建，对川内不同民族、不同种类的酒文化也未进行文化生成途径与发展现状等方面的比较研究，而对于渗透于诗辞歌赋、琴棋书画等文化艺术形式中的川酒文化更缺乏提炼与延伸。不少景区中，只是修建了一些与酒相关的景观，未能把千百年来川酒生产与消费过程中产生的合乎科学的、具有文明风尚和体现美学韵味的核心价值提炼出来，导致酒文化旅游产品无法有效激发游客购买欲望。中国高端白酒中，舍得品牌区别于茅台、五粮液等，以带有哲学意味的名称作为高档白酒品牌名，确实是别出心裁，但仅停留在字面上的传播，未能为品牌注入更多精神内涵，让"舍得"的精神能够与不断觉醒而理性的中国政治及商业文化相融合。舍得酒业所在地遂宁市射洪县在发展旅游业过程中从水上休闲文化、宗教文化、诗文化与酒文化等多方面入手建设旅游产品，无核心吸引物导致旅游传播受限，直接后果是目前客源市场仍停留在遂宁本地和成、渝、绵三市。

（2）酒文化旅游产品开发层次偏低。

酒文化旅游产品开发分三个阶段，初级阶段进行的是物质形态酒文化产品类型的梳理，并根据具体的酒文化产品的消费价值，提供特色酒文化旅游产品；中级阶段依托非物质形态资源，推出以酒文化体验为主打产品的旅游系列产品；高级阶段需从产业规划角度出发，将区域的酒文化旅游资源与区域经济资源相结合，充分发挥旅游目的地功能，营造酒文化旅游发展的产业氛围，围绕区域酒文化旅游体系建设，有效提升旅游目的地的整体竞争力。川酒文化旅游产品开发目前基本处于初级阶段，使得酒文化旅游产品处于边缘化状态，只能成为其他成熟旅游线路的附属。事实上中国名酒品牌都非常重视酒文化、地域文化和地域环境融合渗透发展，五粮液等川酒企业也不例外。但企业的初衷是提升品牌竞争力，不少川酒企业发展酒文化旅游只将它作为内部接待的一个道具或工具，给经销商、核心消费者及媒体与投资者等一个了解企业的窗口，并未考虑将酒文化旅游提到产业培育的高度。酒文化旅游产品提供以生产基地为主，产区整合不足，未能从基地、集团和产区三个层面构建旅游目的地框架，深度体验性产品匮乏，酒文化旅游自然无法带动区域旅游。

（3）总体规划布局缺乏统筹安排。

当前，川酒文化资源富集区内各种可开发资源处于分散分布状态，不同区域酒文化资源各具特色，但在旅游开发过程中缺乏统一的发展规划和资源整合机制将其串引起来。部分地方虽有整合，但整合背后区域竞争不断，如多年来民间就有"酒都宜宾"、"酒城泸州"、"中国酒都仁怀"的说法，酒企之间的竞争逐渐升级为三地政府之争。各自为政，酒文化资源旅游开发相互独立，直接导致的后果是区域之间内耗严重，旅游产品同质化和低水平重复建设不断涌现，所形成的旅游产品体系纵向衔接不够，与其他旅游产品亦未形成横向有机整合，难以产生集聚效益。中国"白酒金三角"建设的初衷是两省三地根据各自优势，形成各具特色的竞合态势，川南、黔北各级政府为打造中国"白酒金三角"也相继出台了一些支持性的政策措施。四川省按照"名城名镇建设构想"、"区域发展构想"等基本思路，先后启动二郎古镇、黄舣镇泸州酒业集中区、成都邛崃"中国酒源"名镇建设等项目，但在与贵州省的规划衔接、政策融合等方面存在若干困难和问题，既不利于优化资源配置，也不利于区域合理分工，对于在发展过程中如何结合自身特色进行统筹以合力构建一个超越行政区划的旅游目的地，目前所采取的措施有效性受限。

（4）多头管理导致整体发展受制约。

川酒文化旅游资源丰富，但隶属关系复杂。如文物或文化部门管理各种酒坊遗址、酒具、酒器等文物古迹，宗教部门管理开展酒事、酒俗等宗教活动的寺庙、观堂，旅游部门负责旅游线路的审批和管理，某些地方还存在着交叉管理现象。由于部门之间缺少必要的沟通与协调机制，对酒文化资源的管理、保护、规划、开发等方面的理念难以达成共识。酒文化旅游发展缺乏统筹协调机构，管理零散，直接导致遵循市场规

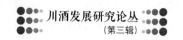

律的酒文化旅游运营环境与秩序构建困难，所有者、管理者和经营者各自的利益诉求难以协调，酒文化建设项目推进迟缓，酒文化旅游开发企业进退两难。

三、川酒文化资源深度旅游开发构想

1. 集合与川酒文化相关的调查研究

酒文化资源的开发、利用是以相关的调查研究成果为基础的，没有调查研究，就谈不上开发；研究不深入，也会极大制约开发利用的深度。为了增加旅游产品的历史感、文化感和厚重感，川酒文化资源的深度旅游开发必须集合与酒相关的历史文化、企业文化、旅游文化、健康文化和酒道文化等作为开发素材。素材的获得需要相关调研与统计机构的支持，各种数据采集和处理方法需要革新，以便更好地为酒文化旅游产业发展提供依据。可根据实际情况成立专门的川酒文化调查研究小组，对川酒进行全面的调查与分析，对以川酒为基础的习俗、传统、思想进行归纳整理，使之书面化和系统化，避免口头传授的遗失和散乱。四川民族地区的酒种具有原始性的独特技艺，酒文化更需挖掘、整理、总结。建立川酒文化特色数据库，以方便川酒文化资源开发筛选为前提，数据库要做到简明易用、功能完备、性能高效、导航清晰、多种检索方式并存、广泛兼容。

2. 政府有效促进酒文化旅游发展

对分布广泛且类型多样的酒文化资源进行深度旅游开发，必须从战略角度对各类资源进行跨地域、跨部门的整合和规划。各级政府及其主管部门要对酒文化旅游业的形成有正确而全面的认识，从酒文化旅游的概念、实质、游客的行为、产地的吸引力等多方面，把酒文化旅游作为一个存在交叉、重复关系的综合体开展多学科、多层次研究，按照"酒塑形象，文赋神韵，景为支撑，史促升华"的原则，指导酒文化资源的旅游开发与管理等实际工作，充分发挥其区域管理者职能。首先，应建立科学的决策机制，针对川酒文化旅游的发展战略、重点酒文化旅游区与旅游线路的发展规划，建立健全科学的论证、备案与审批制度，在保护各类酒文化资源基础上提升资源开发效率，并力求酒文化资源向旅游产品转换成本较低。其次，通过制定并落实四川省酒文化旅游业发展规划与推进工程，完善酒文化旅游业发展思路，找准发展定位，明确发展路径，实现向产业链上下游两端延伸，推进文化引领、产业联动发展，同时加强酒文化资源与其他资源的有效整合。如泸州、宜宾境内的天堂坝、佛宝、黄荆等景点，与川内三大名酒厂的酒文化主要景点配套，区域符合现代游客对休闲性、舒适性要求，可将酒文化与其他资源进行整合，联合相关机构进行目的地宣传营销。最后，完善川酒文化旅游管理体制和协调机制，在具体实践中可由旅游管理部门牵头组织成立川酒文化旅游开发管理委员会，充分调动各酒文化旅游地积极性，优化资源配置。还应结合当前政府职能改革，建立或引导成立半官方性质旅游协会酒文化分会，为行业提供服务、反映诉求、规范行为，进而成为行业和政府间沟通的桥梁。

3. 把握产业规律，培育酒文化旅游

学习与借鉴酒文化旅游发达国家的成功经验，对推动川酒文化旅游的发展大有裨益。法国、澳大利亚的葡萄酒旅游与德国的啤酒旅游，均是在原有酒类产业强大的基础上进行的，是不同管理部门和区域通力协作，把握产业规律，促成酒业和旅游业在一系列经济、技术、文化、地理等要素上有机融合的成果[11]。在川酒文化旅游产业布局上，既要在重点区域、重点产品、重点线路上实现突破，又要注重优化空间布局，促进区域协调发展；在产业结构调整上，既要夯实酒文化旅游产业基础，完善产业要素，推进产业升级，又要加快旅游与其他产业的融合发展；在市场运作上，推进大型文化产业集团建设，实现传统旅游资源所有权、管理权和经营权分离，促成项目精品化，增加市场化的核心竞争力。酒文化旅游市场供给主体主要包括旅游项目和企业，两者相辅相成，企业运作项目，项目带动企业发展。打造旅游市场主体需要一个逐步推进的过程，需要分清主次。可按照经济学中的"二八定律"，在全省重点培养出 20%的具有竞争力的旅游主体，将其建设成为旅游产业的核心。具体做法可分两步走：一是着力培育一批有竞争力的骨干企业，通过资本扩张、品牌输出、特许经营等手段，推动企业联合经营，促进企业规模化、集团化、网络化发展，实现川酒文化旅游资源开发的市场化运作；二是以产业集团为"龙头"，通过加强研发、创新以推进项目精品化的建设。"白酒金三角"是一个客观存在，对于四川旅游品牌的提升大有裨益，应建立起无障碍旅游区，实现交通、服务、投诉无障碍，市场、基础设施、品牌、信息共享等密切协作机制，提升旅游品质。"白酒金三角"的酒类集团要担当体验项目设计的主体，以统一的共识性白酒文化为内核，设计针对不同旅游市场的产品。

4. 加强旅游产品精品化建设探索与实践

精品化建设的"精"不仅体现在资源禀赋上，更体现在旅游产品与氛围的营造上，而"品"则指的是高的知名度、美誉度与市场占有率。川酒旅游产品精品化建设，一要重视并加强川酒文化物质与非物质形态保护，包括川酒传统酿造所需农作物、水源地保护，川酒发展"临河、临道"传统历史格局保护，本土环境保护，形成完善的酒类文化遗产保护体系。二要注重酒文化内涵挖掘与提升。进一步的文化资源旅游开发应当通过发挥比较优势，让本土文化资源获得竞争优势成为市场品牌。五粮液品牌的"中庸文化"、水井坊品牌的"雅文化"、舍得酒品牌的"舍得文化"等找到了比较优势，开创了品牌打造与旅游文化推广并行的先河，进一步发展应考虑酒文化旅游产品的开发以游客的体验为核心，以鲜明的比较优势主题为线索，依托体验载体系统，设计合理的旅游项目，通过反复的文化刺激强化游客对川酒文化的体验。业态引入方面可考虑四川名酒交易会、酒道馆、酿酒工艺展示馆、酒艺表演、酒歌舞表演会、民间少数民族酒艺表演、酒文化博物馆、酒文化鉴赏会所、酒文化农家行、酒文化产品超市等业态。三要采取川酒文化旅游资源整体开发模式。依据点轴理论，围绕高品质的川酒这一吸引物，以经过深度开发的酒文化旅游景点和旅游项目为"点"，以有机整合、科学管理的区域酒文化旅游线路为"线"，以川酒文化旅游整体品牌资源形象为"面"，促进川酒文化旅游资源单线成景、群体成名、整体成势、整体开发。

5. 建设高素质的川酒文化旅游人才队伍

川酒旅游要得到科学的发展必须全面建设具有丰富的历史文化知识、熟悉各类酒事酒俗、掌握各种旅游知识和技能、富有创造性的高素质的酒文化旅游人才队伍，抓好旅游行政管理人才、旅游企业经营人才、旅游开发性人才和旅游职业技能人才的培养，为旅游和酒文化的融合发展提供坚实的人才和智力支撑。酒文化旅游人才队伍建设需构建全方位培训模式，增强人才培养工作的针对性与实效性，所以应充分发挥历史民俗研究机构与旅游教育机构的作用，积极引导全省旅游教育培训机构、各类旅游企业、民间研究组织共同参与酒文化旅游人才的培养。可以企校合作的方式，结合企业的需求开办订单班，实现专业与行业的紧密对接，提高人才培养质量，如宜宾学院创办了国内首个中国酒文化学院，2012 年已下达首个招生计划，面向全国高考学子招收本科学生，除了常规的基本课程外，还开设了白酒品鉴、白酒固态发酵、白酒市场营销、白酒品牌建设、中国酒文化等八门核心课程 [12]。不同岗位的酒文化旅游人才建设要有所侧重，旅游行政和行业管理者队伍建设要以强化专业化、服务型、创新性为核心；旅游经营管理者队伍建设要以提高现代经营管理水平和企业竞争力为目标；从业人员要以加强职业道德、职业理想、职业纪律、职业技能教育为重点。

参考文献

[1] 四川省民俗学会. 四川酒文化与社会经济研究 [M]. 成都：四川大学出版社，2000.

［2］华阳国志·巴志.

［3］王象之. 舆地纪胜（卷153）.

［4］蓝勇. 西南历史文化地理 ［M］. 重庆：西南师范大学出版社，1997.

［5］苏轼. 真一酒（并引）.

［6］北山酒经.

［7］酒谱（卷94）.

［8］苏轼. 桂酒颂并序.

［9］宋何仁. 酒小史.

［10］杨斌. 以农村产权制度改革促进泸州"名酒名园名区"资源资本化 ［EB/OL］. http：//sannong. newssc.org/system/2012/08/20/013605039.shtml，2012-08-20.

［11］陈瑛瑛. 国外酒文化旅游模式分析及发展启示 ［J］. 中国酒，2013（6）：46-51.

［12］中国酒文化学院正式挂牌成立［EB/OL］. http：//www. zgjy1688.net/news/17805286.html，2012-06-24.

白酒企业竞争力与社会责任

中国酒类企业履行社会责任等级再评估[*]

郭岚　汪芳

摘要：采用内容分析得到的企业社会责任表现存在很强的年度趋势，故本文在内容分析基础上，考虑企业的特殊社会责任议题对企业社会责任进行等级评估。2006年和2008年酒类企业履行社会责任情况改善明显；由于行业规则和政策影响，不同类型酒类企业履行社会责任的差距扩大，社会责任履行程度达到优秀的主要集中在黄酒、白酒和啤酒企业，而葡萄酒和果酒企业履行社会责任程度较差。

一、引　言

衡量企业社会责任是企业社会责任研究中最为复杂的问题，社会责任计量内容和计量方法上的分歧，使得企业社会责任的计量变得更加困难。在企业社会责任评价及实证研究中，不少学者直接采用社会责任分值或指数进行计量，普遍发现我国企业社会责任履行程度逐年提高，具有较强的年度趋势（沈洪涛和金婷婷，2006；李正和向瑞，2007；郭岚和曾绍伦，2013），难以在不同年度上对企业社会责任的履行程度进行

---

* 基金项目：四川省哲学社会科学重点研究基地川酒发展研究中心项目"行业规制与酒类企业社会责任的关系研究"（项目编号：CJY11–13）；四川省哲学社会科学重点研究基地川酒发展研究中心项目"酒类企业战略社会责任研究"（项目编号：CJY14–03）。

作者简介：郭岚（1981—），四川峨眉人，四川理工学院经济管理学院讲师，西南交通大学博士研究生。主要从事企业社会责任、产业组织与绩效研究。

比较。因而不少社会责任评价采用了社会责任等级评定方法，如《企业社会责任蓝皮书》中根据企业社会责任分值，将企业社会责任等级划分为领先者、追赶者、起步者和旁观者。但值得注意的是，企业社会责任等级评定中，学者们往往仅在社会责任履行程度的计量上考虑了行业的特殊性，而在等级排名中忽略了企业特殊社会责任的重要作用（陈佳贵等，2010）。因此在企业社会责任的等级评价中，不仅要在社会责任计量指标上考虑行业的特殊社会责任议题，而且要在等级的评定中充分凸显特殊社会责任议题的重要地位。

酿酒工业是中国传统优势产业之一。截至 2012 年 12 月，中国酒类产品工业销售值为 6644.49 亿元，酿酒企业 2126 家[①]，是国家税收的重要来源之一，为国家的发展做出了重大的贡献。由于酒类产品的负价值，比如酿酒的高能耗、排放气体的污染性、过度饮酒的社会危害等，酒类企业一直作为一个饱受争议的主体而存在。许多国家采用高额税收、严惩酒驾、限制性销售等措施限制酒类产品的社会危害行为。各国金融机构，如《赤道原则》签署银行通过禁止向酒类企业发放贷款来抑制酒类企业或者酿酒项目的发展[②]；著名的社会责任投资指数——Kinder、Lydenberg and Domini（KLD）指数[③] 则认为酒类企业是不道德企业，而将其排除在社会责任投资指数遴选目录之外。Colle 和 York（2009）对这种观念提出了质疑，他们认为，"不能简单地将企业提供的产品或者服务作为 Social Responsibility Investment（SRI）筛选的唯一原则，而是应该根据企业如何对待，管理企业产品的负面影响，如何对待企业特殊的利益相关者来评价企业是否具有社会责任"。没有一个行业像酿酒产业那样既能在产品消费阶段又能在产品原料生产阶段、产品加工阶段对环境和社会产生重要的影响，其社会责任具有特殊性，需要对其进行专门研究（陈佳贵等，2010）。

由于不少国家禁止酒类企业上市融资且酒类品种单一，如部分禁酒的国家印度、完全禁酒的国家沙特阿拉伯等，国外研究多从行业中观角度重点探讨葡萄酒产业的可持续发展问题（Santini 和 Cavicchi，2011），中国是一个对酒类企业上市融资不进行任

---

① 数据来源于中国经济产业研究数据库。

② 《赤道原则》是由花旗银行、巴克莱银行等几家银行于 2003 年发起的一个关注社会责任的项目风险评估和筛选准则。目前《赤道原则》已经包含 35 个国家和地区的 79 家官方银行金融机构。截至 2013 年 6 月，最新的《赤道原则》筛选指引，签署银行金融机构禁止向没有社会责任和环境重度污染的项目贷款，其中就包括酿酒行业（Wu and Shen，2013）。

③ KLD 社会责任投资指数 1990 年由多米尼 400 指数发展而来，关注公司社会责任表现评级标准。该指数重点关注的内容包括：雇员、环境、安全、产品责任、政府和社会等几个方面。在 KLD 指数的筛选标准中明确排除非道德的争议性企业，主要包括从事生产和销售酒精制品、香烟、军事武器、赌博工具、成人娱乐工具、流产工具等。

何限制的国家，截至 2012 年底，中国从事酒类酿造的上市公司 46 家，而美国仅有 17 家；更令人惊奇的是，2009 年中国黄酒上市公司——金枫酒业竟入选了上证社会责任指数样本股（SSE Social Responsibility Index，000048）[①]，与国外社会责任指数 KLD 指数选择标准大相径庭。独特的研究样本、社会责任议题以及中国特有的社会文化，使得关于酒类企业社会责任的研究具有一定的实践和理论意义。郭岚等（2013）在结合行业特殊社会责任议题的基础上，对酒类上市公司 2004~2012 年的社会责任履行程度进行了计量分析；翁靓和曾绍伦（2014）则以企业社会责任战略为理论基础，对川酒上市公司的绩效和竞争力进行了评价和分析。但值得注意的是上述研究中没有充分考虑酒类企业社会责任的特殊性，在评价标准中没有充分考虑年度影响，导致企业社会责任指数具有较强的年度趋势。与以往研究不同的是：第一，本文以酿酒这一特殊的行业为研究样本，从特殊社会责任议题和基本社会责任议题两个维度对酒类企业履行社会责任进行等级评定。第二，本文评定指标体系充分利用比率指标而非绝对数值进行评价，在计量方法上充分考虑企业年度改进的比率，从而避免强烈的年度趋势。第三，在考核内容上，不仅考虑了企业年报和社会责任报告信息，而且考虑了外部公布的负面消息，实行扣减评分。第四，更新了样本研究的数据。本文研究发现，我国酒类企业履行社会责任的情况总体较差；进一步对社会责任得分进行等级评定后发现，2006 年和 2008 年酒类企业社会责任履行情况改善明显；由于行业规则和政策影响，不同类型酒类企业履行社会责任的差距扩大。

二、酒类企业社会责任内容和指标体系设计

（一）酒类企业社会责任指标体系重构

Logan 和 Connor（2005）认为，酒类企业的社会责任应该包括更加宽泛的利益相关者，应该从原材料采购、生产、提供服务、销售、废物回收等整个价值链的角度来考虑企业承担哪些社会责任。在 Logan 和 Connor（2005）的研究基础上，郭岚和汪芳

---

① 上证社会责任指数是以 2009 年 6 月 30 日为基日，以上证公司治理板块中在社会责任的履行方面表现良好的 100 家公司股票作为样本股编制而成的指数。

(2012) 从酒类企业价值链角度对酒类企业每个阶段的特殊社会责任议题进行了梳理，他们认为，酿酒企业在生产阶段重点关注酒类企业核心员工（酿酒师、勾兑师）的培养、低能耗、低污染以及酿酒生态产业园区中循环经济的发展；在产品销售阶段注意理性健康饮酒的宣传和责任广告、包装减量化以及循环利用；在原材料采购阶段注意原材料的污染和有机种植，绿色存储和运输；对种植户的技术指导和公平采购等特殊的社会责任议题。本文在钟宏武等（2011）、郭岚和汪芳（2012）的研究基础上，结合酒类企业社会责任的利益相关者和特殊行业议题确定酒类企业内容分析的社会责任维度，如表1所示。结合酒类企业社会责任的特殊性将表1所示的24个社会责任维度细化为40个社会责任议题[①]。与郭岚和曾绍伦（2013）的研究不同的是本文在企业社会责任评价中多采用了比率指标而非绝对数值指标，并考虑了比率指标的年度增长性。比如郭岚和曾绍伦（2013）以捐赠金额来判断企业的捐赠情况，而本文采用企业捐赠额/企业年末资产来衡量企业的慈善捐赠；在环境责任的衡量中则结合酒类企业生产特点，利用单位耗水率、单位耗电量以及废水、废气等循环利用率和单位辅料利用率等进行计量。

表1 酒类企业社会责任维度

利益相关者	社会责任维度	特殊议题	特殊议题来源
政府与公众	依法纳税、守法合规、责任管理与沟通	防止贿赂	
雇员	平等就业、健康与安全、员工稳定性、职业发展	酿酒师和勾兑师培养	郭岚（2012）
投资者	知情权、经济回报	企业利润和社会效益的平衡	郭岚（2012）
环境	污染控制、节能减排、循环经济、绿色产品、其他措施	包装减量化和循环利用，三废减量化，园区产业循环	钟宏武（2011），郭岚（2012）
消费者	产品、服务质量、责任广告	打击假酒，保证食品安全，理性健康饮酒宣传	郭岚（2012）、钟宏武（2012）
社区	慈善捐赠、志愿服务、社区支持与发展	—	
商业伙伴	责任采购、销售集中度、公平贸易	种植户培训和公平采购责任	郭岚（2012）

---

① 具体评分细则可与作者联系获得。

（二）酒类企业社会责任指数计量方法

Wiseman（1982）认为数量化信息好于文字化信息，文字信息好于无信息。本文首先将样本公司年报、社会责任报告或可持续发展报告中社会责任信息披露的方式进行分类，对于"量化且有较大改进的"赋值 3，"量化信息前后无变化的"赋值 2，"非量化简单信息"赋值 1，"无信息"赋值 0，共 40 个议题合计 120 分。其次，在中国质量万里行，在每周质量报告、中国产业经济信息网、中国酒业协会等网站进行相关信息查询，如果网站曝光某企业负面消息将对应该项目的社会责任评分记为 0 分。如酒鬼酒 2012 年在其公司年报和社会责任报告中公布公司改进了企业产品质量信息，应加 3 分，但是却在 2012 年 10 月，被媒体曝光其产品中塑化剂超标，因此扣减 3 分，最终给予了 0 分的评级。再次，在社会责任评分基础上，按照酒类企业特殊社会责任和普通企业应该承担的基本社会责任两部分进行划分等级。酒类企业特殊社会责任共 6 个议题，合计 18 分，0~4 分为最低等级，13~18 分为最高等级；基本社会责任议题 34 个，合计 102 分，0~20 分为最低等级，61~80 分为最高等级。如表 2 所示，第 6 列，第 3 行，即基本社会责任议题得分为 61~80 分，特殊社会责任议题为 13~18 分最好，给予 A 等，而第 5 列第 3 行（基本社会责任议题为 61~80 分之间，特殊社会责任议题得分为 9~12 分之间）和第 6 列第 4 行（基本社会责任议题为 41-60，特殊社会责任议题得分为 13~18 分）次之，记为 A-，依次类推。最后，按照对角原理进行合并，将"A，A-"合并为一类，计 csr_index_t5 为 5 分，"B"等计 csr_index_t4 为 4 分，"B-"计 csr_index_t3 等于 3 分，"C"等计 csr_index_t2 为 2 分，"C-和 D"归为 csr_dinex_t1，计为 1 分，5 分为社会责任最好，1 分为最差，依次为"优秀、良好、中等、及格、很差"。

表 2　酒类企业社会责任等级划分标准

社会责任总分（总分=18+108=120）		特殊社会责任议题得分（special=18）			
		0~4	5~8	9~12	13~18
基本社会责任议题（basic=102）	61~80	B-	B	A-	A
	41~60	C	B-	B	A-
	21~40	C-	C	B-	B
	0~20	D	C-	C	B-

注：csr_index_t5：包括 A，A-，两个等级，计 5 分；csr_index_t4：包括 B 级，计分为 4 分；csr_index_t3：包括 B-级，计分为 3 分；csr_index_t2：包括 C 等级，计分为 2 分；csr_index_t1：包括 C-和 D 两个等级，计分为 1 分。

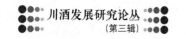

三、酒类企业社会责任现状分析

（一）研究样本说明

由于产品原材料以及制作工艺的不同，按照《国民经济分类标准》（GB/T4754-2011），可以将酿酒行业细分为酒精制造、白酒制造、啤酒制造、黄酒制造、葡萄酒制造、其他酒制造等子行业。截至 2012 年 12 月，中国从事酿酒和贸易的上市企业共 46 家，其中在中国香港和新加坡上市 4 家，同时在美国和中国台湾上市的公司 1 家，深沪两市上市公司中酒类企业 41 家，剔除曾经退市的 ST 广夏，因公司资产重组主营业务转变为纺织业的新华锦以及部分通过控股或参股方式经营的酒类酿造和部分酒类销售企业，得到从事酒类酿造的样本公司 29 家。本研究以 29 家酿酒企业 2004~2012 年年度报告和社会责任报告（或可持续发展报告）、各上市公司网站为社会责任履行的信息资料来源，通过手工收集和整理相关信息，共得到有效样本 242 个，样本企业在各酿酒子行业和年度分布情况如表 3 所示。

表 3　酒类企业年度和酿酒子行业上市公司分布情况

年份	白酒	果酒	黄酒	啤酒	葡萄酒	总计
2004	12	1	2	7	4	26
2005	12	1	2	7	4	26
2006	12	1	2	7	4	26
2007	12	1	2	7	4	26
2008	12	1	2	7	4	26
2009	13	1	2	7	4	27
2010	13	1	2	8	4	28
2011	13	1	2	8	4	28
2012	14	1	2	8	4	29

（二）酒类企业履行社会责任得分分析

由表 4 可以看出，我国酒类企业履行社会责任的总体情况并不理想，但社会责任分数仍呈逐年上升的趋势，由 2004 年的 17.96 上升到 2012 年的 49.07；值得注意的是，酒类企业间履行社会责任的标准差逐渐加大，由 2004 年的 4.56 增大到 2012 年的 21.52。

表 4　各酿酒子行业上市公司履行社会责任情况的描述性统计分析

年份		种类					
		白酒	果酒	黄酒	啤酒	葡萄酒	总计
2004	mean	19.25	15	12	19	16	17.96154
	sd	3.467381	0	1.414214	4.50925	6.831301	4.556146
	number	12	1	2	7	4	26
2005	mean	19.75	15	17.5	20	18.25	19.23077
	sd	3.720337	0	3.535534	5.09902	7.088723	4.501624
	number	12	1	2	7	4	26
2006	mean	25.83333	17	24	22.85714	17.5	23.26923
	sd	15.06853	0	5.656854	6.962485	5.802298	11.26963
	number	12	1	2	7	4	26
2007	mean	27.41667	16	24	24.28571	21.5	24.96154
	sd	10.73193	0	2.828427	7.409775	3.872983	8.613853
	number	12	1	2	7	4	26
2008	mean	33.25	16	52	41.14286	29.5	35.57692
	sd	21.40996	0	4.242641	24.13454	16.98038	20.75798
	number	12	1	2	7	4	26
2009	mean	36.53846	22	53.5	44.28571	27.5	37.92593
	sd	20.21804	0	2.12132	27.18893	20.66398	21.57977
	number	13	1	2	7	4	27
2010	mean	42.69231	20	59.5	44.5	29.5	41.71429
	sd	21.42967	0	2.12132	26.38723	13.82028	21.7202
	number	13	1	2	8	4	28
2011	mean	45.21429	25	66	43.625	32.75	43.7931
	sd	22.31998	0	12.72792	25.79002	19.10279	22.5553
	number	14	1	2	8	4	29
2012	mean	52.57143	45	68.5	47	32.25	49.06897
	sd	21.31707	0	9.192388	24.46572	14.97498	21.51732
	number	14	1	2	8	4	29
总计	mean	34.25439	21.22222	41.88889	34.57576	24.97222	33.04938
	sd	20.15726	9.562659	22.03977	21.86537	13.45996	20.08797
	number	114	9	18	66	36	243

　　造成这种现状的原因可能在于：第一，相关国家政策和行业标准的相继出台，促使酒类企业在 2006 年和 2008 年社会责任履行指数得到大幅度提高。第二，相关行业标准的完善和推进力度不同，使得酒类企业履行社会责任的改善程度也不同。据不完全统计，从 2008 年起，国家相关部门相应出台了《清洁生产标准 葡萄酒制造业》、《清洁生产标准——白酒制造业》、《浓酱兼香型白酒国家标准》、《关于加强白酒消费税征收管理的通知》、《葡萄酒、黄酒工业水污染物排放标准》、《发酵酒精和白酒工业水污染

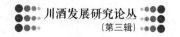

物排放标准》等 20 余条政策，分别从安全生产、市场竞争、污染物排放和治理、产品安全等方面对白酒、葡萄酒、黄酒、啤酒行业进行了要求。因此从 2008 年起，酿酒企业社会责任履行情况大有改善。

（三）酒类企业社会责任履行等级差异

根据步骤 3 和步骤 4，对酒类企业履行社会责任情况进行等级评定，结果如表 5 所示。2004 年和 2005 年酒类企业履行社会责任总体情况都很差，都停留在 csr_index_t1 等级；2006 年后，酒类企业履行社会责任情况逐渐得到改善，各酿酒子行业间履行社会责任的差异也有较大变化。

表 5　各酒类子行业上市公司履行社会责任等级情况

csr	种类	年份								
		2004	2005	2006	2007	2008	2009	2010	2011	2012
index=1	白酒	19.24 (12)	19.75 (12)	21.73 (11)	25 (11)	22.89 (9)	27.2 (10)	29.67 (9)	27.14 (7)	30 (5)
	果酒	15 (1)	15 (1)	17 (1)	16 (1)	16 (1)	22 (1)	20 (1)	25 (1)	—
	黄酒	12 (2)	17.5 (2)	24 (2)	24 (2)	—	—	—	—	—
	啤酒	19 (7)	20 (7)	22.86 (7)	23 (6)	23.25 (4)	23.75 (4)	23.75 (4)	23.75 (4)	23.75 (4)
	葡萄酒	16 (4)	18.25 (4)	17.5 (4)	21.5 (4)	21.33 (3)	22.67 (3)	23.67 (3)	23.67 (3)	22.5 (2)
index=2	白酒	—	—	—	54 (1)	45 (1)	47 (1)	—	40 (2)	47 (1)
	果酒	—	—	—	—	—	—	—	—	45 (1)
	黄酒	—	—	—	—	49 (1)	—	—	—	—
	啤酒	—	—	—	32 (1)	49 (1)	—	38 (1)	36 (1)	—
	葡萄酒	—	—	—	—	54 (1)	—	50 (1)	—	30 (1)
index=3	白酒	—	—	—	—	—	—	—	65 (1)	50.67 (3)
	果酒	—	—	—	—	—	—	—	—	—
	黄酒	—	—	—	—	—	52 (1)	58 (1)	57 (1)	62 (1)
	啤酒	—	—	—	—	—	59 (1)	62 (1)	57 (1)	57 (2)
	葡萄酒	—	—	—	—	—	58 (1)	—	60 (1)	54 (1)

续表

csr	种类	年份								
		2004	2005	2006	2007	2008	2009	2010	2011	2012
index=4	白酒	—	—	71 (1)	—	71 (1)	—	66 (2)	68 (2)	73.33 (3)
	果酒	—	—	—	—	—	—	—	—	—
	黄酒	—	—	—	—	—	55 (1)	—	—	—
	啤酒	—	—	—	—	73 (2)	72 (1)	75 (1)	76 (1)	69 (1)
	葡萄酒	—	—	—	—	—	—	—	—	—
index=5	白酒	—	—	—	—	77 (1)	78 (2)	78 (2)	81 (2)	83.5 (2)
	果酒	—	—	—	—	—	—	—	—	—
	黄酒	—	—	—	—	55 (1)	—	61 (1)	75 (1)	75 (1)
	啤酒	—	—	—	—	—	84 (1)	86 (1)	85 (1)	86 (1)
	葡萄酒	—	—	—	—	—	—	—	—	—

第一，2006年1家白酒企业（泸州老窖，000568）率先晋级到 csr_index_t4 等级，社会责任履行总分为71分；虽然2004~2012年白酒企业履行社会责任程度均有改善，但是企业间履行社会责任的差异较大，2012年仍有5家白酒企业停留在 csr_index_t1 等级，平均履行社会责任得分为30分，而同年履行社会责任最好的白酒企业履行社会责任得分为83.5分。

第二，啤酒企业履行社会责任的改善程度与白酒企业类似，到2012年履行社会责任最好的企业（青岛啤酒，600600）为29家样本企业中得分最高的企业，达到了社会责任履行得分86分。

第三，在样本考察期间，黄酒企业改善最大。2004年2家企业全部在 csr_inedx_t1，平均12分；2008年其中1家黄酒企业金枫酒业（600616）为 csr_index_t2 等级（总分49分），另外一家黄酒企业古越龙山（600059）跨入 csr_inedx_t5 等级（总分55分），其至到2012年两家黄酒企业改善为 csr_index_t4 和 csr_index_t5，社会责任得分分别为57分和75分。

可以看出，社会责任履行程度达到优秀的主要集中在黄酒、白酒和啤酒企业，而葡萄酒和果酒企业履行社会责任程度较差，没有1家达到4级（良好）以上。

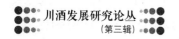

四、研究结论和研究展望

本文以中国酒类上市公司为研究样本，结合其特殊的社会责任议题，运用内容分析方法对其履行社会责任现状和等级进行重新评估。研究发现：我国酒类企业履行社会责任的总体情况并不理想，但社会责任分数呈现出逐年上升的趋势，由2004年的17.96上升到2012年的33.05；值得注意的是，酒类企业履行社会责任的标准差逐渐加大，由2004年的4.56增大到2012年的20.09。进一步对社会责任得分进行等级评价后发现，2004年和2005年酒类企业履行社会责任都停留在 csr_index_t1 等级；2006年后，酒类企业履行社会责任情况逐渐得到改善。2006年和2008年酒类企业履行社会责任情况有较大飞跃，csr_index_t4 和 csr_index_t5 等级企业增多；由于行业规则和相关政策执行力度的不同，酿酒行业各子行业的社会责任履行改善程度不同，黄酒企业社会责任履行情况改善最大。值得注意的是，由于中国酒文化的影响，人们往往将过度饮酒以及酒后驾驶等问题归结为在政策管制下个人理性的选择，而模糊了酒类企业对健康饮酒和责任广告宣传的社会责任。

参考文献

［1］Colle S.D. and J. G. York. Why Wine is not Glue? The Unresolved Problem of Negative Screening in Socially Responsible Investing［J］. Journal of Business Ethics，2009，85：83–95.

［2］Logan D.，J.O.Connor. Corporate Social Responsibility and Corporate Citizenship：Definitions，History and Issues［C］. M. Grant and J. O'Connored：Corporate Social Responsibility and Alcohol：The Need and Potential for Partenship［A］. New York：Routledge，2005.

［3］Santini C.，A. Cavicchi. Sustainability in the Wine Industry：Key Questions and Research Trends［R］. 6th AWBR International Conference，2011.

［4］Wiseman J. An Evaluation of Environmental Disclosures Made in Corporate Annual Reports［J］. Accounting，Organizations and Society，1982（7）：53–63.

［5］李正，向锐. 中国企业社会责任信息披露的内容界定、计量方法和现状研究［J］. 会计研究，2007（7）：3–11.

［6］郭岚，汪芳. 酒类企业社会责任特殊议题的价值链分析［J］. 四川理工学院学报（社会科学版），2012，27（6）：18-23.

［7］郭岚，曾绍伦. 我国酒类企业履行社会责任评估分析［J］. 酿酒科技，2013（4）：111-115.

［8］钟宏武等. 中国企业社会责任报告白皮书2011［M］. 北京：经济管理出版社，2011.

［9］陈佳贵等. 中国企业社会责任研究报告2010［M］. 北京：社会科学文献出版社，2010.

［10］沈洪涛，金婷婷. 我国上市公司社会责任披露的现状研究［J］. 审计与经济研究，2006（3）：84-87.

［11］翁靓，曾绍伦. 白酒上市公司社会责任竞争力差异评估研究［J］. 生态经济，2014（11）：70-75.

论"新常态"下白酒企业的社会责任*

李堂

摘要:"新常态"是中国特色社会主义现代化建设30多年中出现的新情况、新变化引起的一种必然的新态势。这种"新常态"必然引起白酒企业社会责任发生"由他要到我要","由偶在到常态","由点、线到面"的新变化,使履行社会责任成为"新常态"下白酒企业应然、必须、本来的状态。这些新变化、新定位必然要求白酒企业更新思想观念,积极适应"新常态",勇于、善于担当起"新常态"下白酒企业新增的社会责任,力求做到经济效益与社会效益同频共振、相互促进、相得益彰,实现白酒企业经济效益与社会可持续发展的共赢。

"新常态"是今后相当长的一个时期内我国经济社会发展的现实境遇。在这种新态势背景下,作为社会主义市场经济的重要组成部分的白酒企业在产业结构、酒品生产、销售以及企业效益、内部治理、社会责任等方面也必然迎来严峻的挑战和难得的机遇,积极探索我国经济"新常态"下白酒企业在生产、销售、效益、责任等各方面的新变化、新情况、新特征、新适应,从而为白酒企业的结构性调整与酒体酒品、消费模式、媒体沟通、营销渠道等实现从"因循守旧"走向"战略创新"提供理论支持,具有现实必要性和重要意义。

---

* 基金项目:2013年四川省人文社科重点研究基地项目"社会责任与白酒企业经济效益关系研究"(项目编号:CJY13-13)。
作者简介:李堂(1974—),男,四川宜宾人,西南交通大学讲师,法学博士。主要从事责任伦理学、企业思想政治教育等方面的研究。

一、"新常态"下白酒企业社会责任的新定位

自习近平同志首次提出"新常态"概念以来,"经济新常态"就成为我国学术研究领域尤其是经济学领域讨论和研究的重点。2014 年中央经济工作会议对我国经济"新常态"进行了系统阐述,对何谓我国经济"新常态"中央和理论界已基本形成权威性共识。本论文在吸纳这些智慧成果的基础上,认为我国现阶段的经济"新常态"就是中共十八大以来随着中国特色社会主义现代化建设出现的新情况、新变化,由国内外政治、经济、社会生态的改变而引起我国经济生产、分配、交换和消费领域的一种势必至此的发展状态[1]。白酒产业企业是国民经济的重要力量,在我国经济发展和人民生产生活中发挥着巨大的作用,因此深入研究我国经济社会发展"新常态"趋势下,白酒企业社会责任的新内涵、新变化、新适应不仅对白酒产业企业的结构性调整与创新性发展具有现实必要性,而且对白酒产业如何在生产、营销、内部治理上实现从"因循守旧"走向"战略创新"都具有重要的战略意义。

(一) 履行社会责任是"新常态"下白酒企业的应然状态

"新常态"意味着,我国经济正在从规模速度型和粗放型转向质量效率型和集约型,从增量扩能为主转向调整存量、做优增量并存的深度调整,从传统增长点转向新的增长点[2]。认识、适应这些新态势是当前和今后相当长一个时期内我国白酒产业生存、发展的大逻辑。而自觉主动地担当起社会责任就是白酒企业认识、适应这种新态势的应然状态。白酒企业作为社会主义市场经济中的重要组成成员,组织生产、酿制琼浆玉液、营造家喻户晓的美誉绝不仅是为了占领市场、追求效益的最大化,更是为了实现企业及企业家的社会理想与价值追求。为此,围绕这些特定理想目标和追求而义无反顾地践履企业社会责任就是"新常态"下白酒企业的"应然"状态,它表征着白酒企业对人类社会共有美好价值的承诺和坚守。因为现代社会是一个相互依赖、分工合作的社会,企业是社会合作的基本单位,经济社会的发展就是企业、消费者合作共赢的自然结果,而彼此担当起自己分内的社会责任正是这种合作共赢的内在基础。这样就使得践履社会责任、彼此合作共赢成了"新常态"下每一个市场经济主体竞合共生的应然状态。

（二）履行社会责任是"新常态"下白酒企业的必需状态

作为经济主体的白酒企业，应该做的事情很多，但是必须做的事情同样不少。担负起自己分内的社会责任就是各类白酒产业企业必须做的事情。从哲学本体论视域看，"必须"体现的是对规律的遵循，无视规律的一厢情愿、漠视规律的得过且过都是白酒企业发展壮大的陷阱，也是白酒企业不能适应"新常态"、傲首"新常态"的内在根源。根据制度经济学派的理论，白酒企业作为一种经济组织实际上是通过减少交易费用来实现效益最大化的。在这些交易费用中，消费群体对其品牌、产品的认可、肯定和一如既往的坚守、锁定，是交易费用最小化的最佳体现，相反人们对企业及其产品用脚投票甚至诋毁、负面传播，必然造成企业天量的成本代价，而白酒企业要使交易成本最优化的有效途径就是担当好社会责任。担当社会责任实际上是现代企业对经济规律的遵循，是按市场经济运行的客观表现。白酒企业只有做好自己必须做的事情，按照现代市场经济组织好自己的生产、销售和治理这些分内之事，才能克服自身固有的缺点，化解生产、管理、销售中的深层矛盾，进而守住身份认同，构建充满活力和激情的企业文化软实力。

（三）社会责任是"新常态"下白酒企业的本来状态

"新常态"突出的重点固然在于与旧不同的"新"上，新变化、新作为、新气象、新特征当然值得大书特书，高度重视，但是"新常态"的要义关键在"常"，在于持续的存在。如果没有"常"，"新"就成了一闪而过的流星，那也就无所谓"新常态"了。同样的逻辑，白酒企业不仅要注重日日新、苟日新，更要关切"酒香不怕巷子深"这样的恒常，这样的坚守。其实，践履社会责任，做好自己分内之事可以说是企业先天内在的基因，这从现代企业之前的行会规章、商业团体、手工作坊师傅手把手的言传身教中就能证明。在经济"新常态"下白酒企业担当社会责任其实质不仅是对"本来"状态的延续，也是对过去时期企业行为异化状态的纠偏，更是白酒企业转型发展、创新壮大、百尺竿头更进一步的内在动力源泉。客观地说，中共十八大以前，白酒产业企业特别是高端白酒产业企业日子过得就像芝麻开花——节节高，但是随着国家政策的变化以及一些客观因素的影响，这样的光辉岁月已不再是常态，那么如何重铸产业企业的灿烂辉煌，激发社会对琼浆玉液的兴趣？我们认为，切实担当起社会责任，在传承传统工艺的基础上"接着做"才是解忧愁的唯一"杜康"。

二、"新常态"下白酒企业履行社会责任的新态势

我国经济进入"新常态",意味着各类经济活动主体的生产、分配、交换和消费活动必然发生新的变化。根据马克思主义政治经济学经济基础与上层建筑之间的辩证关系原理,经济"新常态"孕育的经济基础的新变化、新态势必然促使以之为轴心的经济主体及其行为活动发生相应的变化。担当社会责任是现代企业良性运转的内在和必须的要求,因此经济"新常态"也就必然导致白酒企业履行社会责任发生新的变化,呈现新的态势。

首先,履行社会责任由"他要到我要"。我国正处于由计划经济转向社会主义市场经济转型过程中的客观现实,使得很多白酒企业特别是位于乡镇的中小白酒企业对社会责任知之甚少,即使知道社会责任,也大多认为担当社会责任是政府的事情,与企业何干,如果我们要履行社会责任,那就是增加我们的负担,减少我们的收入。在这种认知情况下,很少有企业主动担当起自己的社会责任,哪怕是政府主管部门主动提出社会责任要求或者利益相关者登门求助,很多白酒企业都消极应付,寻找各种借口推脱逃避。这种情况在我们对盛产白酒的川南酒企的实地调查所获得的一手资料中可以得到充分证实[3]。现阶段至今后相当长的时期内,我国经济将处于从高速增长转向中高速增长,从规模速度型和粗放型转向质量效率型和集约型,从增量扩能为主转向调整存量、做优增量并存,从要素驱动、投资驱动转向创新驱动的"新常态",这就必然要求各类白酒企业转变观念,提高对社会责任的认识,使履行社会责任从被动要求变成积极主动,自觉自愿。白酒产业企业应当明确在经济"新常态"及其引起的连锁反应下,积极主动地承担社会责任,不但不会影响自己的经济效益,相反还是"新常态"时期保持自己经济效益、不断发展壮大的必由之路。不管是履行企业内部治理中的社会责任,还是做好企业与社会、政府和利益相关者的外部担当都是企业自身的持续发展的重要动力。俗话说"酒品不如人品",其实这句话对企业担当社会责任是同样可用的,承担社会责任就是白酒企业的人品,酒品好固然是基础,但是在我国这样一个向来注重人品、担当、责任的礼仪之邦,主动担当社会责任也许更加重要。因此经济"新常态"下白酒企业承担社会责任必须从被动变为主动。

其次,履行社会责任由"偶在到常态"。就像人类接受任何新事物都是一个渐进的

过程一样，我国企业特别是地域性的中小型白酒企业，对社会责任的接纳和承担也经历着漫长的过程。由私人性的家庭手工作坊发展壮大为企业或者直接组建企业的业主，其根本目的是适应扩大了的市场需要或者盈利赚钱，而企业的社会责任、社会价值根本不在当时所思、所行之内。随着企业做大、做强，效益越来越好，一些企业也逐渐明白了饮水思源的道理，开始响应政治号召或者回应利益相关者的请求，偶尔开始履行起了社会责任。进入 21 世纪以后，我国酒企进入了黄金发展时期，白酒企业的产量、利润呈几何倍数的增长，尽管企业对社会责任的担当也日益增多，投入的人力、物力也大幅度增加，但从整体层面看，白酒企业社会责任履行还是处于零散的偶在状态，大多是在发生了重大自然灾害或政府发出号召或社会公益组织求助者登门拜求的情况下，企业才慷慨解囊。随着我国国内外形势的变化，白酒企业履行社会责任也必然从偶在变成常态。这是因为"新常态"首先意味着人们对酒品的需求开始个性化、多样化。这就给酒企提出了如何保证产品质量安全，通过创新供给以满足此类需求的新要求。而按照国际标准组织制定的 ISO26000 要求，在企业内部治理中切实承担好社会责任，恰好是保证企业产品质量安全，激发企业创新创造活力的最好办法。此外，"新常态"还意味着酒品的销售将由过去的数量扩张和价格竞争逐步转向质量型、差异化为主的竞争。那么如何适应这种差异化、质量型的激烈市场竞争就是每个酒企必须思考的问题。而这些问题的解决也离不开企业切实履行社会责任，因为劳动者是生产力中最活跃、最关键的要素，没有劳动者的聪明才智、积极性、主动性，要想赢取这种差异性竞争是不可能的，而承担好社会责任正是调动劳动者聪明才智，发挥其积极性、主动性的必要条件。因此在"新常态"下，白酒企业必须将承担社会责任由偶在转变为常态，这样企业才能适应"新常态"。

最后，履行社会责任由"点、线到面"。"新常态"是我国经济高速发展几十年后转入中速发展的持续状态。这就意味着经过高速发展后我国经济发展水平、经济实力较改革开放以前已经大大提高，人民开始追求生活的质量，同时经过几十年的社会主义市场经济的发展，我国各类经济主体不论是数量还是资本规模都已经进入到一个新的层面，这一方面对各类企业产品生产、销售包括后续服务提出了更高的要求，商品的供给与消费已经由卖方市场演变成了买方市场，人们现在需求的不仅是数量上的满足，更需要质量好、品质高、有益于健康的产品；另一方面意味着生产企业之间的竞争较原来更加激烈，产品更新升级，新产品如雨后春笋般层出不穷。这种消费和生产状态将是各类市场主体今后生存、发展面临的常态。那么如何在这种双重压力或多重压力中保证自己的经济效益、社会地位，使企业持续发展壮大？其有效的办法之一就是履行好企业内外的社会责任，由原来的做"点、线"升级为做"面"，也就是在履行社会责任方面打破过去时间、地域、行业的限制，由某一特定时间变成时间的常态化，由某个地域变成全国甚至走向世界，由特定行业扩展到整个社会。随着经济"新常态"的深入和宏观政策方面的调整，白酒产业企业除了挖掘国内市场以外，积极开拓海外市场也是企业发展的重要途径，要发挥利用好这个手段，全面承担好社会责任也就要成为常态，因为尽管社会责任理念和实践进入中国已经几十年，但客观地讲，我国企业特别是中小企业承担社会责任与国外企业比较起来，做得不够甚至很不好，现在我们要赢得海外市场，取得异国消费者的信赖，全方位履行好自己的社会责任也就成为必然，如果还像以前那样做一些"点、线"上的表面工作，那是不可能实现预期和适应这种新常态的。因此，在"新常态"下，白酒产业企业履行社会责任也必然发生由"点、线"到"面"的演变。

三、"新常态"下白酒企业履行社会责任的新内容

"新常态"是经济活动自身发展进入新阶段后的必然、持续的态势。这种常态和过去阶段比较是发生了阶段性质变后的更高状态。这对我国白酒产业企业履行社会责任来讲，就意味着要按照国际标准组织 ISO26000 的规定，结合自身过去履行社会责任的实际情况，把没有做的做起来，做了但没有做到位的做到位。结合我们的调研，我们认为在经济"新常态"下，白酒产业企业必须切实履行下面这些社会责任[3]。

1. 优化企业治理

企业治理是新常态下组织治理的具体表现，它不同于以往的企业管理。根据国际标准组织的规定，组织治理指的就是各个组织、企业必须定期（一般是 2 年）检查并优化自身的决策机制及其组织结构以增强其自身发展的能力[4]。因此企业治理就是企业出资人、企业员工及其工会组织就企业组织机构设置、生产经营决策机制等协商制定一整套包括正式或非正式的、内部的或外部的制度以保证公司决策的科学性、有效性，从而最终维护公司各方面利益的活动。也就是说企业治理就是将企业内部人、财、物和产、供、销制度化而非人治化的过程。"新常态"意味着我国经济结构已从增量扩能为主转向调整存量、做优增量并存的优化升级，而白酒企业同样面临着调整目前滞销存量，做优增量的优化升级机遇，因此加强企业内部治理，用制度规章来约束、指

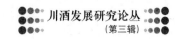

引这种优化升级势在必行。重视企业治理是白酒企业组织机构、经营决策适应"新常态"的新内容。

2. 建设生态文明

白酒企业的存在、发展从某个角度看是天时、地利的结合。和其他产业企业相比，白酒企业更加依赖于优良的生态环境，四川南部、贵州西部之所以盛产美酒，很大程度上就是缘于这些地方优美的气候环境，特别是独特地质形成的水资源。因此，白酒企业更应该认识到保护环境、建设生态文明的意义和价值。调查显示，虽然投身环境保护、建设生态文明是很多白酒企业一直在做的事情，但在以往，这种企业社会责任担当还未形成常态化，很多企业特别是中小企业还停留在偶然的状态。但是随着"新常态"的到来，由于既往生态环境恶化的趋势不可能短时间停下来，因此白酒企业必须更加自觉、积极地担当起保护环境、建设生态文明的责任。首先在企业生产过程中加大资金投入，尽力减少使用石化燃料，多用可持续再生资源；其次减少污水、二氧化碳的排放，切实做好污水的处理和循环利用；最后在土地计划、基建及日常维修中综合考虑对气候环境的影响，评估、避免或减少对生态系统特别是水资源系统的不良影响。更好地履行这些社会责任既是对节约资源、保护环境基本国策的回应，也是白酒企业在"新常态"下体现其社会价值、社会地位的利器。

3. 实践公平营运

由于我国社会主义市场经济体制机制还不完善，不少酒企为了立于不败之地，追求更多经济利益，或多或少会采取一些不正当的生产经营行为，这已经是白酒产业企业行内公认的事实。企业之间的公平运营还处在零和博弈的状态。在"新常态"下，白酒企业必须改变这种生产经营状态，切实担当起公平运营的社会责任。我国"新常态"下的经济实际上是法治化的市场经济，实现经济活动的公平公正是其内在的要求。为此我们必须改变以往经济活动中的乱象，改变那些破坏诚实守信、公平经营的潜规则和实际做法，这也要求白酒企业必须担当起践行公平运营的社会责任。

4. 做实人权保障

保障基本人权是我国宪法对各类公共组织责任义务的明确规定，但在"旧常态"下，我国的人权保障并没有得到很好的落实，部分产业企业和公司甚至还普遍形成了一种错误的共识，即认为保障人权、维护人的生命健康和人格尊严是各级政府权力机关的事情，与生产经营组织没有多大关系，不是自己分内之事。随着我国经济社会发展转型升级和全面依法治国、依宪执政"新常态"的深入推进，各类产业企业必须纠正这种错误认识，自觉认识到做好做实基本人权保障是"新常态"下产业企业必须担当的社会责任，也是产业企业赢得社会地位、社会承认从而永续发展的基本条件。按照国标组织的规定，企业做实人权保障就是在关爱企业员工，保护利益相关者合法权益以及将企业的良善影响力向外延伸至销售链、当地社区等方面尽到自己的义务和责任[5]。在"新常态"下，白酒企业除了继续制定、落实或详或略、或多或少的人权保障外，今后保障人权的重点是将人权保障政策由针对部分人群扩大为涵盖企业所有员工及利益相关者；将人权保障内容由注重劳动安全保障、不拖欠工资等生存权内容发展到参与企业管理、民主抉择、分配政策的协商制定等经济、政治、社会方面的人权，真正将人民当家做主落实到产业企业的生产经营中去。

5. 协助地方发展

白酒企业参与地方发展是过去以经济建设为中心时期的常态，因为地方发展本身就集中体现为经济的发展和人们生产生活的改善，而白酒企业在活跃经济、解决就业、财政税收等方面可以说都贡献了巨大的力量。因此参与地方的发展似乎不应该成为"新常态"下白酒企业新增的社会责任。但是笔者并不这样认为，因为"新常态"本身就意味着从以经济建设为中心到经济、社会全面协调发展的更高级转变，在此形势下，企业参与地方发展也必须换挡升级。根据ISO26000的规定，在"新常态"下，白酒企业协力地方发展就要致力于构建该地方和谐、健康的人与自然、人与社会以及人与人之间的良好关系，为真正实现身心健康、社会和谐、山清水秀做出自己的贡献。广大白酒企业必须更加清醒地意识到，协力地方自然、人文环境的保护以及和谐社会的建设对提升自己的竞争软实力，实现经济效益、社会效益并存共赢的价值和意义。可以说白酒企业今后的生存发展、品牌的保值增值、经济效益可持续发展都与该地方经济、社会发展，特别是资源环境的良好保护息息相关。因此，白酒企业必须更加努力协助地方经济、社会的发展，承担起社会责任。

四、"新常态"下白酒企业社会责任的新适应

"新常态"是市场经济发展规律作用下我国经济进入新阶段的自然表现。面对这一新形势，白酒企业不仅要用新思维积极把握"新常态"，科学认识"新常态"，而且要以新的状态去主动应对"新常态"，引领"新常态"，实现白酒产业企业经济效益与社会可持续发展的共赢。

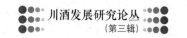

首先，要用马克思主义哲学思想深刻认识白酒企业社会责任与经济效益的内在辩证关系。从外在的显性形式看，企业社会责任的确有偏离企业宗旨，增加企业运行额外成本的事实，所以在过去"旧常态"时期，企业包括白酒企业都把担当社会责任视为被动之举，是不得已而为之的，认为履行社会责任与创造企业经济效益之间是负相关关系。实际上企业社会责任担当产生的效益本质上是隐性和显性、外在和内在、长远和眼前的有机统一。从隐性的、内在的、长远的效益与外在的、显性的、眼前的效益看，前者对企业的发展壮大和经济效益的持续提高所起的作用远远大于后者。在我国经济迈入"新常态"的背景下，按照马克思主义经济基础与上层建筑之间的辩证关系原理，经济"新常态"必然引起社会上层建筑的调整和变化，党和国家坚决持续"反腐"、"反四风"可以说是经济"新常态"的必然要求，而"反腐"、"反四风"对经济"新常态"的反作用，特别是由此引起的溢出效应对白酒产业企业的永续影响不可谓不大，因此在这样的现实下，白酒企业必须改变原有的思想观念，深刻认识到社会责任与企业经济效益，乃至企业生死存亡的内在关系，自觉按照国标组织对企业社会责任的要求，积极主动承担起企业内外的社会责任，以社会责任挖掘企业发展的动力，以良好的经济效益反哺社会，实现企业社会责任与经济效益之间的良性互动，共存共赢。

其次，要以饱满的精神状态、顽强的工作作风切实履行企业新增社会责任。企业社会责任与我国社会主义市场经济条件下白酒产业企业的内在关联并不深远，加之白酒企业特殊地理位置所限，很多中小白酒企业对企业社会责任的认知、担当都还处在初始级别。因此，白酒企业要切实按照ISO26000规定履行社会责任，可以说任务相当艰巨，要做的工作繁多、复杂。这就迫切需要广大白酒产业企业员工始终保持饱满的精神状态，以顽强的工作作风做实、做好企业分内外社会责任。古语云，惟其艰难，才更显勇毅；惟其笃行，才弥足珍贵。做好、做实社会责任，这对后发现代化建设主力——各类企业而言，虽是万事开头难，但也是难得的机遇和挑战。相对于那些早发原发性现代化国家的企业，我们这些后发现代化国家的企业更应该认识到做好做实社会责任于企业于社会的价值，对此我们应该感到信心百倍，动力十足。在白酒企业转型升级，借力社会责任重整辉煌的"新常态"征程中，更需要企业上下员工以踏石留印、抓铁有痕的劲头抓社会责任落实工作，力求履行每一项社会责任都善始善终。

最后，用统筹协调的方法，敢于且善于承担企业社会责任。抓好经济效益与履行社会责任是白酒企业适应经济"新常态"，引领"新常态"的内在要求，是"新常态"

下白酒企业持续发展壮大必须做好、做实的伟大事业和伟大工程，因此必须树立整体推进与重点突破相统一的思想观念，加强各方面的配套和衔接，兼顾经济效益和社会责任，注重白酒企业长远的整体效益。"新常态"下，白酒企业抓好经济效益，履行社会责任是一件复杂而系统的事情，应善于抓住主要矛盾和矛盾的主要方面，统筹谋划企业经济效益、企业社会责任各个方面、各个层次、各个要素，深入研究彼此之间以及自身内部的关联性和耦合性，使各项举措在价值取向上目标一致，在实施过程中相互促进、相得益彰，力求做到同频共振、形成合力，实现白酒企业经济效益增长与履行社会责任双丰收。

参考文献

［1］陈启清. 正确理解和适应新常态 ［EB/OL］. http：//www.chinareform.org.cn/Economy/Macro/Forward/201411/t20141114_211663.htm.

［2］施芝鸿. 如何理解"新常态"？怎样适应和习惯"新常态"？［N］.人民日报，2014-10-13.

［3］李堂. 近五年来川南知名酒业担当社会责任的调查研究［J］.改革与开放，2015（1）.

［4］李伟阳. ISO26000 的逻辑（社会责任国际标准深层解读）［M］.北京：经济管理出版社，2011.

［5］黎友焕. ISO26000 在中国 ［M］.广州：中山大学出版社，2012.

茅台"国酒"商标注册的法律分析*

兰芬　钱箐

摘要：2012 年 7 月，贵州茅台酒股份有限公司申请注册的"国酒茅台"商标通过初步审查，并向社会进行公告，此公告一出立即引起多方异议，有支持者也有反对者。我们通过比较不同商品上注册的相似商标和相同商品上注册的相似商标，并分析《商标法》立法宗旨和《商标法》对商标的显著性和合法性要求，认为"国酒"商标的使用和注册不仅违反《商标法》立法宗旨，而且不符合商标的显著性和合法性构成要件，且会造成消费者误认，破坏市场公平竞争秩序，不应被核准注册。

一、案情介绍

中国贵州茅台酒股份有限公司（以下简称"茅台集团"）申请"国酒茅台"商标注册早在 2001 年就踏上了征途。2010 年 6 月 9 日，茅台集团又一次申请注册 "国酒茅台"商标，用于酒类商品。与前 8 次申请注册不同的是，茅台集团的这次"国酒茅台"申请注册征途获得了突破性的进展：在 2012 年 7 月 20 日，国家工商行政管理总局商标局发布公告："国酒茅台"商标已经通过初审，若在规定的公告期内其他主体无异

---

* 基金项目：四川省哲学社会科学重点研究基地、四川省教育厅人文社科重点研究基地——四川理工学院中国川酒研究中心课题"川酒商标的知识产权保护研究"（课题编号：CJY13-09）。

作者简介：兰芬（1978—），女，浙江温州人，畲族，硕士，讲师，研究方向为经济法；钱箐（1977—），男，副教授，法学硕士，主要研究方向为知识产权。

议，"国酒茅台"商标即可被核准注册。

此公告消息一经传出，立即引起网络热议和众多白酒集团针对"国酒"商标的异议。众所周知，商标的主要功能是区别商品或服务的来源，避免给消费者造成混淆。有观点认为茅台酒作为高端酒业的领军者，其在酱香酒中的独特口感、在市场中的销售价位和销售渠道等，足以体现与其他白酒的区别，而且事实上"茅台"也是一个为公众所熟知、热爱的品牌，因此即便是冠以"国酒"的商标也不会在相关消费者中造成混淆。况且茅台作为一种高端酒品，其消费群体一般是高端人士。作为一个稳定的消费群体，更不会因国字号商标而产生混淆。当然也有众多白酒企业持反对意见，以五粮液集团为首，"山西汾酒集团、河南杜康集团随后向有关部门提交了异议申请，称贵州茅台不足以用'国酒'作商标"。另外，由多位律师组成的律师团也向商标局递交了反对材料，质疑国家商标局对"国酒茅台"商标注册申请的审查标准。虽然茅台集团因为"国酒"商标通过初审而遭到排山倒海式的围攻，却仍然有"国酒"支持者，在众多白酒企业以异议形式炮轰"国酒茅台"的同时，安徽古井贡酒集团表示应当"站在民族的利益上，对茅台集团申请'国酒'商标表示认可并支持"。

茅台集团在商标注册申请的行政程序中虽然取得了一定进展，并进入了公告期，但是"国酒茅台"商标注册之路并不平坦。现如今，"国酒茅台"商标初审公告期已过，在漫长的异议审查裁决过程中，"国酒"商标是否会被核准注册仍存在变数。从法律角度进行分析，应该抵制还是支持"国酒"商标呢？本文将通过相似案例比较和法律解释的方法分析"国酒茅台"商标注册的合法性。

二、案例比较

以"国+商品名称"为商标字样申请注册的商标在我国并不少见，本文将该类案例分为两类，分别同茅台"国酒"商标注册申请进行比较。

（一）不同商品上的相似商标比较

1. "国奶" VS. "国酒"

2008年，广东省一市民和河南省三门峡市一家综合商店分别在牛奶饮料、牛奶制品等商品类别和豆类饮料、花生牛奶、奶茶等商品类别上申请第6529474号"国奶+图形"商标和第 6616564 号"国奶"商标。但是，国家商标局认为这两个商标属于《商标法》第十条第七项规定的"夸大宣传并带有欺骗性的"商标，不应该被核准注册，因此，两个商标现在都处于失效状态。

2. "国水" VS. "国酒"

近年来，我们经常会看到"北大荒国水"系列矿泉水的广告。不管是在该系列矿泉水的瓶包装还是在外包装箱中都会看到 "北大荒国水"字样，尤其"国水"二字特别突出，而"北大荒"三字或字体较小或置于顶部和角落。与茅台申请"国酒"商标相似，"北大荒国水"商标的注册申请也经过初步审查进入了公告期。但是在公告期内商标因存在重大异议而被驳回注册，北大荒集团公司虽然提出了复审，但是复审被驳回，该商标仍处于尚未确权状态。但是，不管是在广告宣传还是商品包装上，"北大荒国水"仍在被使用，且商标中突出表现"国水"二字，具有虚假宣传和违反《商标法》和《反不正当竞争法》的嫌疑。

（二）相似商品上的相似商标比较

1. "国窖 1573" VS. "国酒茅台"

泸州老窖公司拥有多个"国窖1573"或"国窖"字样商标。最常见的是第 7422322 号"国窖 1573"商标 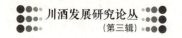。第 7422322 号"国窖 1573"商标是由泸州老窖公司于 2009 年申请注册的，其商标权专有期从 2010 年 9 月到 2020 年 9 月有效。

虽然都带有"国"字，"国窖 1573"商标与茅台集团的"国酒茅台"申请注册之路完全不同，有以下几点原因：第一，从 1573 年至今，国窖的窖池一直在使用，从没有因为历史原因、自然原因或其他原因中断过，并且被评为"国家级物质文化遗产"，"国窖"字样和"1573"分别代表的是具有悠久历史文化的国家物质遗产，直接表示的是泸州老窖公司不同于其他酒厂的特点，不具有夸大宣传和欺骗的成分。第二，泸州老窖的酿造技艺是通过十几代人口传心授传承至今的，被评为"国家级非物质文化遗产"。第三，"窖"的解释一为名词，"贮藏东西的地洞"；二为动词，"把东西藏在窖里"，所以"窖"字并非酒类产品通用名称，所以"国窖"没有直接表示产品的质量。而"酒"一般解释为"用高粱、米、麦或葡萄等发酵制成的含乙醇的饮料"，"国酒茅台"商标的使用不仅代表茅台酒的标准，而且会让消费者对茅台酒产品的质量产生错误认识。所以，"国窖 1573"的商标使用没有质量描述性，也不具有欺骗性，不会扰乱市场竞争秩序，而"国酒茅台"则不同。

2. "中国劲酒" VS. "国酒茅台"

"中国劲酒" 商标是由劲牌有限公司于 2005 年向商标局提交的注册申请，使用在酒等第 33 类商品上，至今该商标还处于不确定状态。

劲牌公司是中国酿酒工业十强企业之一，其生产的"劲牌"保健酒驰名中外。1988 年因"劲酒"开始出口国外而命名为"中国劲酒"，并开始使用于产品包装和宣传中，然后于 2005 年向商标局提出注册"中国劲酒"商标的申请。但是商标局和商评委以"该申请商标含有我国国名，不得作为商标注册和使用"为理由予以驳回，劲牌公司对此不服而提起行政诉讼，经北京市第一中级人民法院、北京市高级人民法院两级法院审理结果基本一致："申请商标为'中国劲酒'文字及方章图形共同构成的组合商标，其中文字'劲'的字体为行书体，与其他三字字体不同，字形苍劲有力，明显突出于方章左侧，且明显大于其他三字，是申请商标的显著识别部分。方章图案中的'中国酒'三字，字体明显有别于'劲'字，虽然包含有中国国名，但该国名部分更容易使消费者理解为商标申请人的所属国"，终审结果为判令国家商标评审委员会重新做出行政复审决定。接着最高法院对此案进行再审，虽然援引的法律依据存在偏差，但结果同北京一中院和北京高院相同，即"中国劲酒"商标不符合《商标法》第十条第一款第（八）项中的规定，故商评委决定予以驳回。从本案来看，虽然最终结果没有确定，但是三级法院显然均对"中国劲酒"商标持赞同态度。

"中国劲酒"商标与"国酒茅台"商标的不同之处在于：第一，商标设计结构不同，经商标局初审通过的四个"国酒茅台"商标中"国酒"和"茅台"均是同一字体，大小相同，没有主次之分；第二，"中国劲酒"突出"劲"字，使用"中国"字样是为了表明产品来源和商标申请人的所属国，"中国劲酒"易被理解为"来自中国的劲酒"，而"国酒茅台"中"国酒"具有标志酒产品质量的特点；第三，"中国劲酒"商标不会对我国的经济、政治等产生影响，且劲牌酒经长期销售，其良好的产品品质已经形成了稳定的市场秩序，在国际、国内市场均具有一定的商誉。

三、"国酒茅台"商标注册的法律评析

中国茅台酒有着悠久的历史，蕴含巨大的人文价值和商业价值。早在 1915 年巴拿

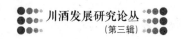

马国际博览会中就被评为金奖，与苏格兰威士忌、法国科涅克白兰地齐名。新中国成立以来，茅台酒出现在多次重大活动中，甚至被当作"国礼"赠送给外国领导人。因此，中国著名品牌战略专家舒淳认为，国酒与茅台的互为因果与珠联璧合早已是历史积淀、社会共识和国际公认的。另外，很多企业，包括五粮液集团、泸州老窖公司、汾酒公司等纷纷注册"国"字开头商标，如"国窖1573"、"国五液"、"国汾"等商标，有些正在申请中，而有些已经申请成功并存续有效。所以，茅台集团认为其申请注册"国酒茅台"商标是为了保护企业商誉和促进产品品牌发展，强化"国酒茅台"这一国家品牌，彰显自己的产品在国内的历史文化意义。"若此次'国酒茅台'商标成功获得注册，将有利于茅台酒产品价值的提升，有利于我国民族自主品牌的健康成长，有利于'国酒'国际影响力的扩大甚至民族经济的复兴"。但是笔者认为，所谓"国酒"商标代表的意义则是"代表国民的酒"、"国民最为认可的酒"、"国内最受欢迎的酒"，依然不只是一个普通的酒类商标而已，如今，茅台集团对其品牌的定位已经不是能代表国内普通的消费者，而是定位给高端人群的酒类消费品，高达数千的价位也已经远离普通的国民，更不能代表普通的国民心声，并且茅台此次"国酒茅台"的商标注册的商品不仅包括普通酒精饮料，还包括果酒、葡萄酒、开胃酒、酒精饮料等，范围非常广泛，所以，大多数网民担心，茅台集团若在此次注册成功后，对自身酒类商品的定价将会影响整个酒类市场的定价。

（一）"国酒"商标注册背离《商标法》立法宗旨

《商标法》保护的主体是区别不同生产经营者商品与服务的标记，商标标记已经成为企业产品或服务质量、信誉、知名度的载体，更多的是保护企业的利益和载体所涉及群体的利益，如消费者利益等。商标也不是简单的商品或者服务的标记，它是表明商品或服务的来源等内容的信息载体，对最终的消费环节主体——消费者有着极其重要的意义，其目的就是帮助消费者做出正确的决定，保障其利益。《商标法》的立法宗旨一方面是为了保护商标权，设定专有的界限来防止消费者对商品或服务的来源进行区分，以保障生产者或经营者的利益，这也是市场经济中有效竞争的自由表达方式之一；另一方面也是保护市场秩序和消费者利益。保护消费者利益是商标立法中调整商标关系的一项基本准则，"如在美国第二巡回法庭的一个案件中，莫尔法官指出，在反不正当竞争法律中，对公众的保护是一个基本的考虑"。商标标示就意味着商品质量的一致性，对消费者的利益是有增加作用的，从消费者的角度来看，"国+产品通用名称"不仅代表着中国产的该产品，而且代表着拥有此商标的权利人生产的该产品在本行业中具有最高的地位，是质量最好的，这样的商标标识最高产品质量的信息，会使消费者在购买使用商品时获得信赖感和安全感，最终会提高"国+产品通用名称"这类商品或者服务在市场中的占有率和知名度。

所以，茅台集团申请注册商标"国酒茅台"给消费者呈现的不仅是一种普通的酒类产品商标，而且还包括该酒商标和酒企业的地位、品质、文化等信息，容易给消费者带来错误认识——"该酒是代表国家的酒、是最好的酒"，因此，会背离《商标法》保护消费者和正常市场竞争秩序的立法宗旨。茅台酒虽然具有悠久的历史文化背景，但是仍不能独占"国酒"称号。《商标法》的立法宗旨是制止利用商标从事不公平竞争活动，毕竟商标法中的"诚实信用"体现的是市场经济环境下的商业伦理，有别于一般意义上的是非善恶，我们应当在利益平衡的原则下去判断和衡量某种行为是否有违诚信。从《商标法》的目的来说，促进有效竞争必须平衡商标权人以外的市场竞争者的利益——围绕相同或者类似商品营销的竞争性利益的平衡。《商标法》既要充分保护商标权人的利益，也要防止商标权人使用商标构成不公平的垄断。笔者认为"国酒"称号可谓酒类行业的最高评价和最高名誉。茅台酒虽然有悠久的历史文化背景，其酒类产品亦是酱香型白酒的佼佼者，但是中国酒文化源远流长且"多姿多彩"，如泸州老窖历史可追溯于 1573 年，绍兴黄酒拥有精彩历史故事等。另外，酒类产业不仅有历史和现在的市场，还有未来市场，任何酒厂在发展过程中都有可能凭借品质赢得行业最高名誉。如果将国酒的最高荣誉仅限于茅台集团使用的话，显然不符合《商标法》和《反不正当竞争法》的立法宗旨和基本原则。

（二）"国酒"商标注册不符合商标显著性要求

商标的基本功能在于标示商品、区分来源，因此商标应符合显著性要求。显著性是商标所表现出来的标识与区别功能的内在含义，是商标保护的灵魂，它的强度不仅直接决定商标是否可以注册，而且还决定商标权利范围的大小。美国的谢克特（Schechter）教授主张"保护商标的独特性（Uniqueness）应当构成商标保护的唯一合理基础。"商标的显著性包括识别性和区别性两方面。其中识别性要求商标与使用的对象之间不存在直接的关联性，不是对商品属性的直接描述，商品属性包括商品原料、制造工艺、产品质量等。"国+产品通用名称"字样使用在商标中，传达的不仅是一类产品信息，而且包括这一产品在国内相关行业中的地位、品质质量等，具有一定的描述性。另外，区别性是指一个标志能够区别于另一个标志，"国+产品通用名称"仅能代表是国家级产品或国家的产品，任何经营者都可能达到此标准，不具有与他人产品区别开来的功

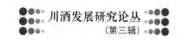

能。所以，笔者认为单纯使用"国+产品通用名称"作为商标进行使用和宣传，不具有显著性。根据我国《商标法》的规定，申请商标注册时所强调的"显著性"是最低限度的基础显著性，同时也强调商标本身与商品、市场紧密结合，看商标设计是否具备了著作权保护所要求的"创造性"等条件，要强调将商标标记、标志与产品相结合，与消费者所能辨识类似产品相结合，而仅仅是标志本身文字、图形、符号或其组合所具备对于一般公众的可识别性。显然，"国酒茅台"在体现的"国+产品通用名称"的简单描述不同时具备商标设计的显著性和消费者的市场识别性。现今，茅台集团强调其"茅台"商标的国酒文化和市场认可，有更强大的酒企业新的商标和消费者心目中重新定位的"国酒"商标的替换，如果将"国酒"商标只限于注册先申请者，对整个酒类市场中的企业正当而有效的竞争也是不利的。

同时，2013年新《商标法》第十四条规定：生产、经营者不得将"驰名商标"字样用于商品、商品包装或者容器上，或者用于广告宣传、展览以及其他商业活动中。避免生产者和经营者利用国家商标局所评定的荣誉对自己的商品商标进行夸张宣传。"国酒"和"国+产品通用名称"已经不是简单的商标或者商品描述，更多的是荣誉，所以才引发不同业界对带"国"字标识的抢注和竞争，茅台集团申请注册"国酒茅台"商标，也是为了确定其在中国酒类市场中"酒类行业第一"的地位，这"正如中国社会科学院知识产权中心李顺德教授所言，核准'国酒茅台'商标不仅会触动已有的商标法律制度和基本原则，而且有可能在我国酿酒业界乃至其他一些业界引起一系列连锁反应，造成新的行业秩序混乱"。2013年新《商标法》，限制"驰名商标"在包装或容器、广告宣传中等出现，借机提高商品的定位，又怎能让一个公司独占意味着国家最高商品品质的"国+产品通用名称"的商标呢！

（三）"国酒"不符合商标合法性要求

1. "国酒"违反《商标法》相关规定

首先，2013年新《商标法》新增第七条规定，"申请注册和使用商标，应当遵循诚实信用原则"。2001~2010年，茅台集团先后乐此不疲地共九次向国家商标局申请"国酒茅台"商标注册，茅台集团认为茅台酒是中国百年老字号的酒品牌，其企业文化理念中的愿景"健康永远 国酒永恒"，虽然申请注册商标有"国酒"的字眼，但是同时"国酒茅台"应该是强调自有的品牌"茅台"，而不仅仅是"国酒"的含义。生产者或经营者申请注册商标，应该只是希望区别商标的来源，但是茅台集团违背诚实信用原则，其申请"国酒茅台"不只是为了希望区别商标的来源，而是希望将"国酒"这样的绝对垄断性的商标合法化。所以茅台集团有违背诚信原则，损害他人的正当利益和社会公共利益的重大嫌疑。

其次，我国《商标法》第十条第一款第（七）项规定，"夸大宣传并带有欺骗性的"标志不得作为商标使用，而2013年新《商标法》中对这一项的规定更加明白清楚，即"带有欺骗性，容易使公众对商品的质量等特点或者产地产生误认的"不得作为商标使用。《商标法》这一条体现了商标合法性的具体要求之一。商标合法性是指一个商标标识本身应不属于法律禁止的带有欺骗性的或违反公序良俗的标识。一个欺骗性的商标会损害消费者利益并构成不正当竞争。而"国酒"表示一种"国家级"酒产品，属于法律禁止的带有欺骗性的或违反公序良俗的标识。

最后，我国《商标法》第十一条第（二）、第（三）项规定："仅仅直接表示商品的质量、主要原料、功能、用途、重量、数量及其他特点的标志以及缺乏显著特征的标志不能作为商标注册。"这是《商标法》对商标显著性的具体规定和要求。"国酒"可以向公众直接表达其所指向的酒类产品的质量，属于《商标法》第十一条规定的不应作为商标注册的情形。"国窖1573"就属于此条文规定的情况，"窖"非商标指定的商品名称，而是指"酒窖"、"国窖"，也就不是严格意义上的"带国帽"的商标。国家工商总局商标局因"国窖1573"酒所在的国宝窖池群这一珍贵的物质文化遗产而准予商标的注册，因此该商标的注册是有现实依据的，这与"国酒茅台"依靠主观的大肆宣传行为大不相同。

2."国酒"违反《含"中国"及首字为"国"字商标的审查和审理标准》规定

2010年7月，国家商标局颁布了《含"中国"及首字为"国"字商标的审查和审理标准》规章。该《审查审理标准》中，第三部分第一条中强调首字为国字商标的，应当严格按照以下标准审查：对"国+商标指定商品名称"作为商标申请，或者商标中含有"国+商标指定商品名称"的，以其"构成夸大宣传并带有欺骗性"、"缺乏显著特征"和"具有不良影响"为由，予以驳回。茅台酒厂最后一次申请注册初审通过的时期正是该《审查审理标准》发布时期，商标局可谓站在风头浪尖进行初审。商标局初审通过的是"国酒茅台"商标，因此有人认为不属于《审查审理标准》中规定的驳回情况。但是《审查审理标准》第三部分第二条规定："对带'国'字头但不是'国+商标指定商品名称'组合的申请商标，应当区别对待。对使用在指定商品上直接表示了商品质量特点或者具有欺骗性，甚至有损公平竞争的市场秩序，或者容易产生政治上不良影响的，应予驳回。"同时在第三部分中也强调"对于上述商标的审查应当从严审查，慎之又慎……""国酒茅台"中的茅台已经为公众所熟知，"国酒"字样和"茅台"同

时出现且没有主次之分，极易使公众认为"国酒"是对茅台酒的描述，而非商标使用。"国酒"作为茅台酒特点描述词汇并不一定符合实际情况，容易造成消费者误解，有损公平竞争的市场秩序，也同时违反了《审查审理标准》中对"国+产品通用名称"的审查主旨和审查原则。对于"国+商标指定商品名称"的商标注册申请是否不分具体情况完全杜绝？商标局审查部门的工作人员曾解释说，"对于新申请的品牌，如果其情况符合事实，经过多方面因素综合，也并不是完全不能申请到国字开头的商标……但还要看具体的案例"。对"国+商标指定商品名称"商标申请"一刀切"，完全杜绝也是不科学的，我们还应根据具体案例，从商标的本质和功能出发，考虑申请商标的现实情况和社会公共利益，严格审查，具体对待。

四、结　论

"国酒茅台"商标的申请注册在社会上引起了极大的反响，严格从《商标法》的申请注册要求上看，"国酒"商标会使消费者产生对茅台酒质量特点的错误认识，容易造成消费者误解，有损公平竞争的市场秩序，也违背社会公共利益，因此不应被核准注册。"国酒"称号是酒类行业的公共资源，不允许一个主体通过商标形式独占。一旦"国酒"称号被茅台独占使用，将使茅台酒在整个酒类行业中占据别人无法超越的竞争优势。"国酒"商标的使用会使公众在消费过程中认为使用该商标的产品具有国家级水平或具备"国家"特质，从而对该产品产生绝对的信任感，所以，"国酒"商标不应被注册，否则会有"政府机关以公权力为企业行为做担保"之嫌，有损公平竞争的市场秩序。

参考文献

［1］吕斌. 茅台加冕幕后［J］. 法人，2012（9）.

［2］肖伟，金晓岩. 北大荒"国水"遭不正当竞争质疑［EB/OL］. http://finance.qq.com/a/20130813/000633.htm，2013-11-07.

［3］吴竞韬. "国酒茅台"的历史成因与商标之议［EB/OL］. http://finance.sina.com.cn/roll/20110128/11559325887.shtml，2013-11-07.

［4］姚泓冰. 国酒茅台商标注册的法律问题［J］. 法治论丛，2013（1）.

［5］冯晓青. 知识产权法利益平衡论［M］. 北京：中国政法大学出版社，2006.

［6］芮文彪. 新《商标法》诚实信用原则的本质及司法适用［J］. 电子知识产权，2015（1）.

［7］张今. 知识产权法［M］. 北京：中国人民大学出版社，2011.

［8］倪端，卢学丽. 从"中国劲酒"案看商标审查标准［J］. 中华商标，2011（12）.

［9］孔祥俊. 商标与不正当竞争法原理与判例［M］. 北京：法律出版社，2009（1）.

［10］马远超."国酒茅台"商标注册的五大争议［J］. 电子知识产权，2012（10）.

"新常态"下五粮液集团提高盈利能力对策研究[*]

李阳　高静　杨海燕　吕金龙

摘要：随着经济和企业管理的发展，白酒行业经历了鼎盛时期，渐已进入行业转型升级阶段，步入"新常态"时期。企业的利润值等盈利指标可以体现行业的变化，所以及时准确地对白酒企业盈利能力进行分析，是了解行业在改革过程中的具体表现的良好方法，具有现实意义。本文将理论与实际相结合，以五粮液集团为对象，基于其2012~2014年的财务数据，全面客观地评价该企业的盈利能力，并针对企业管理、运行提出合理化对策，以降低企业风险，提高经济效益。

一、引　言

随着中国经济步入从高速增长转向中高速增长的"新常态"时期，白酒业同样已进入增速换挡期。2012年、2013年白酒行业经历了初期调整，之后，在政策、产能过剩、经济下行叠加等多重因素的影响下，2014年中国白酒行业进行了更深入的调整，行业发展正式进入总量放缓、竞争加剧、利润下降的"新常态"时期。

白酒龙头企业之一的五粮液集团有限公司在"新常态"下也面临着艰难的调整。

---

* 基金项目：四川农业大学2014年本科优秀论文培育计划、2015年校级大学生创新训练计划项目（项目编号：1510626110）。

作者简介：李阳（1992—），四川乐山人，学士，主要研究方向为财务管理。

2012 年，白酒"塑化剂"事件让五粮液公司股价一度跌至停盘，企业的销售市场和二级市场遭受不同程度的影响。同年，中央政府以及各地方"禁酒令"逐步出台，这一系列因素阻碍了五粮液等高端白酒的销售。据 2013 年五粮液年报表显示，公司净利润同比下降16.54%，这是自 2005 年以来净利润首次下滑。面对困境，五粮液集团持续在内部治理、生产、市场营销等多方面推进改革措施，积极应对行业变革。

综上所述，在"新常态"下，五粮液集团长期处于增速放缓、竞争环境持续恶化的境况，而公司就改变困境实施的各项战略成效如何还有待观察。

二、五粮液集团盈利能力分析及评价

（一）盈利能力体系指标数值分析

1. 核心盈利指标数值分析

（1）与公司商品经营相关的盈利能力指标分析。

商品销售是企业的主要经营事项之一，企业的净利润、毛利率和成本费用利润率反映商品经营收入情况。据统计，2012~2014 年五粮液集团的这三项指标呈现波动趋势，如图 1 所示。

由图 1 可知，就企业的销售毛利率而言，2013 年有所上升，是因为企业在生产技术上取得突破使企业生产效率提高；2014 年较 2013 年有所下降，其主营业务收入较 2013 年下降 14.84%，主营业务成本较 2013 年下降 12.04%，由于其主营业务收入下降趋势明显，但主营业务成本下降趋势不明显，导致销售毛利率的下降。深受销售市场大环境的影响，营业净利率呈逐年下降趋势。此外，由于三年来企业利润总额下降，成本费用总额基本无增减而导致成本费用利润率持续三年下降。据企业年报显示，企业 2012~2014 年分别实现利润 137 亿元、112 亿元和 80 亿元，成本费用总额 135.1 亿元、132.8 亿元和 129.9 亿元。无论是利润总额还是成本费用都呈下降趋势，只是成本费用下降幅度小于利润总额。究其原因，2013 出现的成本费用下降是因为五粮液公车拍卖，2013 年 1 月 11~14 日，公司改制车辆取得拍卖收入 23206100 元，对应的固定资产清理值为 19589915.07 元，此举为五粮液集团 2013 年及未来的每年节省了约1500 元成本支出。而 2014 年产品利润较 2013 年出现大幅度的下滑，总成本费用下降趋势却

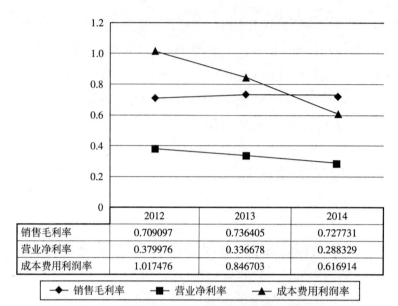

图1　五粮液集团2012~2014年盈利能力指标值

并不明显，是期间费用的增加，特别是销售费用的增加所致。

（2）与公司资本资产经营相关的盈利能力指标分析。

盈利状况还与企业资本资产利用能力息息相关，资本利润率、总资产利润率和加权净资产收益率等指标体现企业的资本经营能力。2012~2014年五粮液集团经营状况与资本经营能力相关的指标变动如图2所示。

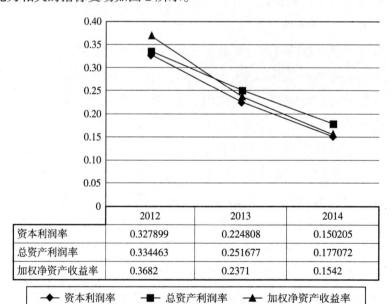

图2　五粮液集团2012~2014年盈利能力指标值

分析发现，五粮液集团的资本利润、总资产收益率、加权平均净资产收益率三者均呈下降趋势，由于公司的所有者权益和平均总资产基本保持不变，故三者下降系利润下降所致。2013 年较 2012 年利润总额下降 18.14%，2014 年较 2013 年利润总额下降 28.73%，进一步分析，2012~2013 年营业总收入下降 9.13%，营业总成本下降 1.61%，2013~2014 年，营业总收入下降 15%，营业总成本下降 2.18%。在营业总成本中，销售费用在 2013~2014 年增加了 27.4%，在 2012~2013 年增加了 49.72%。2013 年和 2014 年销售费用逐年增加是因为五粮液集团面对白酒行业深度调整而进行战略转型，一方面，企业开始着力中低端市场，从公务消费转向大众消费，扩大消费群体；另一方面，为了扩大销售渠道，公司给予经销商更多的市场支持。因此，销售费用的大幅度增加导致了营业总成本的下降幅度不明显。

（3）针对上市公司每股收益质量分析的指标。

每股收益是体现企业盈利能力的核心指标，它的变动受诸多因素影响，而基于每股收益的扣非每股收益是对每股收益可持续性的补充说明。近三年五粮液集团每股收益及扣非每股收益的具体表现如图 3 所示。

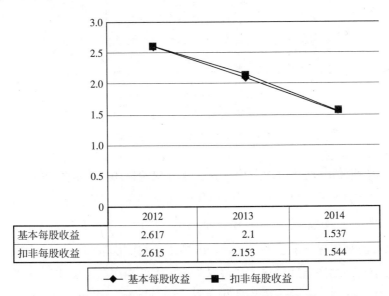

	2012	2013	2014
基本每股收益	2.617	2.1	1.537
扣非每股收益	2.615	2.153	1.544

◆ 基本每股收益 ■ 扣非每股收益

图 3　五粮液集团 2012~2014 年盈利能力指标值

由图 3 可以看出，企业的基本每股收益呈现下降趋势，分析发现，2012~2014 年五粮液在外发行普通股股份平均数都维持在 3795966720 股。所以每股收益的变动是企业销量、利润和股市变动所致。三年来企业的扣非每股收益处于较高水平，2012 年与基本每股收益基本齐平，说明企业收入中的非营业性收入很少，企业的管理方法和经营

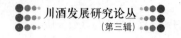
策略得当。

（二）重要盈利指标同行业分析对比

依据 2012~2014 年同行业五家酒企业的半年报数据，对重要盈利指标进行分析对比，进一步分析五粮液集团的盈利能力。

1. 毛利率居高，总体低于龙头企业

分析发现五粮液集团近三年毛利率稳步上升，与行业均值相比处于较高水平，但与行业龙头企业相比还存在较大差距，具体如图 4 所示。

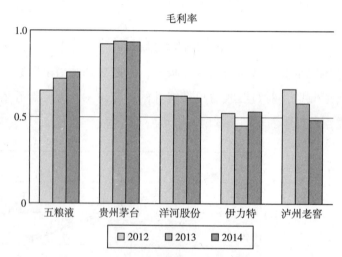

图 4　白酒行业盈利能力指标值

由图 4 中的数值与趋势可以看出，近三年五粮液集团的毛利率指标处于较高水平，整体来看处于稳步上升趋势，与泸州老窖相比基本齐平，但是与毛利率水平最高的贵州茅台相比还存在一定差距。2013 年企业毛利率出现大幅提高，是企业强劲发展势头的体现，说明企业在这一年里制定了贴合市场要求的定价策略，赢得了消费者的青睐。2012 年五粮液有高端产品"1618"、"普五"等，中低端产品"尖庄"和"五粮醇"等。这些定价定位举措致使公司产品附加值提高，产品定价高，与同行比较存在较大成本上的优势。

2. 资源丰富，资本利用能力欠佳

行业对比发现，五粮液集团各项资源储备量足，但是资本利润率却处于行业较低水平。具体如图 5 所示。

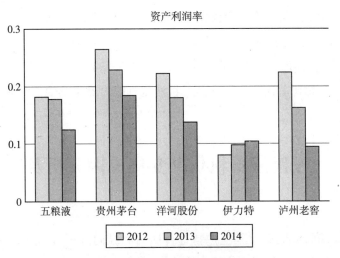

图5　白酒行业盈利能力指标值

2013 年、2014 年白酒行业资产利润率整体出现下滑，分析认为是受"塑化剂"事件与"禁酒令"影响。而行业中的五粮液集团资产利润率更是低于其他企业，这是企业在资产周转方面的不足导致，说明五粮液集团在利用经济资源获利方面的能力还有待提升。

3. 收入增长缓慢，每股收益偏低

五粮液集团的利润等指标一直处于行业较高水平，但是收入的增长速度却过于缓慢，从而导致企业净利润增长低于其他企业，造成每股收益低于行业平均水平的情况，具体情况如图 6 所示。

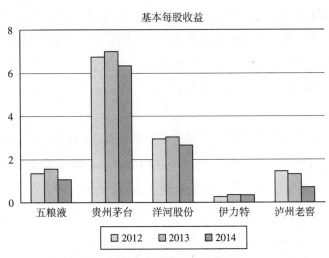

图6　白酒行业盈利能力指标

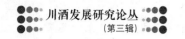
每股收益反映了一定时期内企业的盈利水平和盈利能力，这一指标剔除了不同公司之间由于股本数量不同造成的差异，因而更能准确地衡量不同公司之间的相对盈利能力。由数据分析可知，五粮液集团的每股收益水平基本低于行业内其他龙头企业，特别是与贵州茅台相比差距甚大，这是五粮液盈利能力低于其他龙头企业的原因之一。

三、五粮液盈利状况变化原因分析及问题

对五粮液集团财务数据及其他资料进行横向和纵向分析后可知，在新常态下，该企业在近三年里各项财务指标发生了很大变化，原因总结为如下两个方面。

（一）盈利能力变动原因 PEST 分析

1. 政治法律环境（P）

2012 年 3 月 26 日，国务院召开第五次廉政工作会议，要求严格控制"三公"经费，禁止用公款购买香烟、高档酒和礼品。2012 年 12 月，中央军委下发通知，印发《中央军委加强自身作风建设十项规定》，明确指出，不安排宴请、不喝酒、不上高档菜肴。随着这些政策的实施，政务消费和商务消费逐渐减少，这对长期依赖政务消费的白酒企业特别是高端白酒企业造成了很大的影响。许多高端白酒生产企业销量大幅度下降，五粮液集团也不例外，2014 年公司白酒销量 11.89 万吨，较 2013 年下滑 21.26%，下滑幅度超过收入降幅。而且，自 2013 年以来，公司利润连续下滑。

这种严重依赖高端政务消费的模式在国家限制"三公"消费后走入"死胡同"，因此，要提高企业的销售利润，实现企业的可持续发展，应该转变以往依赖政务消费的模式，坚持市场化原则，适应当前经济发展。

2. 经济环境（E）

我国经济从高速增长时期进入了经济增速换挡期，GDP 从过去 10% 左右的高速增长转为 7%~8% 的中高速增长。改革开放后，白酒行业迎来了黄金发展时期，近几年回归理性发展，行业竞争格局和发展趋势出现了新特征。从 2013 年开始，白酒产销量的增长由高速增长开始转为中高速增长，全行业的增速从以前的年均 20%~30% 缩减到 10% 以内。2014 年，白酒行业出现了近十年来首次销售收入增幅低于产量增幅，"量价齐升"的局面已不复存在，依靠高端白酒价格上行拉动整个行业爆发式增长的时代已

经一去不复返，加之生产经营成本持续上涨，行业内企业利润普遍呈现下降趋势。中国酒业协会统计数据显示，2014年全国白酒行业规模以上企业酿酒总产量、销售收入较上年同期增速均出现回落；利润较上年同期下降。五粮液集团2013年的公司净利润下降16.54%，2014年继续受整个市场的影响，利润大幅下跌28.73%。

3. 社会环境（S）

随着人们生活水平的提高，消费者开始关注健康、绿色消费。近年来出现的假酒、"塑化剂"等食品安全事件更是对消费者敲响了警钟，人们开始寻求健康、养生的食品。此外，人口结构的改变导致社会需求结构的改变，当前"80后"、"90后"成为主力消费群体，他们更加追求产品的个性化、多元化，而且，红酒等酒业的发展也给我国传统白酒带来太多挑战，多酒种共存于市场争夺消费者，白酒行业消费群体逐渐萎缩。针对市场变化，五粮液集团持续推进"1+5+N"品牌战略，布局全价位产品线，在保持高端核心品牌优势的同时，持续推出中低价位新产品、新品牌，大举进军大众消费市场，满足不同层面消费者需求，成效明显。2014年，"五粮液"品牌价值持续提升至735.80亿元，连续20年稳居中国食品饮料行业第一，进一步巩固了五粮液在白酒行业的龙头地位。

4. 技术环境（T）

白酒行业作为传统行业，对经销商的依赖性较强，从近两年的调整来看，传统渠道依然是白酒销售的主渠道，而且这一市场地位在短期内是很难撼动的，电子商务等新兴渠道的快速发展对白酒传统销售渠道形成重大冲击，影响了企业的盈利能力。而综观我国其他行业，大部分已经开始充分利用互联网的优势进行在线营销，五粮液应该根据大众消费观念的变化改变销售模式，以大数据营销、互联网思维等新的营销理念，扩大销售渠道，推动整个行业渠道多元化发展，提高市场占有率。

（二）企业经营管理造成的变动因素

1. 各项成本费用的增加

五粮液集团2012年报表数据显示，企业的销售费用呈上升趋势。这是随着销售收入的增加，企业为销售所做的促销、广告、人工费用增加所致。而管理费用的大幅增长是企业商标使用费、职工薪酬增加所致。在2013年度企业销售费用同比增长49.72%，这个惊人的增长源于2013年度白酒市场行情的影响，五粮液公司给予经销商更多的市场支持。2014年期间费用率为27.12%，较2013年同期上升7.62%，期间费用上升是因为竞争激烈和营销方式转变所致。

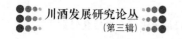

2. 资本资产利用能力欠佳

从以上分析可以看出，由五粮液集团资本利润率和总资产利润率两大指标反映出来的公司盈利状况是基本符合市场和公司动态的，但是与行业平均值相比却存在很大差距。这是因为五粮液集团利用企业现有资本资产获利的能力还有待提高。

3. 每股收益值偏低

2012~2014 年，五粮液集团的每股收益值不断下降且与其他企业相比，公司的每股收益明显偏低，分析认为是五粮液集团在外流通股本数量基数较大所致，而更深层次的原因是企业净资产利润率明显偏低。

四、五粮液集团盈利能力提升的合理化建议

通过对五粮液集团的盈利指标分析和评价以及对公司所处宏观环境及其经营管理的分析，可以看出企业盈利能力还有待提高。企业应该在行业深度调整期内把握各种机会调整自身，主要在控制成本和增加收益方面努力，实现企业的良好经营和可持续发展。

（一）控制成本费用支出

通过分析发现，五粮液在成本费用控制方面应该做出一定调整和努力。在当前这个发展"瓶颈"期，公司更应该深入分析自身情况，根据实际状况实施成本费用控制策略。首先，控制材料费用的支出，控制材料消耗量，通过多渠道降低材料采购成本。其次，提高劳动生产率，减少人工费用支出。再次，要严格遵守国家法律法规政策，控制好产品质量，减少因违规引起的不必要支出。最后，企业各层级还要严格管控管理费用的支出，适当降低业务招待费等费用的支出标准。

（二）整合集团资源，加强资本资产获利能力

五粮液集团要想控制成本费用支出就必须分析自身并更好地利用自身资源为企业创造价值。适当处理闲置资产，例如一些闲置的生产线和库房可以变卖或者出租，2013 年的公车拍卖就是企业为减少成本支出而探路的良好方式。企业还应当充分利用资产剩余价值，助力企业利润提升。五粮液集团的产能过剩情况一直存在，积压产品的销售是目前最应该解决的问题。企业应该在解决销路问题的同时不断调整自身管理

状况，这样才能更好适应市场要求，实现企业盈利。

（三）推进直分销模式，适应"新常态"发展

继续推进直分销模式，即区域销售中心牵头将五粮液大商转变为一个渠道或一个渠道的平台服务商，五粮液与平台商直接沟通，经销商与平台服务商建立贸易关系，而不再与五粮液产生直接的财务关系。这是直面市场和消费者进行品牌建设，可以使利益进行重新分配，也能提高经销商的积极性。因此，应该在试点的基础上总结成功经验，以点带面，因地制宜，推进直分销模式在全国的推广。

（四）开拓销售渠道，寻求与电商平台的深入合作

在2013之前，白酒行业就一直处于产能过剩，销售渠道畸形的状态。但是经历了"大洗牌"之后，白酒企业就该在销售和营销方面做出巨大调整来适应市场要求。五粮液应该建立起自己的营销队伍和服务团队，真正让白酒发挥其固有的属性——一种消费品，而非建立在某些特殊群体上的特殊品。企业要为消费者提供一站式的服务，在保证品质的同时，在销售渠道和市场营销上不断地去创新，赢得市场和消费者的信赖。需要从原来的简单产品销售和依靠政府的团购渠道转变为体验式营销，注重对消费者需求的各方位满足，推出类似于国际高档红酒的销售模式。2012年，白酒企业"试水"电商，取得良好效果，但是还存在终端定价不合理等一系列阻力。所以五粮液集团应该调整自身，拓宽销售渠道，积极寻求与电商的深入合作，以实现销售的新增长。

（五）开发中低端产品，进军国际市场

五粮液集团的发展不仅要着眼于国内还需要看准国际市场，白酒在国外市场占有率还比较低，而有的白酒企业开始瞄准国外市场。因此，五粮液集团应该借助川酒转型的机会，充分利用政策支持，开发中低端产品，宣传历史悠久的白酒文化，实施"走出去"战略，在提高中低端市场占有率的同时对外提升品牌形象，提高知名度。

（六）研发技术创新，把控产品质量

在经历了酒鬼酒"塑化剂"事件和汾酒紧急召回事件后，国家关于食品安全的法规将会更加严厉，消费者健康意识进一步提高，白酒的质量关将会把控得更加严格。所以五粮液应该增加研发支出，以助力企业研发技术创新。让企业在严格保证产品质量的同时节约成本费用，实现企业效益最大化。

川酒基于品牌形象及顾客价值的
竞争优势模型研究*

唐承林　刘竞

摘要： 品牌形象是消费者对一个特定品牌的自我主观感知，通过企业对市场的营销传播以及消费者体验等渠道综合而成。本文根据心理学上的联想网络记忆模型，通过自由联想的方法，采用半结构化问卷调查来透视川酒的品牌形象内涵和结构维度，将川酒的形象分解为产品形象、原产地形象、公司形象、品牌个性四个维度，进一步通过模型构建，检验川酒品牌形象的四个维度对体验价值、感知价值、顾客满意、顾客忠诚的影响，为实证基于形象价值的竞争优势研究提供理论基础。

一、品牌形象的构成

品牌形象作为消费者对品牌的总体感知和看法，影响着消费者对品牌的购买和消费行为[1]。多数学者认为品牌形象是一个多维的概念，主要差异来源于各测量模型所包含的具体要素。Biel 的品牌形象模型认可度高并且有很强的操作性，他认为可以通过

---

* 基金项目：四川省哲学社会科学重点研究基地、四川省高校人文社会科学重点研究基地"川酒发展研究中心"科研项目"基于知识网络视角的川酒形象价值与企业竞争优势研究"（项目编号：CJZ14-05）。

作者简介：唐承林（1975—），男，重庆奉节人，博士，成都信息工程大学商学院讲师，研究方向为技术经济及管理、营销管理；刘竞（1979—），男，汉族，四川西昌人，硕士，成都信息工程大学商学院讲师，研究方向为营销管理、品牌营销。

消费者形象、产品或服务形象和企业形象三个维度认识品牌形象，而且可以同时用硬属性和软属性两个侧面测度这三个维度。其中硬属性指消费者对品牌有形的或者功能性的认识；软属性则是从情感和心理认知上来反映产品或服务品牌。强调消费者更加依赖软属性来区分品牌，原因在于随着技术进步速度的加快，硬属性的生命周期越来越短，软属性不容易受到快速消逝的硬属性的影响，从而使品牌保持差异化，同时软属性使消费者对品牌赋予了个人意义的解释可能，使品牌对消费者具有持久的价值。

（一）产品形象

产品形象是为实现企业的总体形象目标的细化，以产品设计为核心而展开的系统形象设计。把产品作为载体，产品的功能、结构、形态、色彩、材质、人机界面以及依附在产品上的标志、图形、文字等，能客观、准确地传达企业精神及理念的设计。赵雅等研究指出，一个良好的产品形象可以从多方面激励消费者的购买欲望，进而影响品牌形象。产品形象设计是体现和维护品牌形象的有效手段。根据产品内容的层次划分，可将产品形象分为以下三个层次：首先是核心产品形象，即产品的品质形象。具体表现为功能形象、质量形象。其次是形式产品形象，即产品的视觉形象。它是产品的形态、色彩、质感、式样、包装等在消费者心目中的印象。最后是产品的附加形象，主要体现在企业为产品增加的服务以及企业的服务文化等方面，是消费全过程中给消费者带来的方便和利益在消费者心目中的地位。

（二）原产地形象

原产地一词（Country-of-origin）多用于国际贸易，因为一国在对进口的商品实行关税或非关税措施时，原产地是一个重要的依据。原产地一般是指生产产品的那个国家、地区或地方的地理名称，它表明产于该地的产品，且这些产品的质量和特点部分或完全取决于该地区的自然因素和人力因素。原产地形象则是区分某个区域内的一群生产者所用的标志，也称为区域形象品牌；如"景德镇——中国瓷都"是景德镇市所有瓷厂的共同品牌，"川酒"的背后是四川省所有酒厂的共同品牌，是四川白酒在消费者心目中的整体原始形象。原产地形象实质上也是一种品牌，是一种表示某种具有特定质量、信誉或其他特征的商品来源的标志，这与企业品牌表示商品来源的本质属性是完全一致的。国外的市场营销学者 Sehooler 在 1965 年的研究中认为，消费者对不同国家生产的产品有不同的认知，这些总体性认知会影响消费者对产品的评价和态度，进而会影响其购买倾向，从而较早地开始了对原产地形象（Country-of-origin Effect）的研究。Anderson 和 Jolibert 1995 年在对原产地的态度可预知的购买行为的分析中，发现原产地对购买意向的平均影响程度是 0.19。原产地形象包括品牌产地与产品产地形象，前者是品牌目标顾客认为该品牌源自的地区或国家，后者是产品真正生产的地方。消费者常从品牌名称得出品牌产地，同时查看产地资料了解产地信息。营销学者一直在争论两者对品牌形象评价的相对重要性。Han 等和 Wall 等认为产品产地作用更突出。但后来又有更多学者 Bilkey 等、Peterson 等、Lee 等实证研究证明品牌产地影响更重要。一个良好的原产地形象有助于这个地区内企业品牌的成长和成功。知名度高、美誉度好的原产地形象具有"晕轮效应"，会使企业品牌无形中戴上一个神秘而美好的光环，从而很快被消费者接受和喜爱[2]。

（三）公司形象

公司形象作为一项战略性资产，对于企业获取竞争优势具有重要意义，许多企业每年投放大量的公司形象广告或进行赞助活动以求在消费者心目中保持良好的形象。在学术界，自 20 世纪 80 年代以来，公司形象一直是市场营销领域的热点研究主题[3]。公司形象能够帮助消费者建立对公司和品牌的信任，并影响他们对产品的使用和评价。公司形象（Corporate Image）是消费者对特定公司的认知、情感、评价以及联想方式的总称[4]，它特指企业在公司层次的品牌形象，从而与产品形象和使用者形象区别开来。在研究中，公司形象往往被认为是一个多维度变量，因为消费者记忆中对于特定公司形象的认识包括多方面的联想，比如创新、产品质量、公司诚信、社会责任等[5]。Keller 和 Aaker 指出消费者对公司的整体评价取决于他们对公司专有能力和诚信的感知；Brown 和 Dacin 认为公司形象主要由公司能力联想和企业社会责任联想两个方面构成。公司形象是消费者对公司持有的一些信念[6]。公司形象在中国非常重要，国内企业都使用公司品牌这种模式，即公司名称与品牌名称是一致的，公司形象对品牌的影响是显著的。Andreassen 等的研究已经证实公司形象对顾客满意度有直接影响。

（四）品牌个性

品牌个性是品牌的人性化表现，是品牌人格化后所显示出的独特，包括品牌命名、包装设计、产品价格、品牌概念、品牌代言人、形象风格、品牌适用对象等。品牌是产品与消费者之间的关系，是一种消费体验。品牌要真正做到与众不同，就要与消费者建立一种特别的关系，如果品牌不仅与消费者建立了理性的关系，而且让他们感受到强烈的情感联系，那么品牌创建就能取得成功。品牌个性的建立正是这一情感的主要体现，建立品牌个性就是建立一种象征，与消费者产生共鸣，让消费者产生一种认同感，满足他们的情感需求。品牌个性是一个品牌最有价值的东西，它可以超越产品而不易被竞争品牌模仿。塑造品牌就必须要塑造品牌个性，因为一旦形成一个鲜明、独特的个性，就容易形成一个强有力的品牌。

二、川酒品牌形象调研与维度分析

为了揭示川酒品牌形象本质特征，本文采用定性研究和理论分析相结合的方法来确定品牌形象的维度。根据心理学家提出的联想网络记忆模型认为，人们头脑中的记忆是由一些节点和链接组成的网络，其中，节点代表了存储的概念或信息（品牌名称）；链接代表了信息和概念间联系的强度，因此，可以说品牌联想不是杂乱无章的，而是构成一个联想的网络。本研究通过自由联想和半结构化问卷调查的方法，随机对80名消费者提问："当你听到川酒或看到'川酒'两个字时，你能联想到什么？"要求受访者对川酒品牌形象进行描述。使用词汇联想的方式获得对消费者所购买和未曾购买的川酒品牌形象的成分，通过分析被访者联想的结果，获得51个川酒形象品牌成分词汇，按照词汇的相似性和层次性，进一步将其归纳整理，发现川酒品牌形象的构成主要集中在以下四类词汇：第一类是关于品质工艺方和白酒味道口感的，如高端、绿色、有内涵、悠久历史、纯天然、内敛、古朴大气、辛辣、米香、后劲大、香醇、浓烈、名酒、甘醇、独特口味等；第二类是关于地方特色及人文历史的，如四川特色、高山流水、文化底蕴、奔腾不息的河流、四川人的热情、河流呈川字流下、川菜、古蜀国、变脸、雄才伟略、李白、张飞等；第三类是关于四川知名白酒企业品牌的，如五粮液、泸州老窖、剑兰春、金六福、六朵金花、郎酒、宜宾"名酒之乡"；第四类是关于品牌个性的，如复古、低调奢华、闲适、老大爷喝酒、孝敬长辈的好酒、众人豪放喝酒、美女在喝白酒、豪爽、热闹、亲近等。鉴于此，我们将川酒品牌形象划分为产品形象、原产地形象、公司形象、品牌个性四个维度。

基于上述分析，提出假设H1：川酒的品牌形象可以由产品形象、原产地形象、公司形象和品牌个性形象共同解释。

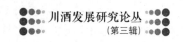

三、川酒基于品牌形象和顾客价值的竞争优势模型

（一）品牌形象、顾客价值、顾客满意与顾客忠诚的关联

品牌是一个名称、术语、标记、符号或图案设计，或者是它们的组合，用以识别制造者或销售者的产品或劳务，使之与竞争对手的产品和劳务相区别，如"长虹"、"Apple"，称为企业品牌。高辉认为品牌形象是消费者对品牌的总体感知，影响并决定着人们的购买和消费行为，独特的品牌形象可以帮助企业定位，改善品牌的市场表现。对于绝大多数营销工作者来说，营销的目的是通过一些营销活动给消费者的态度、情感和认知行为带来影响，在消费者的心目中形成企业的品牌形象，并且希望通过消费者的实际购买行为将其转变成市场占有率、销量等最终企业绩效成果。从文献检索可以发现，目前学术界对由品牌形象到品牌绩效的"桥梁效应"的问题缺乏系统性的深入研究。

在品牌形象创造价值方面，蒋廉雄和卢泰宏研究了服务品牌形象对顾客消费行为的影响机制，指出服务品牌形象营销需要区分品牌形象因子对顾客消费行为过程、结果、倾向的不同影响效应制定营销策略。通过实证揭示服务品牌形象存在功能性因子和非功能性因子两个有概化意义的维度。在影响机制上，服务品牌形象通过其非功能性因子的直接影响为顾客和企业创造了价值，即服务品牌形象的非功能性因子直接影响了感知质量、感知价值、顾客满意和顾客忠诚，而功能性因子只对感知质量有直接影响。高辉和董大海通过建立品牌形象与感知质量、顾客满意和品牌忠诚的影响机制模型来探求品牌形象对消费行为的影响机制，并实证检验证明品牌表现、品牌个性和公司形象对品牌感知质量有直接影响，品牌表现对顾客满意产生直接影响，品牌个性和公司形象对顾客满意产生间接影响，品牌表现、品牌个性对品牌忠诚有直接影响，公司形象与品牌忠诚无相关关系。邱宏亮等基于笔记本行业对品牌形象和品牌忠诚进行了实证研究，研究结果表明公司形象直接影响价值，并通过满意度影响忠诚度，品牌个性直接影响忠诚度。

感知价值、顾客满意度、品牌忠诚度三者的复杂关系，其复杂实现路径已得到相关检验。考虑到川酒品牌形象的多维度假设前提，有必要分别检验其组成部分与顾客价值、顾客满意度和顾客忠诚度的影响机制。因此，提出：

假设 H2a~H2f：产品形象、原产地形象、公司形象和品牌个性对顾客感知价值存在显著正影响。

假设 H3a~H3f：产品形象、原产地形象、公司形象和品牌个性对顾客体验价值存在显著正影响。

假设 H4a~H4f：产品形象、原产地形象、公司形象和品牌个性对顾客满意度存在显著正影响。

假设 H5a~H5f：产品形象、原产地形象、公司形象和品牌个性对顾客忠诚存在显著正影响。

同时，假设 H6：感知价值对顾客满意度存在显著正影响。

品牌体验是指消费者被品牌相关刺激引发的一种主观的内在（感官、情感、认知）反应和行为反应。相关刺激包括品牌设计、品牌标识、包装、沟通和环境等。品牌体验概念能够比其他品牌概念（如品牌资产、品牌价值、品牌联想、品牌态度、品牌个性）更好地体现品牌的本质，因为对消费者而言，最关键的是品牌是否能够提供富有吸引力的体验。

假设 H7：体验价值对顾客满意度存在显著正影响。

（二）模型构建

为探索品牌形象与顾客价值—顾客满意—顾客忠诚的潜在真实关系，本文在建立变量路径假设时，充分考虑了两种观点中的变量关系存在的可能性，即假定顾客价值和顾客满意度均作为顾客忠诚的先行变量。同时顾客价值通过顾客满意对顾客忠诚产生间接效应。品牌形象作为体验价值、感知价值、顾客满意度和顾客忠诚关系的影响因素，顾客满意度和顾客忠诚会给企业带来竞争优势，其模型如图 1 所示。

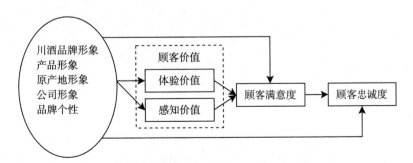

图 1 基于品牌形象和顾客价值的竞争优势模型

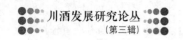

四、小 结

本文主要从品牌形象的构成分析出发，对川酒品牌形象进行调研，通过对受访者的自由联想将川酒品牌形象的相关词汇进行分类归纳，形成川酒品牌形象的四个方面，即产品形象、原产地形象、公司形象和品牌个性，以顾客价值作为中介变量，构建理论模型，研究川酒品牌形象与顾客满意和顾客忠诚之间的关系，为进一步对川酒基于形象价值的竞争优势实证研究提供模型基础。

参考文献

［1］蒋廉雄，卢泰宏. 形象创造价值吗［J］. 管理世界，2006（4）：106-129.

［2］许基南. 原产地形象、企业品牌与营销策略［J］. 当代财经，2004（4）：60-63.

［3］田阳，王海忠，陈增祥. 公司形象对消费者信任和购买意向的影响机制［J］. 商业经济与管理，2009（9）：65-72.

［4］Brown T. J. Corporate Associations in Marketing: Antecedents and Consequences［J］. Corporate Reputation Review, 1998, 1 (3): 215-233.

［5］Gurhan-canli Z., Batra R. When Corporate Image Affects Product Evaluations: The Moderating Role of Perceived Risk［J］. Journal of Marketing Research, 2004, 41 (5): 197-205.

［6］范秀成，陈洁. 品牌形象综合测评模型及其应用［J］. 南开学报（哲学社会科学版），2002（3）：65-71.

白酒企业管理决策与营销发展

白酒生产商与经销商合作关系现状、问题与对策[*]

王涛　曾婷　陈思颖

摘要： 中国白酒产业经过十余年持续繁荣之后，自 2012 年进入整合期。"价格泡沫"破灭，市场回归理性，竞争更加激烈。加上国家在食品安全和质量监管及打假防伪方面的进一步加强，品牌、产品、客户和终端零售店的整合将向纵深发展。生产厂商对渠道的需求造就了经销商的商业价值和生存基础。经销商通过协助生产商将产品、品牌与市场连接获得利润空间。由于白酒行业的特殊性，在其产业发展过程中，生产商与经销商合作关系管理是重要环节。两者之间既非上下级也非单纯市场交易，是一种基于利益均衡的博弈关系。本文以几大知名川酒品牌为对象，通过实证调研对两者之间的合作关系现状和问题进行研究，提出对策建议促使两者形成互惠共赢的合作关系，以应对竞争和挑战。

从 2012 年开始，一些重要的主客观因素使得白酒需求尤其是高端白酒的需求大大减弱。此外，随着经济的发展，消费者对白酒产品的消费观念发生了较大变化，白酒产品所包含的价值也从单一的物质层面提高到物质层面、文化层面以及精神层面的叠加，购买需求的变化推动了白酒营销方式的变革。经销商担负着把产品或服务从生产商转向消费者的功能。随着市场和竞争格局的不断变化，传统的厂商关系已经难以满

* 基金项目：四川省哲学社会科学重点研究基地、四川省高校人文社会科学重点研究基地川酒发展研究中心项目"白酒生产商与经销商关系研究"（项目编号：CJY13-02CJY13-02）。四川省教育厅川酒发展研究中心科研项目"川酒文化及其旅游开发研究"成果（项目编号：CJY12-14）。
作者简介：王涛（1980—），女，管理学博士，讲师，四川大学创新与创业管理研究所研究员，研究方向为创新与创业管理。

足现代市场的运作要求。从生产商的角度而言，他们不再简单地追求销量，而更多的是从市场设计的角度出发，希望实现对市场的整体把控，理顺市场秩序，优化渠道结构，从单纯追求销量转变到追求有质量的、更高利润率的、非透支型的、可持续增长的销量。经销商的需求也由原来的利润导向变得复杂起来，许多经销商当前最缺的不是产品，而是内部管理技术。近几年来，白酒行业厂商之间的利益和地位的冲突越发明显，有远见的企业意识到，生产商和经销商之间关于合作中责权利方面的微观问题的争执与博弈只会贻误市场时机及双方获取利润收益，而让双方都能在合作中盈利并得以发展才是根本。

一、白酒生产商与经销商之间的合作关系认知

（一）相互依赖的关系

生产商与经销商之间是一种持续买卖的合作关系。双方有各自独立的经营资格，互不从属。对于生产商而言，经销商的渠道网点、人力资源以及资金等，可以使生产商的产品快速进入市场，迅速创造销售额和利润。而经销商通过销售生产商提供的商品，从中获取利润。生产商把经销商看作自己的子系统，试图建立一种伙伴关系，相互配合，密切协作，并把从中取得的利益与经销商合理分配，共同获利。所以，他们之间是一种相互依赖的关系。生产商的生存离不开经销商的支持，经销商的发展也离不开生产商的支持。

（二）相互矛盾的关系

生产商与经销商相互依赖的同时，合作中必然存在矛盾。在经营活动中，矛盾点主要在于（见表1）：

表1 生产商和经销商的利益矛盾

经销商希望生产商	生产商希望经销商
先发货，后付款	先打款，后发货
低价供，高返利	统一供价，根据合同条款返利
多次、少量、及时供货	最好整车进货，减少运输成本

续表

经销商希望生产商	生产商希望经销商
随时可以退换货	不希望出现退换货
更大区域的"独家经销"	合适区域的"独家经销"
厂家更多人力投入	拥有充足的人力、物力，厂家不必投入太多
协助开发销售网络	最好有成熟的网络
更多的推广、广告、促销投入	认真执行厂家的促销方案
产品质量稳定	满足产品所需的库存可运输条件
客户投诉出现后，厂家及时出面处理	客户投诉出现后经销商能及时圆满处理
给经销商更多的培训辅导	能进行自我提高
产品畅销、品牌力强	能大力推广新产品和直销产品
……	……

此外，当生产商和经销商之间的相互依赖关系不对称时会出现两种情况：一种情况是当经销商拥有市场支配地位，占据大于生产商的优势时，利用其相对优势迫使生产商让利，造成利益失衡的局面；另一种情况则相反，生产商占据较大的话语权，利用自身对产品供给的资源优势迫使经销商让步，当市场处于卖方市场情况下，容易出现这种失衡。这两种情况，对双方合作长远发展来说都是不利的，厂商应考虑在实现合作过程中达到均衡状态，实现共赢。

二、白酒行业生产商和经销商的关系现状

白酒行业生产商和经销商关系经历了初级阶段、探索阶段和深化阶段，各个阶段在发展速度、盈利模式、流通环境等方面呈现不同特点。近些年，白酒业渠道扁平化趋势日益明显，必然使厂商关系呈现出新特点。本文通过实证调研探索两者关系现状及存在的问题。

（一）实证调研思路

白酒行业近年来两极分化加剧，大中型白酒企业主导白酒市场，其厂商关系体现了行业特征。因此，课题组选择了四川省知名白酒品牌五粮液、泸州老窖、水井坊、郎酒，采用问卷加深度访谈的方式对白酒行业厂商关系现状和现存问题进行研究。调研（访谈）对象主要是生产商销售管理人员和大中规模经销商管理人员，鉴于大规模

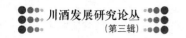

采集数据的成本和可行性，以访谈配搭问卷结合进行数据采集。

由于市场环境和厂商关系演变，白酒生产商选择经销商的标准从以前的资金实力、市场影响力等渠道优势，转变为关注经销商的忠诚度和可信度。品牌、酒质、消费群体也成为经销商做系列酒的三个侧重点。生产商和经销商关注点也不同，故问卷从产品、销售渠道、政策实施、售后服务和厂商关系程度几方面采集数据，并分别针对生产商和经销商设计了两类问卷，以便准确研究厂商双方的关系及存在的问题（问卷附后）。

（二）数据收集与分析

数据样本主要来源于四川省几大白酒品牌（五粮液、水井坊、泸州老窖等）和部分白酒品牌经销商。收回问卷 38 份，其中有效问卷 36 份：水井坊 11 份（厂商 11，经销商 0）、五粮液 10 份（厂商 8，经销商 2）、泸州老窖 9 份（厂商 4，经销商 5）、郎酒厂商 6 份（厂商 2，经销商 4）。

水井坊问卷分析：水井坊厂商对经销商评价满意较高的前三个项目是经销商人际关系、经销商对厂家政策的实施程度和经销商竞争者信息收集度（勾选满意或非常满意的问卷占总问卷的 90.9%）。满意度较低的前三个项目是经销商产品库存情况、经销商经营品牌的唯一性以及经销商消费者信息收集度（勾选不太满意或很差的问卷占总问卷的 72.7%）。无水井坊经销商问卷。总体而言，目前水井坊公司与其经销商的关系较为和谐，有共同发展意愿。生产商和经销商沟通频率较高，分工明确，销售策略实施连贯性较好。

五粮液问卷分析：五粮液厂商对经销商评价满意度较高的前三个项目是经销商产品推广的配合度、经销商对厂家的依赖程度和经销商市场影响力（勾选满意或非常满意的问卷占总问卷的 100%）。满意度较低的前三个项目是经销商产品库存情况、经销商经营品牌的唯一性和经销商风险承担程度（勾选不太满意或很差的问卷占总问卷的 25%）。经销商对五粮液厂家的评价满意度较高的前三个项目是厂家产品质量方面、厂家产品价格体系设置合理度、未来一年对品牌价值的满意度预期（勾选满意或非常满意的问卷占总问卷的 100%）。满意度较低的前三个项目是厂家的返利力度、厂家日常需求响应及时性、厂家年终奖励政策（勾选不太满意或很差的问卷占总问卷的 100%）。总体看来，目前五粮液公司与其经销商的关系类似于"父子"关系，厂商处于强势地位，但对经销商需求响应不及时；经销商较大程度依赖厂商，对产品、定价体系及品牌均比较认可，但对厂家的激励政策不满，由于宏观大环境的萎靡不振，经销商面临双重压力（厂商压货、库存压力），厂商制定一些符合终端消化的销售策略尤为重要。

泸州老窖问卷分析：泸州老窖厂商对经销商评价满意度较高的前三个项目是经销商人际关系、经销商对厂家制定的政策的理解度和经销商对厂家的依赖程度（勾选满意或非常满意的问卷占总问卷的100%）。满意度较低的前三个项目是经销商风险承担程度、经销商产品库存情况以及经销商竞争者信息收集度（勾选不太满意或很差的问卷占总问卷的100%）。经销商对泸州老窖厂家的评价满意度较高的前三个项目是厂家产品质量方面、厂家日常需求解决或配合效果和未来一年对品牌价值的满意度预期（勾选满意或非常满意的问卷占总问卷的100%）。满意度较低的前三个项目是厂家的返利力度、厂家对您制定的销售任务以及厂家产品价格体系设置合理度（勾选不太满意或很差的问卷占总问卷的60%）。总体而言，目前泸州老窖公司占有主导地位，注重与经销商的配合，经销商依赖程度较大，话语权较弱，对产品和品牌认同度高，但不太认可厂家的激励政策和价格体系。

郎酒问卷分析：郎酒厂商对经销商评价满意度较高的前三个项目是经销商反馈的信息准确度、经销商对厂家的沟通频率和经销商竞争者信息收集度（勾选满意或非常满意的问卷占总问卷的100%）。满意度较低的前三个项目是经销商产品库存情况、经销商经营品牌的唯一性以及经销商风险承担程度（勾选不太满意或很差的问卷占总问卷的100%）。经销商对郎酒厂家的评价满意度都比较高，前三个项目是厂家产品质量方面、未来一年对品牌价值的满意度预期和厂家日常需求解决或配合效果（勾选满意或非常满意的问卷占总问卷的100%），没有感觉很差的项目。可见，目前郎酒集团与其经销商的关系融洽，相互依存，类似于"兄弟"关系，经销商与厂商沟通频率高，生产商服务周到，营销指导也很具体，而经销商也能够较快地完成销售额度。

从访谈和问卷采集数据可以看出，生产商对经销商的关注焦点主要集中在经营品牌唯一性、产品库存情况和经销商风险承担程度。而对于经销商而言，满意度较差的选项主要集中在厂家年终返利力度、厂家制定的销售任务以及厂家日常需求响应及时性等方面。

三、白酒行业生产商和经销商关系存在的问题

厂商关系既相互依赖又相互矛盾，两者间的冲突集中体现为利益冲突、服务冲突和关系冲突。

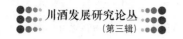
（一）现存问题

1. 白酒生产商对经销商的不满之处

（1）经销商经营品牌唯一性无保证。

一般而言，白酒经销商为分散经营风险，避免被厂商"抛弃"，往往不经营单一品牌，易出现两种甚至多种竞争品牌争奇斗艳的情况，再根据市场需求决定对各产品的重视度，因此经营品牌唯一性成为生产商最为关注的问题之一。加强经销商品牌的忠诚度，对厂商来说有着长远的战略意义。生产商应通过增加经销商的返利额度扩大最终利润，使经销商把关注焦点放在产品、销售渠道、售后服务等方面。此外，生产商还应了解顾客和竞争者信息将其应用于品牌和市场发展战略，培养出顾客的品牌忠诚度，提升品牌价值，适当分担经销商压力，形成厂商相互信任、共同进步的局面。

（2）经销商的风险承担意愿不强以及产品库存不合理。

近些年由于各种主客观因素的影响，白酒尤其是利润空间大的高端白酒销量受到极大冲击。一般来说，保证合理库存是经销商和生产商谈崩以后对付厂家的一个有效方法。由于经销商有一定库存，一旦厂家有违规行为，经销商可以用库存货品冲击市场，扰乱市场秩序。但库存超出一定的范围后，占用资金过多会影响经销商经营周转，不利于长期发展。面对严酷的市场环境，本应是生产商与经销商同舟共济之时，但经销商或主动或被动躲避风险，将市场压力更多地留给白酒厂商而选择首先保全自身利益。部分高存货、少资金的经销商举步维艰，大多面临被动去库存和被动加库存的压力，只有通过降价抛售以减少库存，如此一来可能导致恶性竞争和市场混乱，厂、商双边的利润都受影响。生产商和经销商应在市场考验面前，同心协力，追求共赢。

2. 白酒经销商对生产商合作表现的不满之处

（1）厂家对经销商制定的销售目标不合理。

目前，白酒行业营销渠道大多还是通过经销商或团购的队伍扩张。出于资源考虑，生产商往往通过制定过高的销售任务给经销商施加扩张压力，这也容易造成白酒行业销售渠道管理混乱、死板。由前文对白酒行业现状分析可知，即使宏观大环境发生变化，仍然是少数拥有优质品牌资源的大企业主导市场，这就造成经销商的相对弱势，经销商可能沦为大品牌生产商的附庸，合作地位不对等。生产商选择压货的方式提高销量，与此同时经销商从白酒特殊的"库存转资产"的角度也"被"压货，形成冲突。生产商和经销商一般有各自的战略目标：生产商比较关注企业长期的发展、品牌建设、市场占有率、净利润的均衡；而经销商由于没有保障系统，需要厂家支持力度大，较为重视短期行为，追求短期利润。厂家如果不能与经销商达成良好的沟通，无视经销商和市场需求，盲目按照自身的想法与需求进行，将导致经销商难以执行厂家的销售政策，难以完成厂家的销售任务，这样会带来巨大的经营隐患。

（2）生产商制定的激励政策力度不够。

除了郎酒经销商以外，其他几家大的白酒厂家在激励政策方面均引起经销商不满。生产商为了吸引更多的经销商，一般会制定多种多样的优惠政策，包括厂家及时退换货、增加经销商员工培训或员工工资支持等，特别是生产商承诺提供的各种返利和奖励，成为吸引经销商加入的有力筹码。年终返利一般都是由生产商提前制定，经销商没有话语权。一旦市场出现漏洞或危机，厂商制定的返利政策很难适应白酒行业市场的变化。就五粮液而言，由于其在高档市场上具有根深蒂固的地位和相对稳定的消费群体，返利标准的偶尔变化对终端市场的影响不会太大。但对于其他一些品牌，由于市场竞争激烈，替代性较强，针对经销商的返利仍是渠道竞争的有力武器。而近年白酒市场较为混乱，部分厂家对返利过程的管理不但没有达到预期目的，反而让自己陷入降价、窜货等困境中，破坏了厂商之间的良好关系。部分生产商的返利、奖励等承诺没有及时兑现，降低了经销商的积极性，相互信任关系也出现裂痕。厂家应切实把握市场变化，加大与经销商的沟通频率，完善评价体系和相关配套措施，在新的市场竞争环境下用好返利这把"双刃剑"。

（二）问题产生原因分析

厂商冲突似乎成为渠道中挥之不去的顽疾，或大或小、形态各异的冲突始终缠绕在厂商伙伴式的合作过程中，直面冲突的厂商都无法回避这个问题，出于无奈也好，出于追求自身利益最大化也罢，总之他们都在试图找到更好的方法来突破冲突的怪圈。厂商间存在的问题既有大环境的影响，也有厂、商各自的原因。

从经销商方面来看：许多白酒经销商的业绩在极大程度上受公务消费支撑。公务消费受限后，很多白酒经销商没有较好的渠道和途径及时向商务消费和社会化大众消费转型，产品库存情况较为严重。加之运营管理、营销、团队建设不到位，内部管理机制和渠道网络不健全，很难在调整中完成转型，因此经销商面临着重新洗牌。由于库存积压和销量缩减导致很多经销商的资金链面临困难，如此一来，部分经销商为了资金流转，不惜打破厂商之间的约定，进行低价销售，扰乱市场；或是为了完成厂家制定的销售目标进而获取厂家的返利和奖励，而低价抛售产品提升销售量。除了库存的压力、资金链断裂等因素，经销商还受到厂商合作关系的影响。单纯的买卖交易、

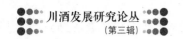

各自为政的厂商关系难以使生产商和经销商结成利益共同体，在风险和危机面前，经销商往往以自身利益为重，不惜牺牲生产商利益，这也必然导致白酒生产商对经销商的不满。

从生产商方面来看：白酒生产商将主要精力用于产品生产与开发，应对市场竞争和环境变化，开拓市场和扩大市场份额通常借助各类经销商实现。一般白酒生产商都是通过返利、奖励等政策和品牌优势吸引强势的经销商加入。由于市场消费需求和国家政策的变化，白酒市场近两年非常不景气，厂家自身面临巨大的生存压力。为了开拓新市场，巩固利润，实现自身品牌销量的增长，生产商对经销商施加了销量压力，但是返利力度和年终奖励等激励政策却没有起到激励作用，如此一来必然造成经销商受到内外双重夹击，产生不满。此外，经销商是生产商了解市场的渠道，但部分白酒生产企业由于未直面市场且缺乏市场意识，对于经销商的需求不能及时反应，也给经销商的销售带来负面影响。产品质量出现问题，经销政策、返利奖励不能兑现，宣传广告不能包销等问题将导致经销商对生产商的信任度越来越低，甚至退出产品经营。

可见，四川省内白酒生产商，甚至全国范围内的白酒厂商都应该清醒地认识新的市场环境和运营模式中的不足及存在的问题，积极探索生产商与经销商合作共赢的新模式。

四、白酒生产商与经销商的战略性合作伙伴关系

为了减少或避免白酒生产商与经销商之间的矛盾，达到互利共赢，必须改变以短期利益为核心的交易营销关系，并将其转变为以长期价值共享为核心的伙伴营销关系。当然，最优化并不必然意味着厂商关系的均衡，最优化的厂商关系仍然是与行业的发展阶段相适应的，仍然要受制于厂家和经销商的实力对比。从产业供应链（或者是双方利润的价值链）的角度来看，厂商联合一体化运营、共同做强供应链以抵制竞争风险才是根本，这也是现在企业与经销商关系的最高境界，即战略性合作伙伴关系。战略伙伴型合作中，双方体现的是优势互补、竞合双赢之道。企业要实现利润最大化，建立基于顾客价值的厂商战略伙伴关系就成为历史的必然选择。

(一) 战略性合作伙伴关系的特征

战略合作伙伴关系是指一种基于高度信任，合作成员间利益共享、风险共担的长期性、战略性协同发展关系，它能产生单独个体不能实现的效益，为合作各方带来深远利益，具有长期性、信任性、互动性、双赢性等几个特征。

1. 具有长期稳定的合作关系

一般来说，生产商和经销商是独立的经济个体，有各自的发展战略和规划。在以往的合作关系中，生产商比较注重长期行为，追求品牌建设、市场占有率和利润的最佳平衡。而经销商比较注重短期行为，追求短期利润。这种传统的合作往往通过交易维持，着眼于短期利润，追求短期目标的实现，且合作各方均追求自身利益最大化。而战略性合作伙伴更注重长期发展和共同利益，考虑合作各方的整体协调发展。通过协议、契约等方式建立战略合作伙伴关系后，生产商和经销商形成利益共同体，致力于长期共同发展，随着合作的推进，双方的了解和信任度加深，在进入下一阶段的合作时更容易达成一致，交易成本也会因此降低。

2. 合作双方信任度高

传统的零和博弈合作中，厂大欺商、商大欺厂、厂家急功近利圈套商家，商家转嫁风险周旋厂家，这些都加剧了白酒生产商和经销商之间的矛盾。而战略性合作伙伴关系是在厂商双方相互信赖的基础上建立起来的，厂商之间相互信任是指在面对未来不确定性时，合作伙伴相信对方不会利用自己的不足，包括不利的选择、道德败坏、不合理的要价等，是组织间能够有效合作的积极期望。随着合作有效开展，双方的信任度不断加深。两者变成共同进退、休戚与共的战友，把买卖关系从胜利者—失败者、契约—讨价还价的关系上升为彼此能为对方着想、互利双赢的战略合作伙伴。

3. 成员间沟通顺畅，信息共享及时

由于缺乏沟通与协商，生产商和经销商之间经常相互埋怨，对合作缺乏长远规划，增加了许多不确定性。战略性合作伙伴关系中，双方具有良好的沟通机制。生产商对于产品的技术、开发问题能定期与经销商进行信息交流，一方面指导经销商了解产品特性，另一方面也听取经销商反馈的消费者意见；经销商能够及时与生产商沟通市场需求的变化，与生产商共同制定应对措施，做到灵活、迅速和联合一致地对市场变化做出反应，从而促进彼此关系的良性循环。

4. 共担风险，以实现双赢为共同目标

过去厂商之间的合作关系存在双赢、双输、一赢一输等几种情况。无论是一赢一

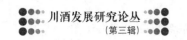

输还是双输，对于生产商和经销商来说都是暂时合作。而战略性合作伙伴以双赢或多赢为目标，合作伙伴之间在理念上达成共识，追求持续利润，资源互补，风险共担。合作开始时，经销商和供应商双方都抱着服从合作的心态，认真听取厂方对市场的分析、计划、方法、资源，通过对销售计划合理性的解析、论证，降低自己的投资风险，同时考察厂方的真实意图、市场远景、决策方式、销售策略等，以便为决策提供完整、对称的信息。他们懂得生产商和经销商的利益是共存的，无论是面对风险还是机遇，都需要双方携手并进。

（二）战略性合作伙伴关系的建立

生产商和经销商之间要建立起战略性合作伙伴关系并不容易，具体应从以下几个方面入手：

1. 选择适当的合作伙伴

合作伙伴选择得是否恰当，直接决定着合作能否成功。在战略性合作的环境下，选择合作伙伴不再只是考虑收益，而是越来越注重能在服务、市场占有、技术革新等方面进行良好合作，正如五粮液选择命运共同体式的合作伙伴。选择战略性合作伙伴时，生产商和经销商应考虑以下几方面：一是优势互补；二是一定的兼容性；三是伙伴企业应该具有良好的声誉，与机会主义者结成战略伙伴关系，企业有可能面临着合作伙伴有败德行为（如只愿分享利益、不能共担风险等）的风险；四是合作伙伴应具有一定的学习能力，能根据对方的需要及反馈信息，及时对产品生产或者销售策略进行调整。

2. 建立共同目标

生产商与经销商是相互独立的经济体，利益和目标难免存在差异，因此生产商和经销商之间要建立战略合作伙伴关系，必须建立共同认可的发展目标，在市场、销量、品牌、产品发展等方面达成共识，通过共同目标，将厂、商捆绑为真正的利益共同体，相互支持，共同发展。白酒生产商有责任对经销商提供"助销"、市场支持、培训等，帮助经销商做大做强。经销商有责任全力配合或主导市场推广，保持销售持续性，并加强品牌管理，帮助生产商打造强势品牌。理想的合作是双方既能达成共同目标，又能兼顾自身利益，达到双赢和共同成长。

3. 建立有效的沟通机制

畅通的沟通渠道有助于合作推进和关系巩固。建立有效的沟通机制需要从以下几方面着手：一是定期交流。白酒生产商传达产品信息，经销商反馈顾客需求，共享信息，解决问题。二是多方面拓展沟通渠道，合作伙伴之间搭建沟通平台，运用多样化媒介缩短沟通距离，消除沟通障碍，增进彼此了解。三是建立生产商高层领导与经销商之间的对话机制。四是在沟通中传递积极情绪，比如关心、承诺等，这会让合作伙伴间产生满意的心理体验，进而形成积极影响，化解合作中的矛盾。

4. 建立双方的相互信任机制

战略性合作伙伴关系以相互信任为基础和前提，相互信任机制是重要的保障机制和润滑剂。相互信任有助于增加双方对合作的投入，投入越多，关系质量越高，共同抵御风险的意愿越强。然而生产商和经销商之间的相互信任关系非一朝一夕就能建立起来，需要双方本着长远利益和相互理解的精神，妥善处理冲突，做出行为决策。做到往大处着想，小处忍让，不要一味地斤斤计较，相互指责，使以前精心呵护的信用关系毁于一旦。

5. 建立相关的激励保障体系

商业合作仅靠感情和信任维系是不够的，还需借助机制和制度的保障，以处理争端，解决纠纷，使合作关系持续发展。首先，应建立起信用保证体系。所谓的信用保证体系就是把货款结算、市场投入结算两个方面通过权威的第三方信用机构（如银行或其他担保机构）进行货款和费用投入的保障，这样就彻底解决了双方相互担心的诚信问题。其次，建立有效的绩效评价体系，评估行为和结果，将合作关系放置在不断改善的道路上，朝着达成一致的方向行动，实现战略性合作效益最大化。最后，应经过合作各方协商订立制度机制、激励措施和奖惩规则，为合作行为保驾护航。

（三）战略性合作伙伴关系的管理策略

1. 合作关系管理机制

（1）利用信息化手段加强合作伙伴之间的信息共享。

伙伴之间的信息共享是维持良好合作关系的基础。首先，应该完善企业信息系统平台。经销商和供应商协调彼此之间的信息系统，完善信息平台，从而实现信息的快速、准确传递。其次，建立信息共享平台，实现合作伙伴之间内部信息数据库和信息平台数据库的数据处理及传输的自动化。通过信息化手段，加强伙伴间的沟通和信息及时共享。

（2）确保合作伙伴之间的平等。

作为战略性合作伙伴，无论是生产商还是经销商，其地位都是平等的，只是分工不同，生产商有综合实力优势和品牌优势，而经销商有区域分销优势和渠道网络优势，

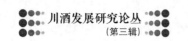
其关系是对等的，不存在应该谁听谁的问题。因此生产商不能以势欺人，经销商也不必妄自菲薄。所以，只有从思想上摒弃"店大欺客、客大欺店"的传统观念，形成对等意识，尊重对方，才能发挥各自的优势，实现双赢，最终真正建立起战略性合作伙伴关系。

（3）相互支持合作伙伴的发展。

中国文化重视礼尚往来，有困难互相帮助，只有这样才能建立起深厚的友谊。朋友之间是这样，战略性合作伙伴之间更是如此，生产商与经销商之间同样需要多为对方着想，只有力所能及地帮助对方发展，当自己遇到困难时对方才会伸出援助之手。作为生产商，有责任和义务帮助经销商进行市场开发、营业推广、业务开拓和队伍培训，帮助经销商成长；作为经销商，也有责任全力配合生产商的品牌宣传和市场推广，帮助生产商培育市场和提升品牌，最后达到互助、共进、双赢的效果。

（4）协调合作伙伴之间不同的企业文化。

生产商和经销商处于产业链的不同位置，核心业务不同，在企业文化方面必然存在天然差异，文化冲突会导致误解和猜疑，对合作关系的建立产生极大影响。为此，在合作中双方应本着求同存异的原则，协调文化差异带来的冲突，以共同目标为基础寻求共同的价值观和相互认可的合作文化，如通过跨企业的管理培训、鼓励非正式接触、提高行为和策略的透明度等措施来消除彼此间的隔阂，使不同文化在合作中相互渗透、相互交融，最终形成各方都能接受、认同的文化基础。

2. 建立关系管理团队

许多生产商与经销商战略合作伙伴关系不成功的例子都表明，企业内部对改变现有关系、构建新型关系缺乏承诺和理解对构建新型关系是一个严重的阻碍。关系的转变需要协调和整合，建立跨职能的实施团队是一种关键的、必不可少的机制。建立关系管理团队应注意以下几个问题：第一，团队成员的选取。从生产商中抽选对品牌、产品非常了解的生产、管理人员；从经销商中抽选资深营销、管理人员，应将双方具有决策建议权的管理人员纳入团队。此外，成员中还应该有第三方信用机构的人员，以此作为双方信用的担保。第二，关系管理团队是一个相对独立的机构，有独立的管理与决策机制。无论是经销商还是生产商，都不应过多干涉关系管理团队的运行。关系管理团队是由合作伙伴成员代表共同组成，在充分考虑合作各方的利益和意见基础上，独立决策。第三，关系管理团队负责监督和评估合作伙伴在合作过程中的行为，按照合作各方认可的合作行为管理规则实施相应的奖惩。特别是发现经销商或生产商不合理的行为时，应及时处理，化解冲突，以保障合作顺利开展。第四，关系管理团队的人员应承担相应的信息沟通与共享、决策建议、关系协调等职能，及时调整合作伙伴间关系的发展方向，为长远合作规划提供指导建议，促进合作关系的和谐发展。

3. 经销商的管理策略

经销商的存在使商品的储运和分销等功能部分地从生产商那里剥离出来，使得生产商集中资源研发制造，实现规模经济和范围经济，增强核心竞争力。在白酒行业中，经销商的不当和不忠行为导致的市场乱象是生产商最头疼的问题。在战略性合作伙伴关系中，经销商应从如下几方面加强自身管理。

（1）明确自己的职责和需求。

经销商的职责包括区域市场的开拓、零售终端的网点布局、产品的物流分销等。作为经销商要明确自己的职责，知道自己需要付出什么、付出多少。例如，代理某品牌白酒的经销商，负责的区域是某省，首先，需要按照人口数量和地理分布来规划，自己需要开辟多少家零售终端、这些零售终端如何布局才能把所负责区域的销售网点数量、质量做到最佳。其次，还应该明确自己的需求，以便向生产商寻求支持。例如，目前的市场状况怎样，为什么要寻求生产商的支持，如果支持到位，自己会得到一个什么样的好结果，如果支持不到位，会有什么不好的结果。最后，学会换位思考。产品库存不合理是目前白酒生产商普遍对经销商不满的地方，没有换位思考是导致这一情况的原因之一。换位思考才能了解生产商的战略意图和部署。精耕细作已是生产商不得不面临的选择，而经销商一定要清楚市场发展的趋势。一方面配合厂家进行市场的精耕细作，另一方面对于自己没有能力运作的区域该让出就让出，不要沉醉于自己占有"大地盘"的自豪感中而贻误发展时机。

（2）及时向生产商反馈市场信息。

经销商是离终端市场最近的人，对市场的变化有更直接的了解。正如泸州老窖对经销商在信息收集度上的不满一样，生产商最头痛的是被经销商隔离到消费者之外，不清楚市场情况。如果经销商能在销售商品的同时注意收集竞争对手的销售策略、消费者意见等，并及时通报给生产商，成为生产商在市场上的"市场部"，那么，经销商就能赢得生产商更多的信任和支持，成为生产重点扶持的经销商，彼此的战略性合作伙伴关系也会更加稳固。另外，生产商也愿意撤销该经销商所负责区域的办事处或者分公司来节省人力物力。这样，经销商在本区域的市场地位也会更安稳、更长久。

（3）经销商最好不要脚踩几只船。

经营品牌唯一性，即品牌忠诚度是白酒生产商较为看重的经销商品质。许多生产商在对经销商的经销协议或通知中都明确告知不得同时经营竞争对手的产品，否则将

会给予相应的处罚直至撤销代理权。因为生产商通过经销商投入的部分资源，在提高自身品牌形象吸引客户的同时，也提升了经销商的品牌形象，扩大了客户群。因此，生产商不希望自己的投入被其他竞争对手分享。一个有实力的生产商是不会长期依靠一个只看暂时利益、脚踩几只船的经销商的，经销商要清醒地意识到这一点，从长远发展和持续收益着想。与生产商结成战略性合作伙伴关系的基本要求是经销商保持品牌忠诚度。

4. 生产商的支持政策

由于市场竞争态势和经销商实力所限，白酒生产商应在一定程度上给予经销商支持，以此实现生产商和经销商互利双赢的目标。

（1）诚意帮助经销商。

许多白酒经销商具有四点不足：市场开发能力不足，促销能力不足，管理能力不足，自我提高能力不足。"授人以鱼，不如授人以渔。"生产商不能不断地向经销商妥协和退让，一味让利，而是要让经销商掌握做强、做大市场的方法，提高盈利能力。因此，生产商应在管理、经营等方面给予经销商切实指导和支持，通过市场联合开发、开展联合促销、提供专门产品、信息资源共享以及对经销商进行培训等具体措施帮助经销商打开销路，做大做强。厂家要积极为经销商提供销售、产品、管理和营销等方面的培训活动，以提高经销商的销售和管理水平，提高经销商向市场要效益的能力。通过帮扶措施，使经销商融入厂家的营销体系，成为厂家提升市场战略地位的坚实基础，也帮助经销商提升自身能力。

（2）与经销商共享利益。

目前的白酒市场中大型企业集团占据主要地位，厂强商弱是厂家与经销商合作中较为普遍的现象，经销商对厂家的依赖必然导致其处于弱势地位。战略性合作伙伴关系建立在相互利益均等的基础之上，任何一方以损害他方利益的方式获益都会导致合作瓦解。这种情况下，生产商不能利用经销商的弱势地位压榨其利益，提出不合理要求，否则必然导致经销商的背离或欺骗。因此，生产商应通过制定合理的价格体系、经销商激励政策，让经销商参与品牌、定价和销量决策，适度让利给经销商，激发经销商潜力，通过市场销量的增长来实现共同获利。特别要强调的是，生产商制定的返利政策等承诺应兑现到位，这是赢得经销商信任的关键。

（3）做好渠道维护和市场规范工作。

白酒行业地域性特征明显，为了拓宽市场，生产商可能会与众多经销商合作，为避免目前市场上的"窜货"、"抛售"乱象，在结成战略性合作伙伴关系后，生产商应下大力气做好"渠道维护"和市场规范工作，以免两败俱伤。渠道维护主要包括：

①帮助经销商建立并理顺销售网络，分散销售及库存压力，加快产品流通。②加强推广、促销支持，减少商品流通阻力，提高商品的销售力，提高资金利用率，使之成为经销商的重要利润源。③协调厂商、商商之间的关系。确保经销商把更多的精力投入到销售工作上，使经销商切实感到这种合作是有价值的。④对经销商负责。在保证供应的同时，妥善处理好销售过程中出现的变质、价格大起大落、顾客投诉、退货、竞争品竞争、"窜货"或低价倾销、产品滞销等问题，切实保障经销商的利益不受损害。⑤加强沟通。以协作、协商为主，以理服人，及时帮助经销商消除疑虑、平衡心态，引导和支持经销商向有利于产品营销的方面发展。市场规范则要求白酒厂家在品牌打造、渠道资源整合、区域营销等方面加强市场监管，规范市场和经销商管理，稳定经销商情绪。通过渠道维护和市场规范，减少经销商的后顾之忧，促进战略性合作的深化。

参考文献

[1] 罗森. 厂家和商家双赢合作关系探讨 [J]. 学习月刊. 2006 (5)：42-43.

[2] 张锁祥. 关于白酒创新营销中需要关注的几个问题 [J]. 酿酒，2009 (1)：88-90.

[3] 杨舟. 厂商冲突的现状及建立和谐厂商关系的对策研究 [D]. 华侨大学硕士学位论文，2011.

[4] 贾昌荣. 白酒厂商如何拴住经销商？[N]. 华夏酒报，2009-12-06.

[5] 白酒业厂商关系的演变和发展趋向浅析 [EB/OL]. http://xianhuo.hexun.com/2013-05-09/153943970.html，2013-05-09.

[6] 杨佳利，段庆元，刘晓斌，丁扬. 基于顾客价值的战略伙伴厂商关系分析 [J]. 重庆科技学院学报（社会科学版），2008 (1)：45.

[7] 李云. 浅谈厂商关系的协调与疏通 [J]. 现代经济信息，2011 (13)：17.

[8] 李永锋，司春林. 合作创新战略联盟中企业间相互信任问题的分析 [J]. 技术经济与管理研究，2008 (1)：33-34.

[9] 陈琦，安茜，张文杰. 供应链管理中供应商的评价与选择 [J]. 铁道物资科学管理，2001，19 (2)：35-36.

[10] 王海静，许锦锦. 厂商双赢关系的建立与发展 [J]. 科技致富向导，2012 (12)：18.

[11] 李杰. 供应链中战略伙伴关系建立的探讨 [J]. 现代管理科学，2002 (11)：10.

[12] 汪社锋，牛永革. 厂商之间如何增强信任？[J]. 华糖商情，2001 (41)：6-7.

[13] 聂伟峰. 父子·兄弟·伙伴……厂商关系，新经济时代的难解情结 [J]. 中国酒，2005 (4)：21.

[14] 企业和经销商合作共赢的重要性 [EB/OL]. http://www.9998.tv/news/42431.html，2011-12-24.

[15] 高金城. 如何构建新型的厂商关系 [J]. 商场现代化，2006 (9)：5-6.

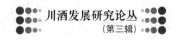

附1：生产商问卷

关于白酒生产商与经销商关系问卷调查

问卷号：＿＿＿＿＿＿＿＿

尊敬的生产厂商：

您好！首先，非常感谢您抽出宝贵的时间来填写这份问卷。我们是四川大学商学院的学生，目前正在进行白酒行业生产商与经销商之间关系的调研，为使白酒行业更健康地发展，希望得到您的帮助。

所在生产商全称：＿＿＿＿＿＿＿＿＿＿＿＿　　职务：＿＿＿＿＿＿＿＿＿＿＿＿

此次面对生产商的问卷调查，用以了解生产商对经销商的营销、服务、管理状况，请您根据日常工作实际情况和个人真实感受，独立回答问卷中的问题（请在相应空格打"√"），感谢您的积极参与，谢谢！

序号	您对如下项目的评价	非常满意	满意	一般	不太满意	很差	其他
1	经销商产品推广的配合度						
2	经销商消费者信息收集度						
3	经销商竞争者信息收集度						
4	经销商市场影响力						
5	经销商人际关系						
6	经销商促销手段						
7	经销商风险承担程度						
8	经销商反馈的信息准确度						
9	经销商经营品牌的唯一性						
10	经销商产品库存情况						
11	经销商对厂家制定的政策的理解度						
12	经销商对厂家政策的实施程度						
13	经销商对厂家的依赖程度						
14	经销商对厂家的沟通频率						
15	经销商对厂家的意见反馈处理情况						

您对经销商的管理和服务工作有何意见或建议？

_____

_____

_____

附2：经销商问卷

关于白酒生产商与经销商关系问卷调查

问卷号：_____

尊敬的经销商：

您好！首先，非常感谢您抽出宝贵的时间来填写这份问卷。我们是四川大学商学院的学生，目前正在进行白酒行业生产商与经销商之间关系的调研，为使白酒行业更健康地发展，希望得到您的帮助。

所在经销店全称（公司或门店名称）：_____

主要经营品牌（产品）：_____　　职务：_____

此次面对经销商的问卷调查，用以了解经销商对生产商的产品、服务、管理状况，请您根据日常工作实际情况和个人真实感受，独立回答问卷中的问题（请在相应空格打"√"），感谢您的积极参与，谢谢！

序号	您对如下项目的评价	非常满意	满意	一般	不太满意	很差	其他
1	厂家产品质量方面						
2	厂家产品价格体系设置合理度						
3	厂家提供的产品在行业内的市场竞争力（产品或品牌影响力）						
4	产品经销利润满意度						
5	厂家日常需求解决或配合效果						
6	厂家日常需求响应及时性						
7	厂家产品营销推广活动						
8	厂家营销指导总体满意度						
9	售后服务总体满意度						

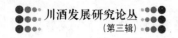

续表

序号	您对如下项目的评价	非常满意	满意	一般	不太满意	很差	其他
10	过去一年对品牌价值的满意度						
11	未来一年对品牌价值的满意度预期						
12	厂家对您制定的销售任务						
13	厂家年终奖励政策						
14	厂家的返利力度						
15	厂家政策制定 能够听取您的意见和建议						

您对生产商的管理和服务工作有何意见或建议？

_____

_____

_____

"新常态"下四川白酒企业新媒体沟通内容策略研究

——以微博为例*

段桂敏　薛健平　祖旭

摘要：在"新常态"下，白酒企业逐渐转向大众市场，通过新媒体与消费者进行沟通。然而，白酒企业的沟通实践活动缺乏理论指导。本研究以四川白酒企业官方微博为研究对象，探索"新常态"下白酒企业新媒体沟通策略与效果差异。研究结果显示：不同企业的微博沟通频率和沟通效果存在差异，五粮液和剑南春的沟通频率与效果较好；四川白酒企业官方微博在沟通内容上存在偏好，它们最青睐于发布关系建构型微博，其次是行为引导型，再次是信息提供型；从微博类型的沟通效果看，尽管关系建构型微博频数最高，但沟通效果却最差，信息提供型微博最优，行为引导型居中。因此，企业官方微博应增加信息提供型微博，为粉丝用户提供更多有价值的信息，提高官方微博的沟通效果。

白酒产业是四川的特色优势产业，在全国具有比较优势，不仅拥有全国性强势品牌五粮液，也有区域性强势品牌郎酒、泸州老窖、剑南春、水井坊等，还有众多省级强势品牌。过去十年，白酒行业经历了爆发式增长，然后在 2012 年开始呈现明显下滑趋势，经过 2013 年、2014 年两年的混乱和调整之后，白酒行业进入了发展新常态。由

---

*基金项目：本研究受四川省教育厅川酒发展研究中心基地项目"知名川酒企业企业品牌战略比较分析与优化研究：品牌组合与定位视角"（项目编号：CJY12-08）资助。

作者简介：段桂敏（1980—），女，河北青县人，汉族，博士，成都中医药大学管理学院副教授，研究方向为品牌管理。薛健平（1983—），男，四川宜宾人，汉族，博士，宜宾学院经济与管理学院讲师，研究方向为微博营销；祖旭（1987—），男，吉林白山人，汉族，四川大学商学院在读博士，研究方向为社区营销。

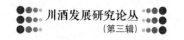

于国家有关政策的调整以及企业成本增长和毛利率降低，众多白酒企业将目光转向大众市场，要求企业的品牌沟通策略也应随之发生变化。过去黄金十年，白酒品牌活跃在高大上的央视舞台上，长期摘得广告标王的桂冠。然而，随着移动互联网技术的发展，PC、手机占据了消费者大量时间，消费者与品牌的接触呈现多样化与碎片化的特征，这要求企业品牌沟通方式也应随之调整。国务院国有资产监督管理委员会新闻发言人卢卫东表示，企业应该把握互联网发展的机遇，用互联网思维来推动企业的创新和发展，适应互联互通的"新常态"。

《2014年中国企业新媒体白皮书》显示，中国500强企业和中央企业中，共有189家开通了微信，211家开通了微博。由于微博赋予企业面向消费者进行品牌沟通的新渠道（杨学成、兰冰，2014），越来越多的企业开通官方微博，实现品牌与消费者之间的对话，以提升品牌声誉（Eberle等，2010），改善营销绩效（Tayal等，2009）。四川众多白酒企业亦开通官方微博，开辟品牌与消费者沟通的新途径。虽然已有学者对微博沟通开展过研究（余伟萍等，2015；杨学成等，2014；薛健平等，2013；闫幸等，2011），然而尚未对白酒行业进行探索，已有研究表明不同行业的品牌微博存在明显的内容发布偏好（杨学成等，2014），实用性产品和享乐性产品在企业微博互动内容策略及效果上存在差异（余伟萍等，2015）。本研究以四川省白酒品牌为研究对象，对五粮液、泸州老窖、郎酒、剑南春、仙潭酒业、沱牌舍得、水井坊七家白酒企业官方微博内容进行了研究，研究结合Lin和Pena（2010）、Lovejoy等（2012）、杨学成等（2014）对企业微博沟通策略的研究成果，确定了白酒行业官方微博内容的分类框架，以探讨四川省白酒企业品牌微博沟通内容特征及效果。

一、文献回顾

（一）新媒体的定义与特征

新媒体是与传统媒体相对应的概念，其产生得益于互联网技术、计算机技术和移动通信技术的发展。美国《连线》杂志将新媒体定义为"所有人对所有人的传播"，即新媒体是互动式数字化复合媒体，由媒体和受众互动制造内容并完成信息传播。博客、微博、微信、网络社区等都是典型的新媒体传播渠道。

新媒体较传统媒体而言，具有交互性与即时性、海量性与共享性、多媒体与超文本、个性化与社群化等典型特征。在新媒体时代，公众均扮演着自媒体角色，新媒体在企业营销沟通与品牌传播、社会舆论扩散与治理等方面均发挥着重要作用。由于微博用户可以方便地通过 PC 端和手机客户端发布消息或上传图片和接收信息，从而可聚集大量粉丝，使微博成为公众社交的重要平台，亦成为企业进行营销沟通的新媒体主渠道。

（二）微博沟通内容研究

微博是一种基于互联网的社交工具，允许用户之间交换短篇内容，如句子、图像和视频链接等，实现信息的实时分享。学者们从不同角度对微博沟通内容进行了分类。Lin 和 Pena 基于 Bale 提出的互动过程分析法，在对电视网络微博进行内容分析的基础上，将微博内容分为任务型信息和社交情感型信息，且任务型微博信息较社交型信息更多。我国学者闫幸、常亚平（2011）和余伟萍、祖旭等（2015）均采用了该分类标准。Lovejoy 和 Saxton（2012）对非营利性组织的微博进行了研究，并提出了 ICA（Information，Communication，Action）分类框架，将微博分为信息提供型、关系建构型和行为引导型。信息提供型是指与企业动态、焦点事件以及利益相关者相关的信息；关系建构型又分为提供认可和感谢、问候与公众事件、回复公众问题及征集信息三个子类，其目的是与粉丝进行情感沟通以构建和维护关系；行为引导类信息包括活动宣传、捐款呼吁、销售产品、志愿者招募、投票、游说和倡导以及捐款事项七个子类。该分类方式得到了杨学城等（2014）的沿用和拓展，并借此对不同行业的微博沟通内容进行了细分。

（三）微博沟通效果研究

微博沟通效果是衡量沟通内容是否合理的标准，也是检验沟通策略是否有效的依据。那么如何来测量微博沟通效果？学者们主要从基于消费主观的感知和基于行为数据的分析进行衡量。闫幸、常亚平（2011）基于新浪微博，进行扎根分析，研究显示微博互动策略对品牌关系具有正面影响。因此，可将品牌关系作为衡量微博沟通效果的指标。金永生等研究发现，企业微博营销影响力效果与发布微博数量和粉丝数量正相关。薛健平等（2013）将转发数和评论数作为衡量微博沟通效果的指标，研究发现，电商企业微博品牌传播策略影响微博沟通效果。此外，余伟萍等（2015）也用转发数和评论数衡量微博沟通效果，研究发现，实用性产品和享乐性产品在企业微博沟通内

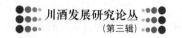
容策略及效果上存在差异。杨学成等（2014）也选择转发数和评论数评价微博沟通效果，研究发现，行为引导型微博最容易获得更高的转发和评论机会，关系构建型次之，信息提供型最低。由于微博沟通内容会引起粉丝的关注、转发与点赞行为，且众多学者都采用该指标测量沟通效果，所以本研究也将关注数、转发数和点赞数作为微博沟通效果评价指标。

二、研究设计

（一）样本选取与数据收集

本研究以《2014 年中国 50 大白酒公司排名》为基础，选取了排行榜中的四川品牌，包括五粮液、泸州老窖、郎酒、剑南春、仙潭酒业、沱牌舍得及区域强势品牌水井坊共七家白酒企业的新浪官方微博作为数据采集平台，以保证样本选择的科学性。由于微博发布一段时间后转发数和评论数才会稳定，因此，本研究收集了以上企业一个月前的微博数据，即 2015 年 3 月 1 日至 2015 年 3 月 25 日之间七家企业所有官方微博数据，包括微博内容、微博转发数、评论数和点赞数，共计 499 条微博数据。

（二）研究方法

本研究采用内容分析法对四川省七家白酒企业的 499 条微博数据进行全样本分析。根据白酒企业微博内容，结合 Lin 和 Pena（2010）对于 Twitter 中电视网络品牌沟通的研究成果、Lovejoy 等（2012）关于非营利组织微博内容的分析以及杨学成等对不同行业品牌微博的研究成果，形成了白酒行业官方微博沟通内容分类框架，并对各编码类别进行了操作性定义。

本研究采取排他性分类编码方式由两名编码员完成编码工作。首先，根据研究命题制定编码指南，包括研究目标、微博沟通内容的定义及操作性定义、类别赋值与编码规则等。其次，培训两名编码员，使其充分理解微博沟通内容的定义及操作性定义。再次，预编码。请编码人员进行预编码，消除分歧，直至预编码信度达到 0.85 以上。由于 I_r 信度系数能够克服一致性百分比存在的偶然一致性问题带来的偏差，本研究采用 Perreault 和 Leigh 1989 年提出的 I_r 估计编码结果的信度。最后，正式编码，请两名编码员进行正式编码，并评估编码结果的信度。为了避免编码员因疲倦而导致的编码错误，要求编码员工作一小时后休息十分钟，且每天的编码时间不超过四小时。本研究中，编码结果的信度为92%，超过了85%的阈值，说明本研究具有较高的信度。

三、数据分析与结果

（一）四川白酒企业官方微博沟通频率分析

描述性统计结果发现，在七家企业中，剑南春通过微博进行沟通的频率最高，为156次；其次是沱牌舍得，沟通频率为116次；再次是五粮液和泸州老窖，沟通频率分别为94次和74次；郎酒和水井坊的沟通频率最低，分别为6次和5次。从沟通效果看，五粮液和剑南春的沟通效果相对较好，五粮液官方微博平均转发数、评论数和点赞数分别为82.14、30.20和22.35；剑南春官方微博平均转发数、评论数和点赞数分别为3.06、5.10和4.42，见表1。

表 1　白酒品牌微博沟通频率

品牌名称	频率	百分比	平均转发数	平均评论数	平均点赞数
剑南春	156	31.3	3.06	5.10	4.42
郎酒	6	1.2	0.50	1.50	2.33
泸州老窖	74	14.8	0.69	0.43	1.30
水井坊	5	1	1.40	0.80	2.00
沱牌舍得	116	23.2	0.69	0.86	0.99
五粮液	94	18.8	82.14	30.20	22.35
中国四川仙潭酒厂	48	9.6	0.17	0.23	0.58
合计	499	100	16.73	7.6	6.12

（二）四川白酒企业官方微博沟通内容偏好分析

四川白酒企业的官方微博发布内容偏好各不相同。在七家样本企业中，关系建构型微博更受四川白酒企业青睐，其次是行为引导型，再次是信息提供型。其中，五粮液公司发布的官方微博中，三种类型的品牌微博分布较为均衡，其他六家企业更加关注关系建构型微博，如表2所示。

表2　公司名称＊微博类型交叉制表

		微博类型			合计
		信息提供型	关系建构型	行为引导型	
公司名称	剑南春	1	147	8	156
	郎酒	0	5	1	6
	泸州老窖	4	68	2	74
	水井坊	0	1	4	5
	沱牌舍得	8	102	6	116
	五粮液	19	50	25	94
	中国四川仙潭酒厂	1	46	1	48
合计		33	419	47	499

从微博沟通效果来看，信息提供型微博的平均转发数、评论数和点赞数分别为90.52、29.15和22.38，高于关系建构型和行为引导型。行为引导型微博的平均转发数、评论数和点赞数分别为34.4、14.85和11.17。关系建构型微博虽然最受四川白酒企业青睐，但其平均转发数、评论数和点赞数最低，分别为8.94、5.08和4.23，见表3。在信息提供型微博中，企业信息获得的转发、评论和点赞率较高；在行为引导型微博中，品牌宣传的发布率较高，同时产品推广和品牌宣传获得的转发、评论和点赞率较高；在关系建构型微博中，知识哲理、新闻趣事的发布率较高，而问候感谢、提问互动获得的转发、评论和点赞率较高。

表3　四川白酒企业官方微博沟通类型及效果

微博沟通内容分类	出现频率	平均转发数	平均评论数	平均点赞数
信息提供型	**33**	**90.52**	**29.15**	**22.88**
企业信息	32	93.34	30.06	23.56
品牌信息	1	0	0	0
关系建构型	**419**	**8.94**	**5.08**	**4.23**
问候感谢	53	7.51	11.06	5.15
新闻趣事	64	2.63	1.53	2.77
反馈回复	10	0.7	2.1	2
提问互动	43	8.05	5.63	4.74
知识哲理	249	11.35	4.75	4.42
行为引导型	**47**	**34.4**	**14.85**	**11.17**
产品推广	22	52.64	21.32	15.55
品牌宣传	17	26.41	11.47	9.41
打折促销	1	1	1	1
参与有奖	3	1.33	6.67	4.67

微博沟通内容分类	出现频率	平均转发数	平均评论数	平均点赞数
招商信息	1	3	10	0
社会责任	3	0.67	1	3

(三) 四川白酒企业官方微博沟通效果差异分析

本研究采用单因素方差分析探索四川白酒企业官网微博沟通类型对转发数、评论数和点赞数的影响。首先，对三组数据进行方差齐性检验。检验结果显示：转发数、评论数和点赞数的 Levene 统计量分别为 230.530、131.856 和 187.785，p 值均小于 0.05，即各组数据方差不齐。其次，以微博沟通类型为自变量，以转发数、评论数和点赞数为因变量做单因素方差分析，分析结果如表 4 所示，转发数、评论数和点赞数的 p 值均小于 0.05，表明：在 95% 的置信水平上，不同类型的微博，沟通效果存在显著差异。

表 4 单因素方差分析

		平方和	df	均方	F	显著性
转发数	组间	219797.655	2	109898.828	99.629	0.000
	组内	547128.822	496	1103.082		
	总数	766926.477	498			
评论数	组间	20451.952	2	10225.976	72.820	0.000
	组内	69652.276	496	140.428		
	总数	90104.228	498			
点赞数	组间	11957.553	2	5978.777	88.709	0.000
	组内	33429.232	496	67.398		
	总数	45386.786	498			

由于方差不齐，所以多重比较的统计方法应采用 Tamhane 检验进行组间分析，分析结果如表 5 所示。不同类型微博对转发数、评论数和点赞数的影响是一致的，信息提供型微博沟通效果最好（Mean $_{转发数}$=90.52；Mean $_{评论数}$=8.94；Mean $_{点赞数}$=34.40）；行为引导型微博次之（Mean $_{转发数}$=29.15；Mean $_{评论数}$=5.08；Mean $_{点赞数}$=14.85）；关系建构型效果最差（Mean $_{转发数}$=22.88；Mean $_{评论数}$=4.23；Mean $_{点赞数}$=11.17）。

表5　多重比较

因变量		(I) 微博类型	(J) 微博类型	均值差 (I−J)	标准误	显著性	95% 置信区间	
							下限	上限
转发数	Tamhane	1	2	81.580*	16.961	0.000	38.87	124.29
			3	56.111*	17.693	0.009	11.92	100.30
		2	1	−81.580*	16.961	0.000	−124.29	−38.87
			3	−25.469*	5.244	0.000	−38.43	−12.51
		3	1	−56.111*	17.693	0.009	−100.30	−11.92
			2	25.469*	5.244	0.000	12.51	38.43
评论数	Tamhane	1	2	24.068*	5.300	0.000	10.72	37.41
			3	14.300*	5.607	0.043	0.33	28.27
		2	1	−24.068*	5.300	0.000	−37.41	−10.72
			3	−9.768*	1.927	0.000	−14.53	−5.01
		3	1	−14.300*	5.607	0.043	−28.27	−0.33
			2	9.768*	1.927	0.000	5.01	14.53
点赞数	Tamhane	1	2	18.645*	4.004	0.000	8.56	28.73
			3	11.709*	4.194	0.024	1.24	22.18
		2	1	−18.645*	4.004	0.000	−28.73	−8.56
			3	−6.936*	1.307	0.000	−10.17	−3.71
		3	1	−11.709*	4.194	0.024	−22.18	−1.24
			2	6.936*	1.307	0.000	3.71	10.17

注：* 表示均值差的显著性水平为 0.05；1 为信息提供型，2 为关系建构型，3 为行为引导型

四、研究结论及管理应用

本研究以四川白酒企业官网微博为例，探索"新常态"下新媒体沟通策略与效果差异。研究结论如下：第一，不同企业的微博沟通频率和沟通效果存在差异，五粮液和剑南春的沟通频率较高且效果较好。第二，四川白酒企业官方微博沟通内容存在偏好。微博沟通类型的分布规律显示，四川省白酒企业青睐于发布关系建构型微博，其次是行为引导型，再次是信息提供型。在信息提供型微博中，企业信息获得的转发、评论和点赞率较高；在行为引导型微博中，产品推广和品牌宣传获得的转发、评论和点赞率较高；在关系建构型微博中，问候感谢、提问互动和知识哲理获得的转发、评论和点赞率较高；而这些获得高转发、评论和点赞率的类目却并不是发布频率最高的微博。第三，从微博沟通效果来看，虽然众多白酒企业倾向于发关系建构型微博，然

而，相对于其他两类微博，其沟通效果却最差。研究结果显示，信息提供型微博沟通效果最优，行为引导型次之。该研究结论与杨学成、兰冰（2014）的研究存在背离，他们研究发现，行为引导型微博最容易获得更高的转发和评论机会，关系构建型次之，信息提供型最低。研究结论不一致的原因可能是研究对象所属的产品类别不同，即实用性产品和享乐性产品在企业微博沟通内容策略及效果上存在差异（余伟萍、祖旭等，2014）。

随着新媒体的繁荣和新常态的持续，白酒企业应拓展品牌与消费者的沟通渠道，从以往主要借助于传统媒体——电视广告来打动消费者，拓展至运用新媒体渠道实现品牌与消费者之间的互联。首先，白酒企业应提高官方微博沟通频率，争取粉丝的关注，调动粉丝的自媒体作用，实现品牌信息的传播扩散，从而提升品牌影响力。其次，白酒企业在进行微博沟通时，应提高信息提供型和行为引导型微博的发布频率，以增加消费者与企业、品牌和产品的接触，避免企业因侧重于关系建构型微博而产生的单调性和弱化品牌与消费者之间的连接。最后，随着微信的广泛应用以及沟通内容的深入性和多样性，企业可建立微信公众号，作为官方微博沟通的补充，促进消费者更全面地了解品牌。

本研究仅探究了四川省白酒企业的官方微博沟通现状和效果，四川白酒企业的微博沟通特征和效果与全国众多白酒企业是否一致，需要进一步验证。另外，本研究仅以微博为例，探究了白酒企业新媒体沟通策略，需要进一步探明微信、微社区等新媒体的沟通现状与效果。

参考文献

［1］Eberle D. A. IBranding：The Impact of Social Media on Corporate Brands ［M］. Erasmus Universiteit，2010：64-88.

［2］Tayal D., Komaragiri S. Comparative Analysis of the Impact of Blogging and Micro-blogging on Market Performance ［J］. International Journal，2009，1（3）：176-182.

［3］余伟萍，祖旭，赵占恒，段桂敏. 产品类别视角企业微博互动内容策略的差异性研究 ［J］. 财经论丛，2015（2）：76-83.

［4］杨学成，兰冰. 基于内容分析的品牌微博沟通研究 ［J］. 经济与管理研究，2014（4）：119-128.

［5］薛健平，余伟萍，牛永革. 电子商务企业微博品牌传播效果研究——以易迅网微博为例 ［J］. 软科学，2013，27（12）：67-71.

［6］闫幸，常亚平. 微博研究综述 ［J］. 情报杂志，2011，30（9）：61-65.

［7］Lin J., Pena J. Are You Following Me？A Content Analysis of TV Networks' Brand Communic-

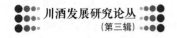

ation on Twitter［J］. Journal of Interactive Advertising，2013，12（1）：17–29.

［8］Lovejoy K.，Saxton G. D. Information，Community and Action：How Nonprofit Organizations Use Social Media［J］. Journal of Computer Mediated Communication，2012，17（3）：337–353.

［9］Haenlein M.，Kaplan M. The Early Bird Catches the News：Nine Things you should Know about Micro-blogging［J］. Bn horzon，2011（2）：105–113.

［10］闫幸，常亚平. 企业微博互动策略对消费者品牌关系的影响——基于新浪微博的扎根分析［J］. 营销科学学报，2013，9（1）：62–78.

［11］Kassarjian H.H. Content Analysis in Consumer Research［J］. Journal of Consumer Research，1977，4（1）：8–18.

［12］Perreault W. D.，Leigh L. E. Reliability of Nominal Data based on Qualitative Judgments［J］. Journal of Marketing Research，1989，26（2）：135–148.

川酒企业知识型员工激励机制研究

——以 A 企业为例*

何晓兰

摘要：川酒在我国白酒中占据着十分重要的地位。白酒企业的竞争体现为人才的竞争，因此川酒企业对知识型员工工作积极性的调动和激励就显得尤为重要。借助模糊综合评价法，本文通过对某川酒企业知识型员工满意度的实证调研分析发现：企业应当从给予知识型员工更多自我管理权限、丰富的薪酬福利体系和重视员工职业生涯规划指导等方面入手，从而激励知识型员工发挥更大的作用。

一、研究背景

（一）全国白酒行业现状

白酒又名烧酒、白干，是中国的传统饮料酒，我国白酒的生产历史悠久，产业链较长，在国民经济中占有十分重要的地位。图 1 显示了我国白酒企业的新增生产能力变化以及对应年质检抽查结果。

* 基金项目：四川省教育厅"基于激励理论的农产品供应链外包业务中知识动力学研究"（项目编号：14sd1112）；四川省哲社白酒专项"基于知识管理视角的四川白酒产业创新人才集聚与激励机制研究"（项目编号：13ss3110）；川酒发展中心"川酒企业知识型员工的激励机制研究"（项目编号：CJY13-14）。

作者简介：何晓兰（1976—），女，四川绵阳人，西南科技大学经济管理学院副教授，博士研究生，主要研究方向为农产品供应链，知识管理专业。

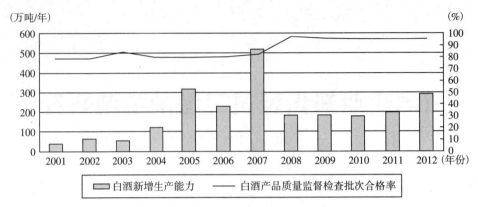

图1　历年白酒新增生产能力与批次合格率

从图1中可以看到：2007年以前，白酒新增生产能力逐年大幅上升，2007年达到近10年的最高值即518.2万吨；但同时也存在白酒质量不合格率逐渐上升的趋势，2007年质检批次不合格率达到18%。鉴于白酒安全事故频发，国家开始整顿白酒行业，并专门颁布了对新增白酒生产能力的控制政策。因此，从2008年起，白酒企业新增生产能力增长缓慢。

从2012年开始，白酒市场低迷，竞争加剧。众多白酒企业打出了"品质"牌，但维系高品质、打造高品质白酒品牌所需的知识型人才，不但紧缺而且难留。在新形势下，加强对白酒生产工艺的改进、引进和培养创新型人才，是白酒行业摆脱困境、加速发展的重要措施。

（二）问题提出

当前，川酒行业发展的"瓶颈"主要表现为产品同质化现象严重和企业发展后劲不足。

白酒是一种高酒精浓度的饮料，其中虽有各种成分多少不一、口感各有不同之别，但酒精度数较高是其共同特征；白酒企业在经营过程中缺乏创新能力，无法突出自身产品的特点，这导致白酒业同质化现象严重。除酒品本身品味相似、名称相像外，其经营手法也如出一辙，多采用广告轰炸方式进行推销。产品品质的雷同、营销手法的相似使得企业产品不具有独特性（除品牌因素外）。

很多川酒企业有一定的客户群体，但企业为增加经济效益扩大生产规模后，往往发现销量并不能相应提高，也就是说，依靠企业产品无法轻易提高市场占有率，长此以往，很多白酒企业固守其成，不愿主动扩张，导致企业发展后劲不足。究其原因，还是缺少能帮助企业打开销路、扩张市场的人才。知识型人才的匮乏是白酒业长足发展的短板，影响到企业发展的后劲。

无论是解决产品同质化问题，还是解决企业发展后劲不足的问题，白酒企业对知识型员工的需求是显而易见的。而合理有效的激励是吸引和留住知识型员工的至关重要的条件。因此，建立科学有效的激励机制，有效激励知识型员工，最大限度地提高其创造力和主观能动性，是摆在白酒企业面前的现实难关。而这恰恰是大部分传统川酒企业的短板。

二、概念界定

（一）知识型员工的界定

"知识型员工"（Knowledge Worker）这一说法源于美国著名管理大师彼得·德鲁克。他将知识型员工界定为：那些掌握和运用符号和概念，利用知识或信息工作的人，他们生产的不是物质产品，而是知识和思想。他认为知识型员工是指：一方面能充分利用现代科学技术知识提高工作效率，另一方面本身具有较强的学习知识和创新知识的能力的员工。

综合众多国内外学者对知识型员工的定义，并结合各白酒行业的特征，本文对白酒行业知识型员工的界定为：在白酒企业中，以专业知识为载体，依靠信息创造并传递价值，具有较强的职业个性、专业技术和管理才能，不断追求个人价值增值，并为企业产品和服务带来高附加值的员工。这部分员工由两类人员组成：其一，对企业资源有支配权并使资源配置卓有成效的经营管理者；其二，对企业业绩有重要贡献的技术精英。因此，知识型员工包含以下主体：管理层、专业人员（酿酒师、品酒师、市场策划经理）和其他技术人员。他们一般都具备较高的学历，掌握丰富的白酒专业知识（生产技能、营销技能等），并且能把这些专业知识灵活地运用到实践中去，更可以在实践中不断创新，极大地提高企业的绩效。

（二）知识型员工的特征

知识型员工通常表现出灵活、开放、好奇的个性，具有精力充沛、坚持不懈、注

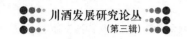

意力集中、想象力丰富以及富于冒险精神等特征。如前所述，白酒行业中的知识型员工，涉及营销管理人员、核心技术人员（如勾兑师、品酒师、化验员等）、培训人员中的佼佼者，他们不但掌握了企业的重要技术信息、产业技能，而且在日常的工作中具有较为敏锐的观察力和丰富的想象力，愿意也有能力进行工作创新。他们的创新行为，不但可以为企业带来可观的经济、社会效益，更有带动其他员工工作积极性、创新能力的示范效应。因此知识型员工具有高价值性和稀缺性，当然也就拥有更多择业机会和转职优势，具有高流动性。

集聚知识型员工，分析影响其工作积极性的若干因素，对其采用合适的激励手段，对白酒企业来说意义深远、影响重大，但这需要充分考虑知识型员工具有的特征。

三、研究方法

（一）模糊层次综合评价法

FAHP 评价法是一种将模糊综合评价法（Fuzzy Comprehensive Evaluation，FCE）和层次分析法（Analytic Hierarchy Process，AHP）相结合的评价方法，在体系评价、效能评估、系统优化等方面有着广泛的运用，是一种定性与定量相结合的评价模型。

模糊层次综合评价法的构建原则是：先用层析分析法确定因素集，然后用模糊综合评判确定评判效果。模糊法在层次法之上，两者相互融合，其评价有着很好的可靠性。

（二）构建川酒企业知识型员工满意度评价指标

依据激励理论，企业对知识型员工的激励主要应考虑其各级需求的满足情况。为此，本文采用文献综合与实证调研相结合的方法构建"川酒企业知识型员工满意度评价指标"。

通过对相关文献的收集和整理，发现大部分文献对"员工满意度"没有建立明确的评价指标，往往用对薪酬的满意度代替"员工满意度"。关于白酒这个具体行业的"知识型人才满意度"评价指标的分析和建立更是空白。实际上，知识型人才的满意度随着其对知识的拥有量、知识在行业中的重要性、此类知识的行业内占有率（拥有此类知识的员工总数）等不同而有不同的表现和度量标准。我们将采用发放调研问卷的方法收集一手数据，利用 AHP（层次分析法）和统计分析方法，建立和完善评价指标，利用数据挖掘技术对数据集进行深入细致的分析、研究，以确定简单、实用的评价指标体系，为企业在管理实际中的运用提供科学化、高效化的技术支持。

本文对知识型员工激励因素重要程度的调查参考国内外研究资料，整理归纳出中外学者在知识员工激励因素研究中出现频率较高的因素，采用四个评价结果建立评价集，即 V = ｛很满意，满意，一般，不满意｝。因素共分为两组一级指标，即外在因素和内在因素；下设二级和三级指标，共计 14 个影响因素。

由于指标中存在不同的重要性划分，因此首先咨询行业专家，对各二级、三级指标进行权重设计；再发放调研问卷，邀请知识型员工对各项三级指标按照评价集进行满意度评价；最后根据模糊综合评价法对所得参数进行计算，从而求得该企业知识型员工对企业现状的满足感，并据此分析问题所在，提出解决措施。

根据调研回收的信息，本文将影响白酒企业知识型员工工作绩效的评价指标设立如下，见表 1。

表 1　白酒企业知识型员工工作绩效影响因素评价指标体系及权重

一级指标	二级指标	三级指标（权值）	说明
外在因素 （权值 0.59）	组织因素 （权值 0.6）	企业发展前景（权值 0.2）	企业在行业中的地位和发展潜力
		薪酬体系（权值 0.4）	包括薪资待遇和奖励制度的公平性，对贡献知识的认可（包括物质方面和精神方面的奖励）
		职业生涯规划（权值 0.2）	对员工提供的再学习与晋升制度，有升迁和能力提高的机会，工作中有能够自我表现的机会
		企业文化（权值 0.15）	企业全体员工共同认可的价值观
		领导能力（权值 0.05）	包括领导的专业业务水平、管理水平、性格因素、感召力
	任务因素 （权值 0.4）	工作环境（权值 0.5）	工作条件、设备设施和办公环境
		团队关系（权值 0.35）	团队构建制度，团队人员的协作意愿
		业务难度（权值 0.15）	员工对工作时间、工作量、进程等的自由支配程度以及业务难易程度（能创新的、有挑战性的工作，有一定意义的、比较重要的工作，有机会参与企业管理或影响决策）
内在因素 （权值 0.41）	能力因素 （工作自主性） （权值 0.7）	创造欲（权值 0.3）	现有工作是否能激发对工作挑战的兴奋度、自主学习的积极性
		工作兴趣（权值 0.25）	工作符合自己的意愿和爱好
		岗位技能（权值 0.45）	现有工作是否能反映员工完成业务的技术能力水平

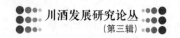

续表

一级指标	二级指标	三级指标（权值）	说明
	性格因素（忠诚度）（权值 0.3）	责任感或敬业度（权值 0.3）	现有工作是否能激发责任感、对工作的使命感
		社会性（权值 0.25）	是否能适应现有工作环境、人际关系处理
		业务成就感（权值 0.45）	对完成业务产生的荣誉感，工作能获得成就感，以及带来的社会地位

由专家对各级权重进行判定，而三级指标的满意度由所调研的知识型员工评判。专家权重结果为：

1. 二级指标

$A_1 = (0.3, 0.4, 0.3, 0)$ $A_2 = (0.4, 0.4, 0.1, 0.1)$

$A_3 = (0.4, 0.3, 0.2, 0.1)$ $A_4 = (0.3, 0.4, 0.2, 0.1)$

2. 三级指标

$U_1 = (0.2, 0.4, 0.2, 0.15, 0.05)$ $U_2 = (0.5, 0.35, 0.15)$

$U_3 = (0.3, 0.25, 0.45)$ $U_4 = (0.3, 0.25, 0.45)$

3. 调研所得知识型员工对各项评价指标的满意度

$$R_1 = \begin{bmatrix} 0.2, 0.3, 0.4, 0.1 \\ 0.2, 0.1, 0.4, 0.3 \\ 0.1, 0.2, 0.6, 0.1 \\ 0.1, 0.3, 0.4, 0.2 \\ 0.2, 0.2, 0.5, 0.1 \end{bmatrix} \quad R_2 = \begin{bmatrix} 0.05, 0.2, 0.6, 0.15 \\ 0.2, 0.4, 0.3, 0.1 \\ 0.3, 0.3, 0.2, 0.2 \end{bmatrix}$$

$$R_3 = \begin{bmatrix} 0.1, 0.3, 0.2, 0.1 \\ 0.2, 0.3, 0.4, 0.1 \\ 0.2, 0.3, 0.3, 0.2 \end{bmatrix} \quad R_4 = \begin{bmatrix} 0.1, 0.2, 0.4, 0.3 \\ 0.1, 0.3, 0.4, 0.2 \\ 0.1, 0.2, 0.4, 0.3 \end{bmatrix}$$

从专家打分来看：

首先，影响知识型员工工作满意度的主要因素有两方面，即外在因素和内在因素，就调查情况而言，两者对知识型员工的影响权值分别为 0.59 和 0.41。表明外在因素对知识型员工的影响稍大。这也说明知识型员工更看重对自身产生影响的外在环境。

其次，外在因素又分为组织因素和任务因素。组织因素对员工的影响大于任务本身产生的影响。组织因素由企业发展前景、薪酬体系、职业生涯规划、企业文化和领导能力构成。任务因素由工作环境、团队关系以及业务难度构成。由于知识型员工的主要工作以脑力劳动为主，因此其对工作环境的要求较高，良好的工作环境既有益于身心健康，又是创新的源泉。由于大部分工作也都需要团队的通力合作，因此团队成员的构成以及由此产生的协作关系对知识型员工将会产生较大影响。而出于对自身能力的信心，知识型员工对工作的难度反应不大。

最后，内在因素由能力因素和性格因素构成。能力因素对知识型员工产生的影响大于性格因素产生的影响。能力因素由创造欲、工作兴趣和岗位技能构成。本文通过调研发现：知识型员工对这三项的认同较为一致。在自身能力适应岗位技能的前提下，工作越符合员工的兴趣爱好，或者工作具有一定的挑战性，员工的满足感越强。这是因为，知识型员工首先需要有用武之地，即虽然他们具有较强的学习能力，但更希望能将所学投入到适当的领域，而非跨专业应用，因此岗位的适合对知识型员工非常重要。在这一前提下，工作越是具有前沿性和先进性，越能激发他们的斗志，在工作兴趣的驱动下，越容易出成果，也越能体现员工的个人价值。

性格因素又分为责任感、社会性和业务成就感。知识型员工对业务成就感的满足非常重视，这是因为知识型员工比一般员工更加看重同事、企业和行业对自己的认同度，而业务的成功能够激发这种外在的认同感。但他们对于人际关系的重视程度明显不高，这可能是因为他们更看重在行业内的知名度，而不是简单地被同事认可，因此不太可能花费更多的精力去维护人际关系。

四、A 企业调研分析过程

（一）A 白酒生产企业现状

本课题组在前期对 A 白酒企业进行调研后，设计了《白酒企业知识型员工工作绩效影响因素调查问卷》，培训部分在校生利用 2013 年暑假和 2014 年寒、暑假，走访了部分白酒生产企业，从而收集到第一手资料。同时，重点调查了一家位于宜宾的 A 白酒生产企业。通过点面结合的调研方法，研究影响知识型员工工作绩效的因素以及各因素的重要性，即各影响因素对工作绩效的影响力度，从而为白酒企业设计合理的激励措施提供依据。

A 白酒生产企业坐落于四川省宜宾市，公司占地面积 20 万平方米，拥有职工 300 余人，是一家有着 20 多年历史的中小型民营川酒酿酒企业。企业目前拥有较为先进的

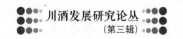
酿酒设备和酿酒工艺；也拥有一批优秀的管理人员和技艺精湛的技术型员工。近年来，A白酒生产企业主要以浓香型白酒为"拳头产品"，其消费群体主要为市场终端消费者。

1. 组织架构

A白酒生产企业的职能部门有生产部、质检部、行政部、人力资源部、市场营销部、外贸部等。在A白酒生产企业，生产和营销是两个最为重要的部门。两个部门中的知识型员工更是企业的中流砥柱，这些员工的工作积极性和主动性将直接影响到企业的产品质量和销售业绩。

（1）对于营销部门。

为了更好地管理营销部门的知识型员工，快速打开市场，企业专门成立了由公司总经理直接负责管理的品牌营销部。把原来的市场部门进行拆分，将品牌规划和市场拓展的职能单列出来，划归新成立的品牌营销部负责。由于营销部成立不久，还没有对公司的品牌营销工作形成统一的规划，公司其他职能部门也没有详细的配合计划，无法给公司的品牌营销工作提供强有力的支持。为了使本公司的品牌建设获得持续的强有力的支持，完善组织结构已经成为公司当前机构改革的重中之重。

（2）对于生产部门。

公司一直注重新产品的开发，并且拥有较强的新产品研发能力。有的新产品是从外观设计上进行改进，有的则是从酒质上进行改进。公司有专门的包装设计处来负责，但人员只有3~5人，技术力量比较薄弱，仅靠公司内部独立开发显然是有困难的。生产部门中的酒体设计中心是该部门的重要组织，主要负责酒体的设计，技术力量相对较强，检测仪器在国内也算一流，有气相、液相色谱仪和原子吸收仪等先进设备。在包装生产上，公司具有较强的产品生产包装能力。采用定量灌装机，流水线生产，一个班每天要生产近500件（折合成瓶数是3000瓶），包装车间一共有6个班。因而生产能力足以满足市场需求。

2. 人力资源现状

（1）人员结构分析。

公司现有在册员工共计325人，企业在册员工专业、教育程度、年龄等信息等情况如图2~图4所示。

（2）运用模糊综合评价法对企业知识型员工满意度进行测评。

根据各因素权重，得出二级综合评价结果：

$B_1 = U_1 \cdot R_1 = (0.165，0.195，0.445，0.195)$

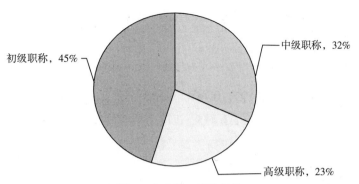

图 2　企业员工职称结构

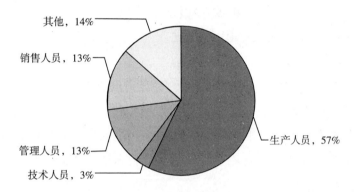

图 3　企业员工岗位结构

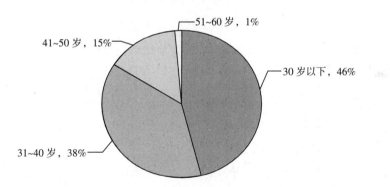

图 4　企业员工年龄结构

$B_2 = U_2 \cdot R_2 = (0.14, \ 0.285, \ 0.435, \ 0.14)$

$B_3 = U_3 \cdot R_3 = (0.17, \ 0.3, \ 0.355, \ 0.175)$

$B_4 = U_4 \cdot R_4 = (0.1, \ 0.225, \ 0.4, \ 0.275)$

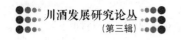

对各个子因素进行一级模糊综合评判得到：

$$A_1 = (0.6, \quad 0.4) \cdot \begin{pmatrix} B_1 \\ B_2 \end{pmatrix}$$

$$= (0.6, \quad 0.4) \cdot \begin{pmatrix} 0.165, & 0.195, & 0.445, & 0.195 \\ 0.14, & 0.285, & 0.435, & 0.14 \end{pmatrix}$$

$$= (0.155, \quad 0.231, \quad 0.441, \quad 0.173)$$

$$A_2 = (0.7, \quad 0.3) \cdot \begin{pmatrix} B_3 \\ B_4 \end{pmatrix}$$

$$= (0.7, \quad 0.3) \cdot \begin{pmatrix} 0.17, & 0.3, & 0.355, & 0.175 \\ 0.1, & 0.225, & 0.4, & 0.275 \end{pmatrix}$$

$$= (0.149, \quad 0.2775, \quad 0.3685, \quad 0.205)$$

对该企业知识型员工的工作满意度进行测评，得出的结论是：

第一，对于外在因素而言，综合组织因素与任务因素更具重要性，知识型员工认为该企业提供的外在因素不能很好地满足其愿望，即近44%的员工对企业提供的外在条件的认可度不高，仅为"一般"；23%的员工认为满意，17%的员工认为不满意，剩下16%的员工认为非常满意。

第二，对于内在因素而言，综合能力因素和员工个性更具重要性，有近37%的员工认为个体的内在因素未能较好地被调动起来，感受为"一般"；近28%的员工对自身适应企业的感受为"满意"，而近21%的员工不满意自身现状，只有15%的员工很满意自身能力的发挥现状。

第三，根据二级指标分析该企业员工对组织因素的判定，有近45%的受访员工对组织现有状况的满意度仅为"一般"。

（3）企业对知识型员工激励机制的现状分析。

A白酒生产企业历来重视人才的培养。为了吸引高素质人才，公司提供了较为优厚的薪酬待遇，并且对技术人员和高级管理人才给予实物或现金奖励，为单身员工提供职工宿舍，定期组织优秀员工出外考察旅游。经过几年的人才积累，A白酒生产企业在本地区同行业内已经具备了较为明显的竞争优势。

由于资源有限，A白酒生产企业重视技术人员和管理人员的培养，对于营销策划人员尤其是一线营销人员的重视程度不够。目前企业现有营销人员业务水平参差不齐，急需一批有经验的高素质业务人员，以增强市场一线拓展业务能力。但是公司在招聘一线市场销售人员时，给予的待遇较低，只签订劳务派遣合同，无法吸引有能力的销售人才。目前的销售人员很难体现出公司的品牌价值，品牌发展更无从谈起。

对于调研结果，笔者结合企业现状分析如下：

首先，企业强调对知识型员工的控制，忽略对他们的激励。A 白酒生产企业在观念上认为知识型员工与一般员工没有什么区别，管理上一视同仁；对知识型员工工作动机、工作方式等缺乏深刻的了解，更不清楚知识型员工对企业现状的感受和满意度。在管理过程中，总是设法用各种手段来控制核心人才，甚至把一些激励的措施也当成了控制人才的手段，如通过给予培训的机会来留住人才，但在具体的操作过程中不是从激励的角度来考虑，而是把培训作为控制人员流动的手段。企业要求员工在接受培训之前与公司签订培训结束后的劳动合同，试图以合同拴住员工。这种做法导致的结果是既无法使员工真正掌握培训内容，更不能产生激励效果，反而降低了员工对组织的满意度，更加难以留住核心员工。企业对员工"跳槽"过分敏感，措施失当。其实，企业中知识型员工的流动率比一般员工偏高，已经是客观的事实，企业正确的做法应该是想办法提高对高层次人才的吸引力，使"流入"的知识、能力、素质大于"流出"的知识、能力、素质，通过员工流动，使企业整体员工素质得到提高。

其次，薪酬福利体系设置不合理。对知识型员工的考核较为严格，但相应的薪酬水平却跟不上。如所调研的员工对薪酬体系的总体感受为"一般"的占 40%，甚至有30% 的员工对薪酬体系"不满意"。事实上，我们发现该企业对知识型员工的薪金待遇属于同行业较高水平，企业以为这样就能吸引住人才。然而由于人力成本费用过高，企业负担沉重，因此在对员工的绩效考核方面，过于严格，致使"高薪"成了"水中月、镜中花"，看得到却摸不着，员工从这种"虚无"的薪酬体系中得不到实惠，不买账。在福利方面，企业没有给予足够的重视，福利少且形式单一。由于是民营企业，虽然工资相对高一些，但各种福利保障制度不健全，如没有为员工办理相应的保险，致使员工对企业的信任感较低，忠诚度不高。

最后，忽视对知识型员工的职业规划设计与指导。虽然企业已经认识到知识型员工是宝贵的资源，注意到其所拥有的知识资本的重要价值，但仅把知识型员工看作一种简单的投入要素，而忽略他们作为人力资本这一特殊要素的个体需要。如企业招聘人才时希望能尽可能地利用员工的现有知识储备，因此招聘条件较高，除了学历还要求具有行业经验；当员工入职后，往往给其下达较重的工作任务，而无法提供相应的业务培训，致使员工在企业的发展过程中没能获得自身专业技能的提高。由于企业只考虑到知识资本的产出，看重知识型员工对组织目标的贡献，从而忽略对知识资本的投入，不关心员工的职业生涯发展，因此员工对组织的满意度往往较低。

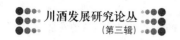

总的来说，知识型员工对企业现有管理政策并不满意，导致工作积极性不高，生产技术员工不能全身心地投入到新品研发工作中，营销员工不能主动学习掌握产品相关知识，企业对知识型员工的管理呈现出"力不从心"的局面，对企业的发展造成了一定影响。

（4）对策建议。

首先，给予知识型员工更多的自我管理权限。知识型员工更加看重对自身的控制与管理，因此，企业应当给予其适当的"自治权"，鼓励知识型员工进行自我约束与管理，并通过制度形式，促使知识型员工中出现"领头羊"，增强包容性，鼓励员工发表不同的声音，并切实做好沟通工作。对知识型员工，务必使其感到自己在企业中的去留有自主权。企业留人的手段应当是"留心"，表现出对"员工能与企业共同发展、共同成长的"的信任，如企业高层经常性地与知识型员工进行深入交流，并将其作为一种制度保持下来，这既使知识型员工感受到了来自企业高层的关心和重视，又能及时地沟通企业各管理层信息。对员工进行股票期权类奖励也是一个行之有效的手段。这样，一方面能集思广益，另一方面通过给予自主权使知识型员工真切地体会到企业的信任，并切实履行自身对企业的责任和义务。

其次，完善和丰富薪酬福利体系。企业目前采用的激励形式主要有工资、奖金、年薪制、礼品等，多数方式属于物质激励，忽视了精神激励的强大作用。

对于薪酬体系的构建，需要注重能力导向与绩效导向两个原则。因为知识型员工特别注重自身能力的提高与成长，能力导向型的薪酬能激发知识员工不断学习，而他们所具有的能力与知识又是企业得以发展的重要动力，所以能力导向型的薪酬制度将取得双赢的结果；绩效导向型的薪酬，不仅要把事后的薪酬支付与事前的绩效考评结果挂钩，并且在制定薪酬体系时，要特别注意和强调薪酬对绩效的事前导向功能及决定作用，使员工产生较好的预期行为。

对于福利体系的构建，需要注意长、短期福利激励相结合原则。知识员工队伍的稳定性对于企业的发展至关重要。短期福利有年度或短期福利计划等；长期福利激励可以采用发明或技术专利权等方式。激励知识型员工更需要长短期激励相结合，这样能减少员工的短期行为，使员工利益与企业命运紧密联系，并鼓励员工从战略的高度考虑公司的发展前景。这方面较为可行的激励措施是：针对员工取得的各类职业技能进步，予以不同层次的奖励或采用增加分红比例方式予以嘉奖；另外，互联网企业近年来广泛在公司年会上大力表彰先进和创新员工的做法，也值得川酒企业借鉴和效仿。

最后，重视员工的职业生涯规划和指导。企业在发展的过程中，需要大量的人才，企业一方面可以通过招聘渠道吸纳优秀人才，另一方面也可以在公司内部进行调整，而后者，对企业现有员工的激励效果最为明显。企业现有一大批员工已在公司从事了长时间的工作，对白酒的生产流程、技术指标等可谓烂熟于心，对于这部分员工，若继续将其保留在简单的生产操作线上，势必会在一定程度上造成人才资源的浪费。企业可建立一种职业发展规划，将满足一定要求的人员选拔出来，对其进行系统性的技能培训，使其获取专业技术职称，从而转移到技术岗位上；而培训专家，可以是企业原有的知识型人才，也可以是参加培训后被提拔的企业内培训师。如此，既可改善企业技术人员缺乏的现状，节省重新招聘的成本，又可扩大员工的职业发展途径和晋升通道。

对于现有的知识型员工，企业应当通过多种方式建立并向其宣传员工晋升通道、途径以及他们应当具备的能力与素质，使其对未来职业发展有更加明确的认识和准备。

同时也建议企业与知识型员工共同制定企业的中长期发展规划，既显示企业对知识型人才的重视，也能促使知识型员工更多地融入企业发展的过程中，从而依据企业的发展规划，主动制定适合自己的职业规划，当然，企业应努力为知识型员工提供帮助。

五、研究结论及价值

本文所调研的企业属于较为典型的中小型川酒生产企业，其存在的问题和展现出的发展潜力具有普遍性。经过研究我们注意到：川酒企业已普遍意识到了知识型员工的价值，并期望能采用合理的激励手段、制度建设吸引、留住更多更好的知识型人才，并充分调动其工作积极性。但知识型人才对企业现有的激励机制普遍不认可。

造成这一局面的根本原因在于企业并不了解知识型员工的特征与需求，因此激励机制不合理、不健全。经深入分析可以看到：企业应当从给予知识型员工更多自我管理权限、丰富的薪酬福利体系和重视员工职业生涯规划指导等方面入手，进行改进。

对白酒企业知识型员工的激励机制进行研究是一项重要的工作。白酒企业，特别是川酒企业在对知识型员工的管理方面，实施了若干的激励措施，但效果大多不尽如人意。全面、准确地评估川酒企业知识型员工的激励效果，能使川酒企业管理者理智地规避风险，设计正确的激励机制；被激励的知识型员工也可以明确知晓激励措施的优劣，维护自身合法权益。因此，设计合理、科学的川酒企业知识型员工激励效果的评估系统，具有重要的现实意义。

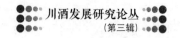

参考文献

［1］雷蓉，胡北明. 中国"白酒金三角"的核心价值及其构建［J］. 酿酒科技，2012（9）.

［2］解卫婷. 心理契约视角下知识型员工激励［J］. 产业与科技论坛，2012（11）.

［3］于珊. 基于心理契约的创新型中小企业知识员工激励策略研究［D］. 中南大学博士学位论文，2008.

［4］管婷. 我国中小型高科技企业知识型员工激励机制探索［J］. 产业与科技论坛，2011（10）.

［5］金强. 白酒企业分销渠道逆向建设中的终端管理研究［D］. 暨南大学硕士学位论文，2007.

［6］夏建华，邓红. 白酒企业核心员工职业生涯管理［J］. 四川理工学院学报（社会科学版），2012（8）.

［7］刘丽. 国有企业经理层激励与监督研究［D］. 重庆大学硕士学位论文，2011.

［8］肖兴政，刘燕，朱万. 酒类企业员工激励思路探讨——以自贡 XS 酒业公司为例［A］. 第十一届全国经济管理院校工业技术研究会论文集［C］. 2012.

［9］肖德银. 五粮液公司的营销渠道研究［D］. 辽宁工程技术大学硕士学位论文，2009.

［10］王文倩. 中小白酒企业销售人员激励研究［D］. 西南财经大学硕士学位论文，2007.

［11］殷世群."打造中国白酒金三角，建设长江上游白酒经济带"战略浅析［J］. 中国酒，2010（11）.

［12］郭五林. 五粮液与茅台酒文化的比较研究［N］. 华夏酒报，2011-02-28.

［13］王少雄. 中国"白酒金三角"的战略背景和核心价值［EB/OL］. 中国白酒金三角网，http：//www.j3jcn.com/main.html.

［14］杨永. 中国白酒地理标志保护现状分析与建议［J］. 酿酒科技，2012（2）.

［15］康珺. 基于川酒文化的中国"白酒金三角"旅游发展策略［J］. 四川理工学院学报（社会科学版），2012，27（1）.

［16］陈于后. 打造中国"白酒金三角"的区域合作问题研究［J］. 四川理工学院学报（社会科学版），2012，27（1）.

供应链契约在川酒供应链中的应用研究*

王欢　窦宇

摘要： 近年来，随着国家相关政策的推出，再加上"勾兑门"、"塑化剂"等负面因素的影响，白酒行业出现了供大于求的局面，白酒供应链库存产品积压严重。酒企和经销商利润大幅下滑，部分酒企和经销商甚至退出了白酒市场，凸显出白酒供应链应对市场需求变动方面存在的重大缺陷，现有运作模式亟须转型升级。针对上述问题，本文在对白酒供应链现有运作模式进行分析的基础上，将期权契约应用于白酒供应链，建立了白酒供应链各决策主体的最优决策模型，并通过具体案例验证了期权契约模型的有效性。

一、引　言

白酒行业近年来经历了快速发展时期，产量得到大幅提升。产业信息网公布 2012 年全国白酒行业产量高达 1153 万吨，比 2004 年增长 280.58%，达到了历史高点。近两年来，随着国家相关政策的相继推出，再加上"勾兑门"、"塑化剂"等负面因素的影响，白酒的市场需求大幅萎缩。市场需求的变动导致白酒销售业绩不振、量价齐跌，

* 基金项目：川酒发展研究中心资助项目（项目编号：CJY13-12）。

作者简介：王欢（1991—），男，山东省单县人，西南交通大学交通运输与物流学院在读硕士生，研究方向为供应链期权契约。

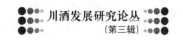

行业整体效益下滑。国家统计局公布 2013 年全国白酒期末库存较年初增长了 46.5%，可见我国大量酒企或经销商存货激增，白酒供应链产能过剩，供大于求已是不争的事实，这严重影响了酒企和经销商的利润。从中国酒业协会公布的 2013 年全国白酒数据可知，2013 年全国白酒行业利润增长率为-0.19%，部分酒企或经销商甚至出现了大幅亏损的局面。

面对萎靡不振的市场，一线酒企首先控量稳价、量价平衡，坚持出厂价格不动摇、维护品牌高端性；紧接着推出"定制化酒"、"创意酒"以求从小众化市场实现突破，推出"系列酒"以求品牌与系列酒的独立运作；最后借助电商平台在互联网上销售产品[1]。然而实践中这些做法在提高一线酒企利润方面并不乐观。随着市场需求进一步的萎缩，许多一线酒企、经销商被迫以"跳楼价"抛售产品。这样一线名酒价格下滑的同时，其销售渠道也在下沉，并触及二三线以及区域性白酒的市场空间，市场竞争异常激烈、市场秩序紊乱，白酒供应链面临巨大的竞争和生存压力，部分酒企或经销商在这次竞争中选择或被迫退出白酒市场。可见，白酒供应链在应对需求变动的措施上主要以事后应对为主，不能从本质上提高供应链应对市场需求变动的能力。

现有白酒供应链运作大致分为两个阶段：第一阶段，经销商预测销售季节内产品需求量，然后向酒企下订单，酒企经生产备货提前期交付订单产品给经销商；第二阶段，经销商在销售季节内销售产品。如果销售季节实际需求远超出经销商预测，经销商补货难度非常大，白酒供应链将面临较大损失，还可能丢失相关市场；如果销售季节实际需求远低于经销商预测，白酒供应链将积压大量产品，多数情况下只能通过打折处理等方式清理库存，且存在较大的过剩库存滞销风险，损失非常大。综上可见，白酒供应链现有运作模式由于缺乏柔性在应对需求变动方面存在严重问题。

针对这一问题，许多学者从柔性供应链期权契约的角度进行了大量研究且成效明显。柔性供应链期权契约作为风险规避的有效工具之一，可通过改变供应链参与者之间的协作过程降低市场需求不确定性对供应链造成的冲击。宁钟和戴俊俊[2]研究了怎样利用期权来协调供应链各合作伙伴的动机、提高供应链应对市场变化的能力。朱海波和胡文[3]研究了基于期权单供应商与单零售商组成的多周期单产品两级供应链数量柔性契约，实现了分布式供应链系统的优化。王丽丽等[4]研究了基于看涨期权单制造商与单零售商组成的两级供应链协作问题，他们设置的契约参数可以使供应链的整体利润达到最优。Liu C.等[5]、赵正佳[6]、李剑锋等[7]、佟斌等[8]分别将期权契约应用于集装箱租赁服务供应链、农产品供应链、物流服务供应链、电子半导体供应链，证明了期权契约可以提高供应链参与者的利润。可见期权契约已应用于许多行业或领域，然而目前期权契约在白酒供应链中的应用还很少。因此，本文将期权契约引入白酒供应链以增加供应链的柔性，提高其应对市场需求不确定性的能力。

二、模　型

在由一个酒企和一个经销商组成的单订货周期、两级供应链系统中，经销商从酒企处批发产品，并将产品销售给下级分销商或零售商，现假设批发价和销售价均由外部因素决定。图1表示单订货周期内白酒供应链作业时序。经销商在 t_0 时刻设置一个订单，$t_0 \sim t_1$ 是酒企的生产提前期。酒企在 t_1 时刻交付订单产品给经销商，同时可将剩余产品收取残值。$t_1 \sim t_2$ 是经销商销售季节，在销售季节结束时刻 t_2，经销商可将没卖完的产品收取残值。因为生产提前期很长且销售期很短，所以酒企只能有一次生产机会。

图1　单订货周期内白酒供应链作业时序

为便于讨论，这里给出本文所涉及各个变量的定义，如表1所示。

表1　本文涉及各个变量的定义

符号	含义
Q_0	看涨期权模型下经销商初始订货量
Q_{nv}	"报童模型"下经销商初始订货量
q_0	经销商期权购买量
q_e	期权行使数量
w	单位产品批发价格
w_0	单位期权购买价格
w_{ec}	单位期权执行价格
r	单位产品市场销售价格
c	单位产品生产成本
p	单位产品缺货成本
v_b	经销商单位产品残值
v_s	酒企单位产品残值
ξ	销售期的实际需求
$f_s(\cdot)$	在开始时刻 t_0 所预测 X 的概率密度函数

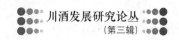

续表

符号	含义
$F_X(\cdot)$	在开始时刻 t_0 所预测 X 的分布函数
$f_{D|x}(\cdot)$	当 X = x 时的条件概率密度函数（pdf）
$F_{D|x}(\cdot)$	当 X = x 时的条件累计分布函数（cdf）

在整篇文章中，假设 $w > c > v_s > v_b$。其中，$w > c$ 确保酒企有生产利润；$c > v_s$ 避免酒企无限生产产品获得无限利润；由于酒企处理剩余产品的时间是销售季节开始，而经销商处理剩余产品则在销售季节末，酒企较经销商有更充足的处理剩余产品的时间，据此假设 $v_s > v_b$。

设定 $D(D \geq 0)$ 代表销售季节内的随机需求。在 t_0 时刻，经销商预测销售季节内需求在区间 $[X - m, X + m]$ 上服从均匀分布。其中，X 是平均需求量，且 X 是未知的并在区间 $[\gamma - n, \gamma + n]$ 上服从均匀分布。在 t_1 时刻，经销商依据在生产提前期（$t_0 \sim t_1$）收集到的最新信息，将 X 确定为 x。我们进一步假设，$\gamma \geq m + n$ 来保证 $D \geq 0$。用 m 和 n 来衡量需求预测误差。均匀分布是指在某个区间内所有值出现的可能性是相同的。X 和 D 分别在区间 $[\gamma - n, \gamma + n]$ 和 $[X - m, X + m]$ 服从均匀分布，且 X 和 D 的 pdf 和 cdf 如下：

$$f_X(x) = \frac{1}{2n}, \quad x \in [\lambda - n, \gamma + n],$$

$$F_X(x) = \frac{1}{2n}(x - \lambda + n), \quad x \in [\lambda - n, \gamma + n],$$

$$f_{D|x}(\xi) = \frac{1}{2m}, \quad \xi \in [x - m, x + m],$$

$$F_{D|x}(\xi) = \frac{1}{2m}(\xi - x + m), \quad \xi \in [x - m, x + m].$$

在这样的作业情况下，我们引进传统"报童模型"和看涨期权契约模型。

（一）报童模型

"报童模型"通常被用在缺乏生产柔性的供应链中。白酒供应链的生产运作缺乏柔性，导致其应对需求变动的能力差。经过简单分析可知，在单订货周期内，白酒供应链运作模式类似于"报童模型"，具体如图 2 所示。经销商在 t_0 时刻设置一个订单 Q_0，单位产品批发价为 w。在 $t_0 \sim t_1$ 时段内酒企生产产品，单位生产成本为 c，并在销售季节开始时刻 t_1 交付订单产品给经销商。一旦销售季节开始，经销商没有机会补充库存。

在 $t_1 \sim t_2$ 时段内,经销商需求被满足时获取收益 r,需求未被满足时付出缺货成本 p。在销售季节结束时刻 t_2,经销商可以从未卖出的产品中获得残值 v_b。

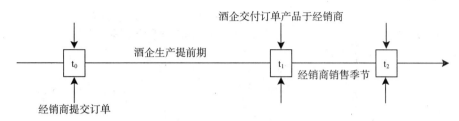

图2 "报童模型"下白酒供应链运作过程

基于以上描述,经销商在 t_0 时刻的期望利润是:

$$\prod_{nvb}(Q_{nv}) = -wQ_{nv} + \int_{\gamma-n}^{Q_{nv}-m} \int_{x-m}^{x+m} \left[r\xi + v_b(Q_{nv}-\xi)\right]f(\xi)d\xi f_x(x)dx$$

$$+ \int_{Q_{nv}-m}^{Q_{nv}+m} \left\{ \int_{x-m}^{Q_{nv}} \left[r\xi + v_b(Q_{nv}-\xi)\right]f(\xi)d\xi \right.$$

$$+ \int_{Q_{nv}}^{x+m} \left[rQ_{nv} - p(\xi-Q_{nv})\right]f(\xi)d\xi \right\} f_x(x)dx$$

$$+ \int_{Q_m+m}^{\gamma+n} \int_{x-m}^{x+m} \left[rQ_{nv} - p(\xi-Q_{nv})\right]f(\xi)d\xi f_x(x)dx \qquad (1)$$

经销商的问题是在 t_0 时刻选择合适的 Q_{nv}^* 使自身利润最大。即 $\max \prod_{nvb}(Q_{nv})$,其中 $Q_{nv} \geqslant 0$。

对 $\prod_{nvb}(Q_{nv})$ 求导,可得经销商在 t_0 时刻的最优订货量为:

$$Q_{nv}^* = \gamma + n - \frac{2n(w - v_b)}{r + p - v_b} \qquad (2)$$

酒企的利润函数为:

$$\prod_{nvs}(Q_{nv}) = (w - c)Q_{nv}^* \qquad (3)$$

(二)看涨期权模型

看涨期权是让经销商在酒企提交货物前,按照预先设定价格,以购买的期权数为基准增加初始订货量,这是看涨期权给予经销商的权利而非义务。看涨期权能够改变现有白酒供应链的运作模式,增加白酒供应链生产柔性,具体如图3所示。在 t_0 时刻,经销商按批发价 w 设定一个初始订货量 Q_0,按单价 w_0 购买 q_0 数量的期权。酒企负责生产经销商初始订购与期权范围内所有数量之和的产品,即 $Q_0 + q_0$。在销售季节开始时刻 t_1,根据信息更新预测,经销商以单价 w_{ec} 行使 q_e 数量期权,那么酒企提供 $Q_0 + q_e$ 数

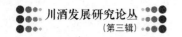

量的产品给经销商。提供产品之后，酒企对没有卖出的产品获得 v_s 残值。在销售季节结束时刻 t_2，经销商对没有卖出的产品获得 v_b 残值。

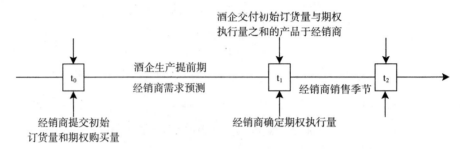

图3　看涨期权模型下白酒供应链运作过程

在这个模型中，我们假设：$w_{ec} > w$，以确保经销商行使看涨期权时支付比批发价更高的价格；$w_0 + w_{ec} \le r + p$，以确保经销商行使期权时可以获得利润；$v_b \le w - w_0$，以确保酒企提供期权可以获利。

1. 经销商的最优决策

经销商拥有两个决策点：t_0 时刻确定初始订货量 Q_0 和期权购买量 q_0，t_1 时刻确定期权执行量 q_e。我们首先确定经销商在 t_1 时刻的最优决策，然后得到在 t_0 时刻的最优决策。

在 t_1 时刻经销商已经确定初始订货量 Q_0 和期权购买量 q_0。此时 X 已确定为 x，为了使自身利润最大化，经销商确定期权的行使量 q_e。根据 x 的不同值，我们得到下列三种情况。

（1）$x > Q_0 + q_0 + m$，$(Q_0 + q_0 < x - m)$。

在这种情况下，即使经销商行使所有期权 q_e，最终订单量 $Q_0 + q_e$ 也无法满足需求。经销商的利润函数是：

$$\Pi_{ob,t_1}^1(q_e, Q_0, q_0 \mid x) = -w_{ec}q_e + \int_{x-m}^{x+m}[r(Q_0 + q_e) - p(\xi - Q_0 - q_e)]f(\xi)d\xi \tag{4}$$

（2）$x < Q_0 - m$，$(Q_0 > x + m)$。

在这种情况下，需求总是比初始订单量 Q_0 还小。所以，经销商不可避免地存有过多产品，产生库存，经销商决定不行使看涨期权。经销商利润函数是：

$$\Pi_{ob,t_1}^2(q_e, Q_0, q_0 \mid x) = -w_{ec}q_e + \int_{x-m}^{x+m}[r\xi + v_b(Q_0 + q_e - \xi)]f(\xi)d\xi \tag{5}$$

（3）$Q_0 - m \leqslant x \leqslant Q_0 + q_0 + m, (Q_0 + q_0 \geqslant x - m, \ Q_0 \leqslant x + m)$。

在这种情况下，库存过多和缺货都有可能。所以经销商的利润函数是：

$$\Pi_{ob,t_1}^3(q_e, \ Q_0, \ q_0 \mid x) = -w_{ec}q_e + \int_{x-m}^{Q_0+q_e} [r\xi + v_b(Q_0 + q_e - \xi)]f(\xi)d\xi$$

$$+ \int_{Q_0+q_e}^{x+m} [r(Q_0 + q_e) - p(\xi - Q_0 - q_e)]f(\xi)d\xi \qquad (6)$$

综合以上三种情况，我们得到 t_1 时刻的最优策略为：

$$q_e^* = \begin{cases} q_0 & Q_0 + q_0 + m < x \leqslant \gamma + n \\ q_0 & Q_0 + q_0 - z(w_{ec}) < x \leqslant Q_0 + q_0 + m \\ x + z(w_{ec}) - Q_0 & Q_0 - z(w_{ec}) \leqslant x \leqslant Q_0 + q_0 - z(w_{ec}) \\ 0 & Q_0 - m \leqslant x \leqslant Q_0 - z(w_{ec}) \\ 0 & \gamma - n \leqslant x \leqslant Q_0 - m \end{cases} \qquad (7)$$

其中，

$$z(w_{ec}) = m - \frac{2m(w_{ec} - v_b)}{r + p - v_b} \qquad (8)$$

在 t_0 时刻，经销商确定初始订货量 Q_0 和期权购买量 q_0 使自身利润最大。

$$\max \Pi_{ob,t_0}(Q_0, \ q_0) = -wQ_0 - w_0q_0 + E(\Pi_{ob,t_1}^*(q_e, \ Q_0, \ q_0 \mid X)) \qquad (9)$$

其中，$Q_0 > 0; \ q_0 > 0$。

$$E(\Pi_{ob,t_1}^*(q_e, \ Q_0, \ q_0 \mid X)) = \int_{\gamma-n}^{Q_0-m} \Pi_{ob,t_1}^2(0, \ Q_0, \ q_0 \mid x) f_X(x)dx$$

$$+ \int_{Q_0-m}^{Q_0-z(w_{ec})} \Pi_{ob,t_1}^3(0, \ Q_0, \ q_0 \mid x) f_X(x)dx$$

$$+ \int_{Q_0-z(w_{ec})}^{Q_0+q_0-z(w_{ec})} \Pi_{ob,t_1}^3(x + z(w_{ec}) - Q_0, \ Q_0, \ q_0 \mid x) f_X(x)dx$$

$$+ \int_{Q_0+q_0-z(w_{ec})}^{Q_0+q_0+m} \Pi_{ob,t_1}^3(q_0, \ Q_0, \ q_0 \mid x) f_X(x)dx$$

$$+ \int_{Q_0+q_0+m}^{\gamma+n} \Pi_{ob,t_1}^1(q_0, \ Q_0, \ q_0 \mid x) f_X(x)dx \qquad (10)$$

同样，我们得到最优解如下：

$$Q_0 = \gamma + n + m - \frac{2n(w - w_0 - v_b)}{w_{ec} - v_b} - \frac{m(w_{ec} - v_b)}{r + p - v_b} \tag{11}$$

$$q_0 = \frac{2n(w - w_0 - v_b)}{w_{ec} - v_b} - \frac{2nw_0}{r + p - w_{ec}} - m \tag{12}$$

易得 $Q_0 > 0$。如果要让 $q_0 > 0$，下式必须成立：

$$w_0 < \frac{2n(w - v_b) - m(w_{ec} - v_b)}{2n(r + p - v_b)}(r + p - w_{ec}) \tag{13}$$

易得式（10）是凸函数。因此，经销商的最优策略 Q_0 和 q_0 符合以下性质：

（Ⅰ）如果不等式（13）成立，则最优决策 Q_0 和 q_0 分别符合式（11）和式（12）；

（Ⅱ）如果不等式（13）不成立，则 $q_0 = 0$，$Q_0 = \gamma + n - \frac{2n(w - v_b)}{r + p - v_b}$（Ⅰ、Ⅱ的证明见 Wang Q.等[9]）；

（Ⅲ）如果不等式（13）成立，则 $Q_0 < Q_{nv}$、$Q_0 + q_0 > Q_{nv}$。

性质（Ⅲ）的证明如下：

$$Q_0 - Q_{nv} = m + \frac{m(v_b - w_{ec})}{r + p - v_b} - \frac{2n(v_b - w)}{r + p - v_b} - \frac{2n(v_b - w + w_0)}{v_b - w_{ec}} \tag{14}$$

把式（14）看作 w_0 的函数，上式对 w_0 求导得 $\frac{2n}{w_{ec} - v_b} > 0$，$w_0 = \frac{2n(w - v_b) - m(w_{ec} - v_b)}{2n(r + p - v_b)}(r + p - w_{ec})$ 时，$Q_0 = Q_{nv}$。因此，如果不等式（13）成立，则 $Q_0 < Q_{nv}$。

$$Q_0 + q_0 - Q_{nv} = \frac{m(v_b - w_{ec}) + 2n(w - v_b)}{r + p - v_b} - \frac{2nw_0}{r + p - w_{ec}} \tag{15}$$

把式（15）看作 w_0 的函数，上式对 w_0 求导得 $\frac{2n}{w_{ec} - r - p} < 0$，$w_0 = \frac{2n(w - v_b) - m(w_{ec} - v_b)}{2n(r + p - v_b)}(r + p - w_{ec})$ 时，$Q_0 + q_0 = Q_{nv}$。因此，如果不等式（13）成立，$Q_0 + q_0 > Q_{nv}$。

性质（Ⅲ）说明了看涨期权模型下的初始订货量比"报童模型"下的订货量小，但看涨期权模型下的初始订货量与期权购买量之和要比"报童模型"下的订货量大。

2. 酒企的最优决策

现在分析酒企的行为，产品批发价 w 已给出，酒企需要在 t_0 时刻确定单位期权购买价格 w_0、单位期权执行价格 w_{ec}，以使自身期望利润最大，酒企期望利润函数如下：

$$\prod_{ost_0}(w_0,\ w_{ec}) = -c(Q_0+q_0) + wQ_0 + w_0q_0 + \int_{\gamma-n}^{Q_0-z(w_{ec})} q_0 v_s f_X(x)dx$$

$$+ \int_{Q_0-z(w_{ec})}^{Q_0+q_0-z(w_{ec})} \{(x+z(w_{ec})-Q_0)w_{ec} + [q_0-(x+z(w_{ec})-Q_0)]v_s\}f_X(x)dx$$

$$+ \int_{Q_0+q_0-z(w_{ec})}^{\gamma+n} q_0 w_{ec} f_X(x)dx \tag{16}$$

第一项代表酒企生产成本；第二项和第三项分别代表初始订单及期权售卖的收入；第四项代表经销商未行使看涨期权的情况下，酒企处理经销商初始购买的期权数量的产品而获得的残值收入；第五项代表在经销商行使部分看涨期权时的收入以及剩余期权数量产品的残值收入；第六项代表在经销商行使全部看涨期权时的收入。

酒企要解决以下最大化问题：

$$\max \prod_{ost_0}(w_0,\ w_{ec}) \tag{17}$$

从经销商那里得知，Q_0 和 q_0 都是关于酒企契约参数 $(w_0,\ w_{ec})$ 的函数，由于情况的复杂性，酒企各最佳契约参数 $(w_0,\ w_{ec})$ 的具体表达式将不能得到。因此，本文采用数值分析方法解决看涨期权模型如何影响酒企的利润[10]。

三、案例分析

在模型部分假设白酒随机需求 D 在区间 $[X-m,\ X+m]$ 服从均匀分布，平均需求 X 在区间 $[\gamma-n,\ \gamma+n]$ 服从均匀分布，进而分析了报童模型和看涨期权模型。得知看涨期权模型通常有两个决策点：第一决策点，经销商设定初始订货量及期权购买量；第二决策点，经销商确定期权执行量。本部分将通过数值验证看涨期权模型的有效性。下面是某品牌（系列）白酒酒企提供的 2014 年白酒有关数据资料：经销商的计划周期为一年，然后按月计划具体向酒企订货；酒企的生产成本为 910 元/瓶；酒企与经销商之间的批发价为 1218 元/瓶；经销商与其下级分销商或零售商之间的批发价为 1240 元/瓶；若经销商在销售期发生缺货，经销商需向下级分销商或零售商缴纳罚金以及由缺货造成的直接或间接损失，平均到每箱产品为 60 元/瓶；经销商对销售期末剩余产品可按 1220 元/瓶在其他月份销售，且剩余产品的库存持有成本为 20 元/瓶·月；酒企为

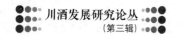

所有经销该品牌白酒经销商交付产品后，剩余产品可按 1220 元/瓶在下一订货周期销售，且剩余产品的库存持有成本为 4 元/瓶·月；酒企交付产品时，经销商通常期望的初始订单调整量为 50%左右。表 2 给出了经销商在每月之前确定该月订货量时的需求预测范围以及确定的该月订货量。

表 2　经销商在每月之前确定该月订货量时的需求预测范围以及确定的该月订货量

单位：瓶

1月			2月			3月			4月		
需求预测范围		订货量	需求预测范围		订货量	需求预测范围		订货量	需求预测范围		订货量
最小	最大		最小	最大		最小	最大		最小	最大	
6000	24000	12000	6000	24000	12000	2400	12000	6000	2400	6000	3600
5月			6月			7月			8月		
需求预测范围		订货量	需求预测范围		订货量	需求预测范围		订货量	需求预测范围		订货量
最小	最大		最小	最大		最小	最大		最小	最大	
1200	6000	2400	1200	3600	1200	1200	3600	1200	1200	3600	1200
9月			10月			11月			12月		
需求预测范围		订货量	需求预测范围		订货量	需求预测范围		订货量	需求预测范围		订货量
最小	最大		最小	最大		最小	最大		最小	最大	
6000	12000	6000	6000	18000	9600	6000	18000	12000	6000	18000	12000

依据上述资料并结合看涨期权模型特点，我们首先给出看涨期权模型中部分参数值：$r = 1240$，$w = 1218$，$p = 60$，$c = 910$，$v_s = 1216$，$v_b = 1200$；然后根据各月不同需求预测范围及订货量分别设定看涨期权模型中 γ、n、m 值；由于 1 月、2 月，6 月、7 月、8 月，11 月、12 月的需求预测范围及订货量相同。因此，共得到表 3 所示八组不同的 γ、n、m 值。

表 3　八组不同 γ、n、m 值

单位：瓶

1月、2月			3月			4月			5月		
γ	n	m	γ	n	m	γ	n	m	γ	n	m
15000	9000	6000	7200	4800	3000	4200	1800	1800	3600	2400	1200
6月、7月、8月			9月			10月			11月、12月		
γ	n	m	γ	n	m	γ	n	m	γ	n	m
2400	1200	600	9000	3000	3000	12000	6000	4800	12000	6000	6000

分别计算在 NV、SCCO 模型下，八组月份内经销商和酒企的最优决策及利润与利润增长率、白酒供应链总利润，得到表 4 中八组数据。其中，$\alpha = \dfrac{SCCO_{经销商利润} - NV_{经销商利润}}{NV_{经销商利润}} \times$

100%表示经销商利润增长率，$\beta = \dfrac{SCCO_{酒企利润} - NV_{酒企利润}}{NV_{酒企利润}} \times 100\%$ 表示酒企利润增长率。

表4　八组月份内经销商和酒企的最优决策及利润与利润增长率、白酒供应链总利润

| 月份 | NV | | | | SCCO | | | | | | | α | β |
	Q_{nv}	经销商利润	酒企利润	总利润	w_0	w_{ec}	Q_0	q_0	经销商利润	酒企利润	总利润		
1、2	20760	163827	6394080	6557907	1	1218	11920	10780	211476	7002531	7214007	29	10
3	10272	71927	3163776	3235703	1	1218	5393	5950	99139	3494553	3593692	38	10
4	5352	50832	1648416	1699248	1	1218	4076	1556	55796	1735117	1790912	10	5
5	5136	38776	1581888	1620664	1	1218	2451	3275	55265	1763825	1819089	43	12
6、7、8	3168	32588	975744	1008332	1	1218	1825	1637	40832	1066712	1107545	25	9
9	10920	128720	3363360	3492080	1	1218	8793	2593	136993	3507861	3644854	6	4
10	15840	143440	4878720	5022160	1	1218	10603	6387	168528	5234173	5402701	17	7
11、12	15840	125440	4878720	5004160	1	1218	11587	5187	141987	5167722	5309708	13	6

从表4中看出，每组数据从左向右第8列值都比第2列值小、第8、第9列值之和都比第2列值大、从而验证了性质（Ⅲ），第10列值都比第3列值大、第11列值都比第4列值大、第12列值都比第5列值大，进而说明了看涨期权模型更能提高酒企、经销商以及白酒供应链的利润。在产品批发价已定的前提下，第6列、第7列值为酒企的最优期权定价。

四、结　论

本文首先对目前白酒行业存在的问题以及白酒供应链现有运作模式分析后，将看涨期权契约应用到白酒供应链中；然后给出了酒企和经销商的最优决策模型，经销商通过购买期权提高了其采购柔性，增加了应对市场需求不确定性的能力，但同时也给酒企带来了一些生产风险，而酒企通过售卖期权以及经销商部分或全部执行期权弥补了生产风险带来的损失；最后数值验证了看涨期权契约应用到白酒供应链的有效性。本文的研究只针对单个酒企和单个经销商组成的供应链，然而实践中白酒供应链一个

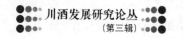

酒企对应多个经销商的情形更是广泛存在。因此，单酒企和多经销商组成的供应链其协作过程是进一步研究的方向。

参考文献

[1] 潘晟. 高端白酒突围路漫漫 [N]. 上海金融报，2015-01-02.

[2] 宁钟，戴俊俊. 期权在供应链风险管理中的应用 [J]. 系统工程理论与实践，2005（7）：49-54.

[3] 朱海波，胡文. 基于期权的供应链数量柔性契约决策模型 [J]. 控制与决策，2014，29（5）：860-866.

[4] 王丽丽，张纪会，王荣忠. 基于柔性期权契约的供应链协调分析 [J]. 渤海大学学报（自然科学版），2012，33（1）：92-96.

[5] Liu C., Jiang Z.B., Liu L.M. et al. Solutions for Flexible Container Leasing Contracts with Options under Capacity and Order Constraints [J]. International Journal Production Economics，2013，141：403-413.

[6] 赵正佳. 农产品供应链期权契约分析 [J]. 企业经济，2010（8）：41-43.

[7] 李剑锋，黄祖庆，陈世平，汤易兵，吴增源. 基于期权的物流服务供应链协调机制 [J]. 计算机集成制造系统，2013，19（6）：1377-1384.

[8] 佟斌，郭琼，潘新. 基于需求预测的供应链期权式契约协调 [J]. 系统工程，2006，24（11）：13-18.

[9] Wang Q., Tang O., Tsao D. B. Aflexible Contract Strategy in a Supply Chain with an Inflexible Production Mode [J]. International Journal of Operational Research，2006，1（3）：228-248.

[10] Barnes-Schuster D., Bassok Y., Anupindi R. Coordination and Flexibility in Supply Contracts with Options [J]. Manufacturing and Service Operations Management，2002，4（3）：171-207.

"新常态"下白酒广告的变革探寻*

唐瑛

摘要：本文试图在白酒广告的设计和投放策略等方面，探寻提升白酒企业美誉度、培养品牌忠诚度以及品牌价值升华的路径和方法，寻找传播体系的创新点，从而促进白酒品牌的可持续发展。

近年来，随着中国白酒行业的迅猛发展，白酒广告领域的学术研究成果也非常丰富，大概包括以下四个方面：

一是白酒广告与白酒文化关系研究。边微分析了白酒广告中的特殊文化定位，如家文化、情文化、福文化、诗文化、史文化、民俗文化。陈邵桂提出了文化包装与广告效应的关系，认为白酒包装艺术设计借助文化元素或者突出文化品位。

二是白酒广告投放策略和投放媒体研究。曾朝晖通过对白酒目标群体的分析寻找广告媒体组合，提升广告效果。武大海分析了2010年央视和卫星频道的白酒广告投放和频道格局，得出白酒市场格局及产业发展走向。

三是白酒广告设计与诉求的研究。袁光富分析如何在广告创意中正确运用"ESP理论"，满足现代人的消费心理和需求。吉益民认为广告整体策划的成功秘诀在于对广告业态的充分了解和对产品诉求的准确把握。

四是白酒广告与品牌定位。张智斌认为白酒营销应在强化渠道变革、转变渠道模式、规范战术标准、推动模式创新方面下功夫。傅国城认为白酒品牌扩张要贴近消费者需求，在产品创新的道路上，品牌定位需要随着市场的变化而不断创新。

---

* 基金项目：四川省哲学社会科学重点研究基地川酒发展研究中心项目（项目编号：CJY13-06）。
作者简介：唐瑛（1977—），女，四川西昌人，副教授，研究方向为市场营销、广告设计。

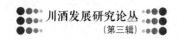
综观以上白酒广告研究可以发现，多集中于白酒文化、白酒广告设计与投放以及白酒广告与品牌定位等方面，理论与实践成果非常丰富。然而，2012 年底起，白酒行业结束"黄金十年"，进入结构调整，缓慢增长期。市场需求和消费结构发生了巨大改变，白酒广告也发生了变化。笔者结合当前经济和营销环境，试图从四个白酒投放最多的渠道进行分析，探寻传播体系的创新点，以期促进白酒品牌的可持续发展。

一、白酒电视广告

（一）广告内容和广告投放的变化

以往的白酒电视广告受政务需求的影响，内容多强调历史和血统，造就了同质化严重和情感诉求单一的局面。而在投放选择上多倾向央视和省级卫星频道的新闻类节目，导致新闻类节目前后，短时间内连续几个白酒品牌广告轮番"轰炸"的局面，花了巨额的广告费，广告效果不尽如人意。而在"新常态"下，白酒消费回归理性，政务消费红利不再，消费需求呈多元化、个性化，消费者更注重饮用价值。无论是广告内容还是投放选择都应该遵循市场规律、探寻不同消费群体的核心需求，争取在资源有限的条件下获得传播效果的最大化。

1. 广告内容不断创新，增加时尚、性感元素

无论是商务宴请还是个人消费，消费者都非常重视健康。白酒广告内容除了传统的历史文化和友情、亲情之外，还可以传播白酒与健康、积极的生活方式、人生态度等。对于年轻一族的消费者可以以时尚、性感等元素吸引其注意力。例如：真露是韩国烧酒的第一品牌，在韩国市场份额超过 50%。根据酒类专业杂志 *Drinks International* 的统计，真露的销售量在世界范围稳居首位，是世界上最畅销的蒸馏酒。其一直以来的广告都是走性感偶像派路线，深受消费大众喜爱。

2. 根据品牌定位和受众特征选择电视广告媒体

一线品牌青睐的央视广告能体现和支持其品牌形象，而二三线品牌则选择省级卫星频道，巩固其区域优势进而覆盖全国。中小酒企更需要考虑低成本的电视媒介策略，以地方电视媒体为主结合其他传播媒介，做到低投入、高回报。而电视节目有综艺类、新闻类、军事类、经济类等，应根据产品品牌、价格与适宜人群做明显区隔，做到广

告投放的高效、实效和明晰。

在不同的生命周期白酒广告应选择不同的电视媒介。例如：小郎酒通过精耕细作，10年间由一支附属产品成长为年销售量过10亿元的"大品牌"。2015年，小郎酒携新版广告投放精准定位CCTV-8。电视剧是家庭收视的灵魂和主体，拥有最广泛的观众；而CCTV-8是中国最具权威、最专业的电视剧频道，剧目播放多类型、多风格、多层次、雅俗共赏、老少皆宜，汇聚了最广泛的家庭观众群，这一定位与小郎酒"消费场合多样、饮用人群多样、优质口感、健康时尚"的产品调性高度一致。新版小郎酒广告区别于其他白酒广告，内容节奏更加欢快、场景氛围更贴合百姓生活，紧紧抓住消费者对小郎酒的好感与习惯，巩固了小郎酒在成熟市场的江湖地位。

（二）广告形式的变化

美国的《电视广告规范》规定：用蒸馏法酿造的烈酒，其广告不得接受；啤酒及温和性酒类广告，不得表现饮酒动态。在法国、俄罗斯、泰国等众多国家，也都有明确的禁止白酒广告的规定。而我国，国家广电总局发布并于2010年1月1日正式实施的《广播电视广告播出管理办法》，规定酒类广告发布的频率、频道、节（栏）目要受到严格限制。就未来发展来看，电视广告对酒精的限制还会加强。一方面，根据央视招标文件显示，2014年的现场招标广告资源里，多个栏目对白酒企业说不。新闻联播标版组合广告、2015年央视新闻客户端合作伙伴烈性酒企业不能投标；CCTV-1和CCTV-4、少儿《最野假期》独家冠名酒类企业不能投标。而央视新闻客户端、CCTV-1以及CCTV-4的各栏目独家冠名也选择了对白酒企业说不。另一方面，白酒企业央视广告招标会中标的投放额从2013年的36.6亿元降到2015年的0.96亿元，可以看到白酒行业开始逐渐淡出央视招标的核心视野，不再热衷于央视广告。

植入式广告悄然而至。热播电视剧《咱们结婚吧》中就有金六福广告植入。此剧所表达的对幸福婚姻的渴望与追求，与金六福"福文化"完美契合。植入式广告将产品融入电视剧剧情中，观众在看电视的同时不知不觉地就接受了产品信息，没有正面的抵触情绪，对产品品牌美誉度的提升效果较好。现阶段，品牌植入广告的植入方式有待提高，从剧本的创作阶段融入剧情的植入到拍摄阶段画面感极强的道具场景的植入，都要考虑融合度的问题，不牵强、不突兀，追求植入效果的同时也不能忽略艺术效果。当前，白酒行业也尝试着和电视剧制作方在剧本的创作阶段完成品牌的植入。例如，2015年年中登陆央视及各地方卫视的都市剧《嘿！老爸》，是酒仙网与光影动力传媒的第一次深度合作。这部电视剧从剧本创作到场景布局、台词对白、道具使用等方面都

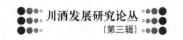

有深度的广告植入，由于设计合理、整体布局，广告植入不留痕迹。

酒行业的文化与品牌推广正在进入多元化的时代，一些白酒企业正在尝试白酒文化的传播创新，即把白酒文化和影视剧集深度结合，将酒文化融入其中，从而使剧集本身就含有酒文化推广的功用。例如，以泸州老窖原型的历史故事为创作主线，讲述日本侵略中国期间日本人试图占领窖池，中国人斗智斗勇夺回窖池的故事——《酒巷深深》。这部剧作从剧情创作前期就进行了品牌的植入，这种方式更为隐秘。这种从编剧环节就开始深度介入的酒文化推广形式让受众在享受剧情时接受企业传递的酒文化、酒品牌信息，同时也可以带动酒企的其他企业文化业务的发展，例如酒文化馆、酒文化旅游活动等。

二、白酒纸质媒体广告

（一）白酒报纸广告

报纸媒介拥有版面和篇幅较大，可进行各种不同形式的版面设计；编排灵活，图文并茂，信息容量大，发行区域和接受对象明确，发行密度较大；发行量大，传播面广，阅读人群广泛，遍及社会的各阶层；信息传播迅速、时效性强等优势。一直以来，以报刊为载体进行的广告宣传在白酒行业的广告营销中仍然占据着重要地位。资料显示，2014 年 1~5 月，国内酒类报纸广告累计花费额共 2.4 亿元，在酒类行业的报刊广告花费总额中占比 66.4%；在酒类报纸广告涉及的 6 个类别中，白酒广告投放量占比为 85.4%，花费额同比下跌 6.4%，但仍是行业最高，如图 1 所示。

统计期内，中国酒类报纸广告主数量为 341 个，同期相比锐减 64 个 TOP10 广告主的报纸广告花费占该市场报纸广告总额的 49.5%，其中四川的多个白酒企业在广告投入方面表现突出（如图 2 所示）。

统计期内，将国内的酒类报纸广告投放按区域进行划分：江苏省以 24.8% 的报纸广告量居首，频次高达 1114 次；其次是广东省，相对 NO.1 地区骤降 600 多个频次，报纸广告量跌至 500 以下；另外，在酒类报纸广告版式中，通常以 1/4 版和半版广告最受广告主欢迎。本期这两种版式的酒类广告所占份额分别为 22% 和 19%，如图 3 所示。

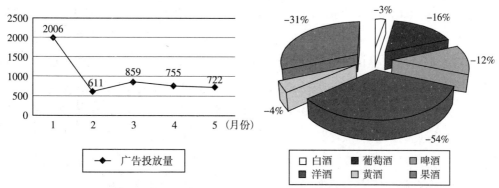

图1A　2014年1~5月酒类市场各产品类目报纸广告投放量变化趋势

图1B　酒类市场各产品类目的报纸广告花费同比增幅情况

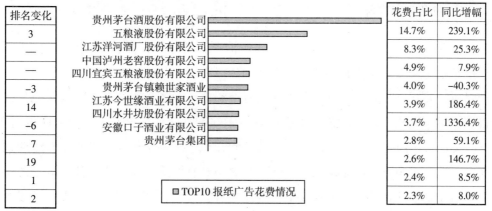

图2　2014年1~5月酒类市场TOP10报纸广告主的花费情况

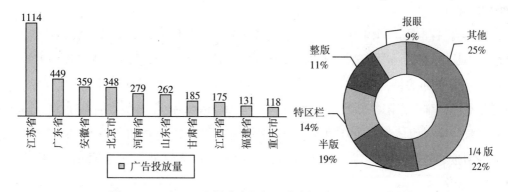

图3　2014年1~5月酒类市场报纸广告投放量TOP10地区

在报纸的广告内容上，企业总是希望把产品的优点全部告知公众，在有限的空间里装满了各种信息，版面设计自然就显得杂乱和拥挤不堪。殊不知，大众在阅读报纸的时候，对于广告大多是一扫而过，是瞬时记忆，信息量太大，反而什么都记不住。

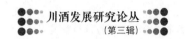

所以，阐述产品概念要寻找消费者的最大需求。而报纸的硬性广告能树立大牌形象，给予消费信心，而软文文字报道则能潜移默化地引导消费者，打破戒备心理。白酒品牌应该根据自己产品的生命周期来选择报纸广告的形式。在报纸的投放上，茅台酒2014年1~5月报纸广告投放约3000万元，相对上年同期有239.1%的高额增长，本期更以14.7%的报纸广告宣传花费额狠甩其他酒类企业。这与茅台的定位相吻合，茅台正抓住白酒行业的调整期强化其国酒形象和地位，其广告创意和版面设计也始终围绕这一诉求。但是对于二三线白酒品牌而言，在投放报纸媒介的时候，除了考虑创意和版面设计，还有两个因素需要考虑：一是品牌、产品性价比和目标受众；二是报纸发行量和读者群购买力。

（二）白酒杂志广告

杂志可分为专业性杂志、行业性杂志、消费者杂志等，杂志的读者群较为稳定，特别是专业性杂志，是专业产品优先选择的传播渠道。与其他媒体相比，杂志和阅读受众之间的关系更亲近，读者对杂志更具有信赖感。读者在阅读杂志时处于充分接受的状态，对于杂志广告容易消除戒备心理，不知不觉中就会接受杂志中的广告信息。杂志的文章探讨问题较为深入，对读者文化和知识水平要求较高，尤其是专业期刊要求读者有相当精深的专业知识和素养。正是这类具有权威性的杂志在读者群里的反复阅读率和传阅率较高，广告传播效果很高。还有一些综合性人文期刊，吸收了报纸的贴近生活、缩短周期等特点，出现杂志报纸化的趋势，成为越来越多白酒企业投放广告的重要选择。

2014年1~5月，国内酒类杂志广告花费累计约1.2亿元，在该行业报刊广告花费总额中占比33.6%，同比下降38.9%。统计期内，国内酒类杂志广告品牌共计126个，与报纸广告不同的是：TOP10杂志广告酒品牌中为首的不再是我国主打的白酒品牌，而是葡萄酒品牌"太阳谷冰酒"，花费额占比为10.2%；另外多款洋酒品牌亦位列前十，这一现象与杂志媒体的广告环境和受众属性是分不开的。将本期的酒类杂志广告投放媒体类型按量进行划分，"英文及免费杂志"媒体的广告量最高，"新闻时事评论"媒体次之，如图4所示。

随着白酒目标市场的变化，企业选择投放广告的杂志类型也发生着变化。杂志的读者虽然广泛，但也是相对固定的。因此，根据专业杂志特有的目标消费群体，有针对性地投放广告，这样杂志广告的效果较好。广告传播对象明确，广告设计时既能有的放矢，又能不断创新。

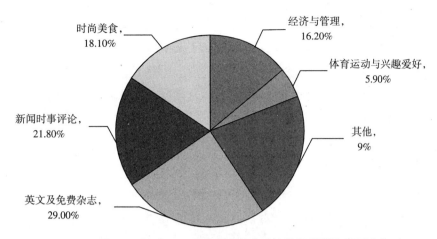

图4 2014年1~5月酒类市场杂志广告投放媒体类型分布

三、白酒新媒体广告

近年来，中国数字消费者的发展趋势：①社交商务呈现不断增长的趋势。有数据显示，无论是中国还是美国，人们每天在社交媒体的时间越来越多，社交网络使得人们在娱乐交往的同时也进行着网络购物，网络购物的APP日趋完善。网络购物不仅使人们足不出户就能满足购物需求，也使人们重新分配了娱乐休闲时间，浏览门户网站或者观看网络视频的同时也能进行网络购物。②线下实体店渐渐向"展示厅"的转型。门店不单纯是交易的一个渠道，更具有展示的功能。进入实体店的消费者30%会在店内浏览商品并同时用手机进行研究，16%最终在门店购买，29%从零售商的网店购买，45%从其他网店购买。③消费者对线上线下融合已经非常普及并将持续发展，71%的消费者已经使用O2O，9%的消费者愿意在6个月内进行尝试。2014年，72%的消费者希望线上网购商品线下支持（或允许）退货的渠道更通畅，价格更低廉。④虽然互联网在中国的三四线城市和农村的普及率较低，但网购用户同样活跃。⑤食品网购需求大幅增长。

经济不断发展，营销的规则变得媒体化，营销越来越依赖机构媒体。而传统媒体的优势还在，CCTV广告依旧很有价值，但是传统媒体的价值在被弱化，微博、微信、社交网络不断崛起，新媒体发展迅速。

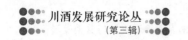

新媒体是新的技术支撑体系下出现的媒体形态，相对于报刊、户外、广播、电视四大传统意义上的媒体，新媒体被形象地称为"第五媒体"。主要有门户网站、电子邮箱、搜索引擎、虚拟社区、网络游戏、博客、微信、播客、手机短信、手机电视、网络电视、网络杂志等。它们之中有的属于新的媒体形态，有的属于新的媒体软件、新的媒体硬件和新的媒体服务方式。

（一）门户网站

白酒品牌通常选择的一线门户网站有央视网、新华网、人民网、新浪、腾讯网等。门户网站的优点是受众数目庞大，有最广阔的传播范围；不受时间限制；广告效果持久，互动性强。企业在选择门户网站的时候需要考虑的因素有：广告品牌档次，广告品牌定位与网站契合度，广告信息的丰富程度，广告形式的吸引力，广告画面表现力等。在门户网站上投放精准广告，需要根据目标人群的上网规律，选择灵活多变的投放方式，可以按 CPC（点击成本）、CPM（千人展示成本）CPD（按天收费）等多种策略，分类检索，针对不同地域投放；以文字、图片、动画、悬浮、弹出等多种形式展现在目标人群浏览的网页上，广告针对性强；可以准确统计受众数量，带来更多精准用户，有效提升白酒广告投放 ROI。

如果白酒品牌不仅考虑产品销量的增长，更侧重于美誉度的提高，希望提升品牌信任度与知名度，就需要一套整合投放方案。即全方位地利用 QQ 群、百度知道、问答、贴吧、论坛等一系列用户互动问答平台，通过精准广告投放+权威媒体新闻+用户口碑特效的整合广告投放方案，巩固白酒广告投放效果。网络专销白酒，更是白酒企业提升消费者体验的一次尝试。例如，泸州老窖"三人炫"开启了增强消费者参与感的酒体"公测"，从而提升整体的用户体验。酒仙网在其官网及论坛发布了这次公测活动，参与测验的酒友们只需在线申请测试资格即可。这个本来在游戏行业内司空见惯的名词，竟然被移植到了白酒行业，这样的互联网思维在白酒行业可谓空前。参与感是提升用户体验的绝佳方式，但却不是唯一的方式。在产品打造本身，"三人炫"也处处体现了其对用户体验的重视。精心设计的瓶身保证了消费者第一眼高大上的印象。而其精选的谷物与酿酒泉水保证了其卓越的品质。精巧、环保的绒布袋设计更是将用户体验做到极致。

（二）微信营销

2012 年，世界大型企业联合会与美国斯坦福大学洛克公司治理中心联合发布了一份《公司领导层利用社交媒体技术实现公司管理》的报告。报告指出：未来的趋势是去中心化的，分享和移动化将是趋势。在中国，现阶段影响最大的社交媒体就是微信APP。微信三大平台：朋友圈、微信群、公众平台。公众平台二次开发，展示商家微官网、微商城、微会员、微推送、微支付、微活动、微 CRM、微统计、微提成等，形成了一种线上线下微信互动营销方式。截至 2014 年 7 月底，微信拥有 8 亿用户，月活跃用户 4.68 亿户，微信公众账号 580 万个，且每日新增 1.5 万个；接入 APP 总量达67000 个，日均创建 APP 达 400 个。

根据测算，微信直接带动的生活消费规模已经达到 110 亿元。微信逐渐成为人们生活的一部分，平均每天打开微信 10 次以上的用户达到 55.2%。微信不仅是一款男性为主的应用（男女用户比例为 1.8：1），而且用户群体非常年轻，18~35 岁的中青年为微信的主要用户群体，他们所占的比例高达 86.2%。微信的社交影响极大，62.7% 的微信用户好友超过 50 人，四成多微信用户的好友数超过 100 人。同时，公众账号成为微信的主要服务之一，73.4% 的用户关注了公众账号。因此，泸州老窖 2014 年年报提出布局 O2O，构建大数据，逐步"去经销商化"，广告宣传上将借重社交媒体，在公司内外将社交媒体技术融入业务和共享服务。

微信营销已成为时下流行字眼，而微信平台正是企业与消费者之间互动的桥梁。基于微信公众号的 B2C 微商是由货物供应者（厂商、供货商、品牌商）提供一个微信上搭建的统一移动商城直接面向消费者，负责产品的管理、发货与产品售后服务。B2C微商需要完善以下条件：①要有一个完善的基础交易平台，淘宝有一个完善的交易体系，而微信里面是没有的。②需要完善的社会化分销体系，目前这个体系非常乱，很多分销体系已经接近传销的界限了。③完善社会化客户关系管理系统来管理企业会员。④有完善的售后维权机制，跟消费者直接沟通。朋友圈满满地都是微商们的刷屏，而酒业作为传统行业，是否适合微信营销呢？例如，2014 年在微信平台的微店上热卖的"浓香 1 号白酒"被称为白酒行业中的"小米"——老百姓餐桌上的用酒。江小白以关怀都市青年情绪为立足点的微信文章成为文艺青年每周必看的心灵读本；江小白语录从注重情感呼唤的语录 1.0 版，到自我调侃的语录 2.0 版，再到加入了《至粉丝的一封信》和对话模式的语录 3.0 版微信、微博与移动应用，这种直击心灵的网络"广告"能够吸引消费者主动接受，效果更佳。

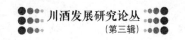

四、结　论

在"新常态"下，中国 GDP 增长率已经从 10.7% 的高速增长转为 7% 左右的中高速增长，经济结构不断优化升级。中国白酒行业也从"黄金十年"走向"结构调整持续创新缓慢增长时代"。白酒企业在经历市场管理模式的转型、营销推广的变革、渠道的改善、技术和文化创新的同时，应善于掌握各种有利的条件，根据自身品牌内涵及资源调配能力来制定有效的广告设计与媒体投放策略，探寻提升白酒企业美誉度、培养品牌忠诚度以及品牌价值升华的路径和方法，寻找传播体系的创新点，从而实现品牌的良性可持续发展。

参考文献

［1］泸州老窖官网，http：//www.lzlj.com.

［2］荀启明.关于增强广告效果的思考［J］.重庆工商学院学报，2002（2）：28.

［3］陈胜乔.广告投放：如何将钱用在刀刃上［J］.现代营销，2006（7）：10.

［4］陈一君.基于白酒产业结构的四川白酒企业集群研究［J］.改革与战略，2009（8）：144.

我国白酒上市公司生产率测算及
收敛性考察*

谢洪军 张慧

摘要： 本文运用 DAE-Malmquist 方法测算了 2004~2013 年以白酒为主要产品的我国 12 家白酒上市公司的全要素生产率（TFP）及其分解指标的增长率。结果表明，虽然十年中有明显的波动，我国白酒上市公司整体的全要素生产率仍呈快速增长态势，其动力源于技术进步。而技术效率的负增长严重制约了整体 TFP 的提高，纯技术效率和规模效率均呈现恶化。各上市公司 TFP 存在显著的差异，收敛性检验表明，我国白酒上市公司的技术效率存在绝对收敛，而全要素生产率和技术进步只存在条件收敛。

一、引 言

白酒凝聚了我国特定的历史和文化因素，其历史源远流长，白酒产业是我国工业经济的重要组成部分。自 2003 年以来，白酒产业迎来了黄金发展期，产品销量和产业产值快速增长。但随着近年国内经济形势的变化和国际酒品对国内市场的冲击，白酒

* 基金项目：四川省人文社会科学研究基地、哲学社会科学研究基地川酒发展中心重点项目（项目编号：CFZ14-04）。

作者简介：谢洪军（1974—），男，四川广安人，硕士生导师，博士，研究方向为能源经济、产业发展规划；张慧（1990—），女，河南信阳人，硕士研究生，研究方向为产业经济学。

产业发展也迎来了前所未有的挑战。"塑化剂"事件、"价格泡沫"、"产能过剩"等一系列问题，给产业发展带来了重创，白酒产业一改以往快速增长和扩张的态势，进入了转型升级的调整期，产业的增长质量也引起了社会的广泛关注。2014 年 12 月的中央经济工作会议明确提出，应坚持以提高质量和效率为中心，主动适应经济"新常态"，也凸显出当前我国转变经济发展方式，注重增长质量的战略思想。白酒业作为我国传统的工业行业，主要依靠资本、劳动等要素投入的粗放型增长是难以长期维持的，技术进步和效率提升才是长期持续、稳定增长的源泉。在此背景下，从生产率的角度考察白酒产业的增长质量，分析生产率的变化过程和增长的动力，进而探究提高白酒产业效率和增长质量的现实路径，具有重要的现实意义和紧迫性。

国内学者对白酒产业的定量研究大多集中在产业竞争力评价，对产业效率和生产率的研究较少，也较为集中。张若钦（2008）运用 Malmquist 指数对 2003~2007 年白酒上市公司经营绩效的变动进行了评价。因子分析方法（高飞，2010）和多元统计方法（李亚凌，2012）在对白酒企业经营绩效的评价中经常被采用。刘瑞（2013）应用 DEA 方法对白酒企业的效率进行了测度。在现有文献研究的基础上，本文主要从以下几个方面进行拓展和补充：本文以 12 家以白酒为主要产品的上市公司为样本，将研究的样本期间扩展为 2004~2013 年，以考察近年来行业政策和环境因素更为复杂的情况下产业生产率的演变特征；针对研究方法 DEA 模型等的要求，对所选投入产出指标的科学性进一步论证；就白酒上市公司生产率存在的差异进行收敛性检验，以考察个体差异的变化趋势，并提出有针对性的建议。

二、方法与数据

（一）模型介绍

本文采用 Fare 等（1994）提出的 DEA-Malmquist 指数法对白酒上市公司的全要素生产率进行测算和分析。结合 DEA 模型的 Malmquist 指数方法加入了时间因素，考虑到了不同时期生产前沿面的变化，这样能够避免函数形式设定错误对结果的影响，而且通过 TFP 的分解，能够实现从技术效率变化、规模效率变化、技术进步等方面探究 TFP 变动的影响因素，测度结果和政策含义也较为丰富。因此，在对生产率的分析中被广泛采用。

根据 Fare 等（1994）提出的理论，Malmquist 指数可分解为综合技术效率变化指数（EC）和技术进步指数（TC），即：

$$M_c^{t,t+1}(x^{t+1},\ y^{t+1},\ x^t,\ y^t) = \frac{D_c^{t+1}(x^{t+1},\ y^{t+1})}{D_c^t(x^t,\ y^t)}\left[\frac{D_c^t(x^{t+1},\ y^{t+1})}{D_c^{t+1}(x^{t+1},\ y^{t+1})} \times \frac{D_c^t(x^t,\ y^t)}{D_c^{t+1}(x^t,\ y^t)}\right]^{1/2}$$

（1）

式（1）中，$(x^t,\ y^t)$、$(x^{t+1},\ y^{t+1})$ 分别表示 t 期和 t+1 期的投入产出向量。$D_c^t(x^t,\ y^t)$ 和 $D_c^t(x^{t+1},\ y^{t+1})$ 分别表示以 t 期的技术为参考技术时，决策单元在 t 期和 t+1 期的投入距离函数，$D_c^{t+1}(x^t,\ y^t)$ 和 $D_c^{t+1}(x^{t+1},\ y^{t+1})$ 分别表示以 t+1 期的技术为参考技术时，决策单元在 t 期和 t+1 期的投入距离函数。

在规模报酬可变的假定下，综合技术效率指数又可分解为纯技术效率指数（PTC）和规模效率指数（SC），则（1）式转化为：

$$M_v^{t,t+1}(x^{t+1},\ y^{t+1},\ x^t,\ y^t) = \frac{D_v^{t+1}(x^{t+1},\ y^{t+1})}{D_v^t(x^t,\ y^t)} \times \left[\frac{D_v^t(x^t,\ y^t)}{D_c^t(x^t,\ y^t)} \times \frac{D_c^{t+1}(x^{t+1},\ y^{t+1})}{D_v^{t+1}(x^{t+1},\ y^{t+1})}\right]$$

$$\times \left[\frac{D_c^t(x^{t+1},\ y^{t+1})}{D_c^{t+1}(x^{t+1},\ y^{t+1})} \times \frac{D_c^t(x^t,\ y^t)}{D_c^{t+1}(x^t,\ y^t)}\right]^{1/2}$$

$$= PEC \times SEC \times TC$$

（2）

（二）指标选取与数据来源

投入产出指标的选取是应用 DEA 模型进行科学合理的效率评价的关键。考虑到传统工业生产的特点和数据的可获得性，本文以在职员工总数作为劳动要素的投入指标，以资产总额和期间费用作为资本要素的投入指标。营业总收入能综合反映企业日常生产经营活动的主要经营成果，经营活动产生的现金流量净额能更客观地反映企业日常运作的好坏，因此选取营业总收入和经营活动产生的现金流量净额作为产出指标。通过 SPSS17.0 软件对投入产出指标的相关性进行检验，营业总收入与资产总额、期间费用、在职员工总数的 Pearson 相关系数分别为 0.990、0.841、0.805，现金流量净额与资产总额、期间费用、在职员工总数的 Pearson 相关系数分别为 0.919、0.790、0.769，且各系数检验均通过了 1% 的显著性水平，说明指标选取是合理的。

本文选取 12 家以白酒为主要产品且在 2004 年以前上市的白酒企业为样本，包括贵州茅台、五粮液、泸州老窖、水井坊、古井贡酒、酒鬼酒、皇台酒业、伊力特、金种子酒、老白干酒、沱牌曲酒和山西汾酒。文本决策单元为 12 个，投入产出指标共 5

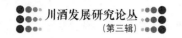
项，满足 DEA 模型的要求。样本的研究时间为 2004~2013 年，数据来源于白酒上市公司历年年报。

三、实证结果与分析

采用投入导向的 DEA 中的 BCC 模型对上述 12 家白酒上市公司的全要素生产率及其分解的变动进行测算，实证结果如表 1 所示。

表 1　2004~2013 年白酒上市公司年均全要素生产率指数及分解

时　间	技术效率 变动指数	技术进步 变动指数	纯技术效率 变动指数	规模效率 变动指数	全要素生产率 变动指数
2004~2005 年	0.788	2.066	0.802	0.982	1.628
2005~2006 年	1.121	0.996	1.127	0.994	1.116
2006~2007 年	0.862	1.316	0.850	1.014	1.134
2007~2008 年	0.918	1.120	0.986	0.930	1.028
2008~2009 年	0.960	1.008	0.914	1.050	0.967
2009~2010 年	0.933	1.110	0.945	0.986	1.035
2010~2011 年	0.635	1.387	0.678	0.937	0.881
2011~2012 年	1.082	0.860	1.095	0.988	0.930
2012~2013 年	1.040	1.389	0.993	1.047	1.445
均　值	0.914	1.254	0.922	0.991	1.146

（一）产业整体 TFP 的变迁

从表 1 中可以看出，整体来看，白酒上市公司 2004~2013 年 TFP 年均增长速度为 14.6%，增长速度可喜。通过分解可以看出，这主要得益于技术进步，其增长速度达到了 25.4%。而综合技术效率年均为负增长，主要由纯技术效率和规模效率均出现恶化所致，增长速度分别为−7.7% 和−0.9%。说明，近十年来技术的进步与创新带动了白酒产业的增长效应。另外，综合技术效率的增长率不容乐观，其负增长严重制约了白酒上市公司整体 TFP 的提高。这也说明，我国白酒产业发展中除了发挥"长板"作用，通过鼓励技术进步与创新外，还必须高度重视产业技术效率水平的提高，补齐这一"短板"。一方面提高经营管理水平，另一方面要转变以往粗放型要素投入、规模盲目扩张的增长方式，从而提高纯技术效率和规模效率。

从时间序列来看，2004~2013 年上市公司整体 TFP 大体呈现先下降后上升后又下降再上升的波动趋势。2004~2009 年，TFP 呈逐年下降趋势，2009 年达到谷底，增长速度由正转负。究其原因可能是 2008 年金融危机带来的冲击。2010 年 TFP 有所回升，由负增长转变为正增长，增长速度为 3.5%，但远低于 2008 年金融危机之前的增长速度。2011~2012 年，TFP 又呈负增长。2013 年白酒上市公司整体的 TFP 增长率回升，增长速度达到 44.5%，综合技术效率和技术进步增长速度分别为 4.0% 和 38.9%。通过 TFP 的分解来看，2004~2013 年，除 2009 年、2011 年和 2012 年外，TFP 均实现了正增长，技术进步除个别年份以外都大于 1。但综观这十年，整体的技术效率增长状况不容乐观，在大多数年份为负增长。进一步分析发现，经营管理水平较低导致纯技术效率恶化，且生产并非处于最优规模状态。这也说明通过资本、劳动、技术等要素的充分有效利用，我国白酒产业的增长仍有较大的提升潜力。

（二）上市公司的个体差异

表2　2004~2013 年白酒上市公司平均全要素生产率指数及分解

公司名称	技术效率变动指数	技术进步变动指数	纯技术效率变动指数	规模效率变动指数	全要素生产率变动指数
贵州茅台	0.737	1.382	0.737	1.000	1.018
五粮液	0.787	1.472	0.787	1.000	1.159
泸州老窖	0.817	1.391	0.817	1.000	1.137
水井坊	1.028	1.471	1.028	1.000	1.513
古井贡酒	0.850	1.348	0.850	1.000	1.146
酒鬼酒	1.030	1.479	1.030	1.000	1.524
皇台酒业	1.000	1.119	1.000	1.000	1.119
伊力特	0.927	1.167	0.929	0.997	1.081
金种子酒	0.937	1.123	0.950	0.987	1.053
老白干	0.994	1.032	1.000	0.994	1.026
沱牌曲酒	0.966	1.089	1.006	0.960	1.052
山西汾酒	0.960	1.100	1.000	0.960	1.056
均　值	0.914	1.254	0.922	0.991	1.146

通过表 2 白酒上市公司年均 TFP 可以看出，样本内的 12 家白酒上市公司年均全要素生产率均实现了正增长，其技术进步指数在该期间年均大于 1，表明技术进步的提高对各白酒上市公司 TFP 的增长均产生了较大的贡献。但 12 家上市公司中大多数的综合技术效率增长不容乐观，除水井坊和酒鬼酒以外，其余均为负增长，皇台酒业年均技

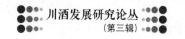

术效率平均增长速度为0。从 TFP 增长的动力来看，12 家白酒上市公司表现出相同的路径特点。通过技术效率指数及其分解，大多数企业年均纯技术效率为负增长，规模效率维持在原来水平，甚至呈现负增长。横向来看，2004~2013 年，水井坊和酒鬼酒年均 TFP 增长速度遥遥领先，高端白酒企业贵州茅台、五粮液 TFP 增长并未表现显著的优势。贵州茅台 TFP 年均增长在样本研究的 12 家白酒企业中最低，增长速度为 1.8%，五粮液增速为 15.9%。12 家白酒上市公司技术进步指数均大于 1，综合技术效率增速的差距最终导致了 TFP 增速的较大差异。

四、收敛性检验

收敛假说源于新古典增长理论基于资本边际报酬递减和规模报酬不变的假定，研究不同区域的经济增长差距或不同经济体的收入差距演变趋势，分为绝对收敛和条件收敛。σ 收敛和绝对 β 收敛都属于绝对收敛，前者指不同经济体的产出或人均收入随着时间推移而降低，后者指经济体的增长速度与其初始水平成反比，从而每个经济体会达到相同的稳态水平。相对 β 收敛属于条件收敛，指不同经济体朝着各自不同的稳态水平趋近。通过表 2 可以看出，不同白酒上市公司的 TFP 增长具有较大差异。那么，不同个体间的 TFP 最终是否会趋于一致呢？为了研究白酒产业个体间差异的演化趋势，本文接着进行收敛性检验。

（一）σ 收敛

本文采用变异系数对全要素生产率及其分解指标的变动趋势进行考察。2004~2013 年白酒上市公司 TFP 的变异系数如图 1 所示。

从图 1 中可以看出，2004~2013 年 12 家白酒上市公司 TFP 呈现出明显的波动趋势，并不存在显著的收敛现象。2005~2010 年纯技术效率的变异系数明显下降，但 2010~2013 年出现大幅波动，不存在明显的收敛特征。综合技术效率的变异系数在 2004~2010 年出现与 TFP 同步的波动趋势，但 2010 年以后逐步下降。

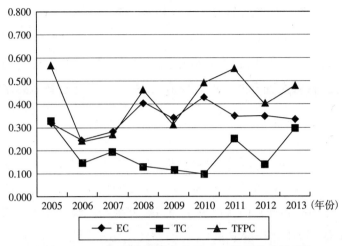

图1 2004~2013年白酒上市公司TFP增长的变异系数

（二）β收敛

1. 绝对β收敛

为了对收敛性进行更为精确的量化研究，本文构造如下截面数据的回归模型检验我国白酒上市公司TFP及其分解指标的绝对β收敛情况。

$$\frac{\ln y_{i,T} - \ln y_{i,0}}{T} = \beta_0 + \beta_1 \ln y_{i,0} + \varepsilon_i \tag{3}$$

式中，$\ln y_{i,T}$、$\ln y_{i,0}$分别表示白酒上市公司i在末期和基期TFP的自然对数。β_0和β_1为待估计参数，ε_i为随机扰动项。T为研究中所考察的时间跨度，在本文中为2005~2013年，T值为8。运用截面数据的最小二乘法进行单方程回归，估计结果如表3所示。

表3 2004~2013年白酒上市公司TFP绝对β收敛检验（OLS回归）

	EC	TC	TFPC
β_0	0.096**	0.042	0.029
	(2.821)	(1.216)	(0.819)
β_1	−0.074*	−0.031	−0.018
	(−1.881)	(−1.676)	(−1.031)
Adjusted R−squared	0.261	0.219	0.195
F statistic	3.536*	2.811	1.060

注：括号内为t的统计值，*、**、*** 分别表示通过水平为10%、5%、1%的显著性检验。

根据表3中回归结果，TFP指数、综合技术效率指数EC和技术进步指数TC的系数均为负，说明白酒上市公司全要素生产率、综合技术效率和技术进步的增长率与初

始水平存在负相关关系，但除综合技术效率以外，回归系数均不显著。说明我国白酒上市公司全要素生产率和技术进步不存在显著的绝对 β 收敛特征，但综合技术效率的增长率与初始效率水平呈现显著的负相关关系，我国白酒上市公司综合技术效率的增长率存在落后者对先进者的"追赶效应"，白酒企业综合技术效率增长率的差距在逐渐缩小。

2. 相对 β 收敛

本文借鉴 Miller 和 Upadhyay 在 2002 年提出的方法，应用面板数据的固定效应模型进行相对 β 收敛性检验。该方法既考虑到了个体之间稳态水平存在的差异，又考虑到个体稳态随时间变动的影响，而且放宽了随机误差项与解释变量不相关的假定，从而优于随机效应模型。检验方程设定如下：

$$\ln y_{i,t} - \ln y_{i,t-1} = \beta_0 + \beta_1 \ln y_{i,t-1} + \varepsilon_{i,t} \tag{4}$$

式中，$\ln y_{i,t}$ 表示白酒上市公司 i 在 t 年的 TFP。为了避免经济周期性波动的影响，研究中以两年为一期，将样本划分为 5 个时期，每期中两年 TFP 的几何平均值作为当期的 TFP 值。采用个体和时点双向固定效应以后，估计结果如表 5 所示。

表 4　2004~2013 年白酒上市公司 TFP 条件 β 收敛检验（面板固定效应回归）

	EC	TC	TFPC
β_0	−0.147***	0.246***	0.079*
	(−3.374)	(5.675)	(1.836)
β_1	−1.475***	−1.636***	−1.426
	(−7.749)	(−6.825)	(−6.763)
Adjusted R−squared	0.619	0.737	0.514
F statistic	6.087***	9.788***	4.319***

注：括号内为 t 的统计值，*、**、*** 分别表示通过水平为 10%、5%、1% 的显著性检验。

表 4 中的实证结果表明，我国白酒上市公司的 TFP 增长率、综合技术效率的增长率和技术进步的提高呈现明显的条件 β 收敛特征。综合以上收敛性检验可以看出，虽然我国白酒上市公司 TFP 增长的差距一直是客观存在的，但是各上市公司的全要素生产率、综合技术效率和技术进步的增长率均在朝着各自的稳态水平趋近。

五、结论与启示

基于 DEA 模型的 Malmquist 指数方法，本文测算了我国 12 家白酒上市公司 2004~2013 年的全要素生产率及其指标的增长率，探究了该期间白酒产业整体 TFP 变迁的历史轨迹和上市公司 TFP 增长的个体差异，并对个体差异进行了收敛性检验，得出的主要结论如下：

第一，整体来看，2004~2013 年，我国白酒上市公司平均的 TFP 表现出较快的增长速度，年均增速为 14.6%，其动力源于技术进步，综合技术效率的恶化是全要素生产率提高的制约因素。大多数年份中，技术进步显著提高，从而推动生产可能性边界向外扩张，而综合技术效率增速不容乐观，纯技术效率和规模效率均出现恶化。

第二，从时间序列来看，我国白酒上市公司整体 TFP 的增长率在十年间呈现明显的波动性。从横向来看，不同白酒上市公司的全要素生产率和技术进步均表现为正增长，但存在较大差异。水井坊和酒鬼酒 TFP 在该期间年均增长最快，增长速度达到了 50% 以上，高端白酒品牌贵州茅台和五粮液的 TFP 增长并未表现出显著的优势，TFP 增长速度较为缓慢。

第三，收敛性检验表明，除综合技术效率外，12 家白酒上市公司的 TFP 增长和技术进步提高并未出现显著的绝对 β 收敛特征，但是全要素生产率、综合技术效率和技术进步的增长均存在显著的条件 β 收敛。即我国白酒上市公司 TFP 的增长和技术进步提高的差距是一直客观存在的，但 12 家白酒上市公司的全要素生产率的增长率在朝着各自的稳态均衡水平趋近。

本文的研究也得出如下启示，我国白酒产业从发展的黄金期过渡到了调整期，前期发展中存在的问题不容忽视，单纯依靠要素投入和盲目扩张的粗放型增长是不可持续的，技术进步和创新才是白酒产业未来发展的关键和持续增长的源泉。经济"新常态"背景下，白酒产业也迎来了产业转型升级的关键调整期，继"中国白酒 169 计划"、"中国白酒 3C 计划"之后，应开拓和创新产、学、研创新合作途径，充分发挥科技进步对全要素增长的带动作用这一"长板"，同时有针对性地提高综合技术效率，促进企业间管理经验和制度创新的交流，扩大技术转移和"溢出效应"，补齐技术效率这一"短板"。尤其对于存在差距的落后者来说，通过经验学习和引进借鉴，可实现对

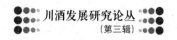

先进者的追赶，并从整体上提高白酒产业生产率和增长质量，助力白酒产业转型升级，实现经济"新常态"下的跨越发展。

参考文献

［1］刘瑞. 我国白酒产业的市场结构、效率和绩效的关系研究［D］. 上海：上海师范大学硕士学位论文，2013.

［2］李亚凌. 白酒行业上市公司财务指标的绩效评价——基于多元统计的研究分析［J］. 商场现代化，2012（7）：154.

［3］高飞. 白酒上市公司经营绩效评价研究［D］. 武汉：武汉工业学院硕士学位论文，2010.

［4］张若钦. 基于 Malmquist 指数的白酒类上市公司效率分析［J］. 时代经贸，2008（8）：33-37.

［5］张彦，郑平. 基于 DEA 模型的中国啤酒业上市公司绩效分析［J］. 山东财政学院学报，2006（4）：28.

［6］杜传忠，吕坤，刘玉海. 中国酿酒业上市公司生产效率的实证研究——基于DEA 模型的两阶段分析［J］. 经济问题探索，2009（11）：22-29.

［7］金志国. 啤酒业上市公司绩效评价系统研究［D］. 青岛：青岛大学博士学位论文，2007.

［8］Fare R., et al. Productivity Growth, Technical Progress and Efficiency Changes in Industrialized Countries［J］. American Economic Review, 1994, 84（1）：66-80.

［9］Miller S. M., Upadhyay M. Total Factor Productivity and the Convergence Hypothesis ［J］. Journal of Macroeconomics, 2002, 24（2）：267-282.

［10］Far R., Grosskopf S., Pasurka C.A. Environmental Production Functions and Environmental Directional Distance Function［J］. Energy, 2007（32）：1056-1066.

［11］Coelli T., Rao P. An Introduction of Efficiency and Productivity Analysis［M］. Springer, 2005.

［12］Jefferson G. H., Rawski T. G., Zhang Y. F. Productivity Growth and Convergence across China's Industrial Economy［J］. Journal of Chinese Economic and Business Studies, 2008, 6（2）：121-140.

白酒上市公司高管薪酬研究 *

甘伦知

摘要：白酒上市公司的实际控制人多为当地政府或国有资产监督管理委员会，公司高管的薪酬在近 10 年来增长速度很快，薪酬激励以短期激励为主，这种激励方式可以认为是有效的，但薪酬存在黏性。从薪酬的变化特征看，薪酬市场化不够全面，不排除存在共同推高薪酬的利益共同体。

一、引　言

在现代公司制企业中，企业所有权与经营权发生分离，所有者难以监测到管理者的努力程度。为解决"委托人"与"代理人"目标不一致可能出现的"逆向选择"和"道德风险"问题，现代企业普遍选择对高管实施薪酬激励。我国上市公司高管薪酬相关制度安排在近些年不断完善，取得了一些重要成果，主要表现在：一是上市公司基本都建立起了薪酬委员会，为高管薪酬决定机制规范化运行打下了良好的基础；二是逐步引入股权激励机制，提供了多元化的激励手段和途径；三是在薪酬水平不断提高的同时，不同行业、不同类别高管的薪酬差距逐步拉大，理论上更有利于体现薪酬的激励作用。同时，一些国有控股上市公司的高管薪酬制度安排向"市场化"方向逐步

---

* 基金项目：川酒发展研究中心资助项目（项目编号：CJY12-36）。
作者简介：甘伦知（1970—），四川自贡人，硕士研究生，副教授，主要研究方向为统计应用研究。

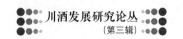
靠近，有利于形成有效的激励机制。李增泉（2000）研究认为，高管薪酬与企业规模呈显著的正相关关系，与国有股比例呈显著的负相关关系，而与公司业绩不存在显著的相关性；张晖明和陈志广发现，企业绩效与高管报酬和持股比例显著正相关；吴育辉认为，高管薪酬仅与公司业绩的某些指标存在显著的正相关性；赵健梅、任雪薇（2014）发现，我国国有上市公司高管薪酬存在黏性，这对企业未来业绩有不利影响。

与整体处于周期性、阶段性调整的国家宏观经济发展环境相似，白酒行业目前也处于"新常态"局面，这种行业景气的变化也为研究公司高管薪酬的变化提供了更好的素材。截至 2013 年，我国共有 13 家以白酒为传统主营业务收入的上市公司，分别是泸州老窖、古井贡酒、酒鬼酒、五粮液、皇台酒业、洋河股份、伊力特、金种子酒、贵州茅台、老白干酒、沱牌舍得、水井坊和山西汾酒。白酒是一个销售市场竞争比较激烈的细分行业，白酒上市公司的实际控制人多为当地政府或国有资产监督管理委员会（以上 13 家仅水井坊和皇台酒业除外），因而，白酒上市公司也是国企改制上市企业的一类典型代表。对白酒行业上市公司高管薪酬问题进行研究，一方面可以为该行业提高高管薪酬的激励效应提供参考；另一方面也能为其他行业的研究和其他国家控股企业高管薪酬的设计提供参考，具有重要的现实意义。

二、白酒上市公司高管薪酬的现状与存在的问题

（一）高管薪酬增长快，差异明显

白酒上市公司总经理的薪酬一般与董事长相同或接近，通常也是薪酬最高的高管人员。在上市公司年报中，从 2005 年开始总经理薪酬披露比较完整。分析他们 2005~2013 年的薪酬收入可以发现（见表 1）：

首先，不同公司之间总经理的薪酬差异非常明显，薪酬最高最低之比在 2005 年时为 15.70，到 2008 年迅速扩大至 30.74，之后出现波动，2013 年仍达到 26.81。

其次，白酒上市公司总经理的平均薪酬以年均 24.24% 的增长速度逐年提高，远高于同期一般职工的工资增长速度（2005~2013 年全国城镇单位就业人员平均工资增长速度为 13.88%）。其中，2005~2008 年出现跨越式增长，年均增速高达 44.24%；2008 年以后，由于金融危机的爆发导致社会对高管"天价薪酬"不断提出质疑，白酒上市公

司总经理的薪酬年均增长速度也降低为 13.59%。

最后，随着薪酬平均水平的逐步提高，不同公司总经理的薪酬有趋同趋势，薪酬的变异系数由 2005 年的 1.32 逐年降低至 2013 年的 0.65。

表1　13家白酒上市公司总经理的薪酬情况

年　份	最高薪酬（万元）	最低薪酬（万元）	最高最低薪酬之比	平均薪酬（万元）	薪酬的变异系数
2005	78.49	5.00	15.70	14.77	1.32
2006	90.18	5.00	18.04	20.03	1.28
2007	144.42	6.96	20.75	35.64	1.11
2008	193.28	6.29	30.74	44.32	1.15
2009	213.91	7.20	29.71	52.89	1.05
2010	161.48	7.20	22.43	64.10	0.72
2011	149.42	7.20	20.75	72.24	0.70
2012	204.67	7.20	28.43	77.44	0.69
2013	210.76	7.86	26.81	83.81	0.65

注：原始数据来源于各公司各年年报

前几年白酒企业的绩效增长很快，上市公司高管薪酬的增长具有合理性；但是，从整体上看，增长速度过快，尤其是董事长、总经理、副总经理等主要管理者的薪酬增长过快，存在"过度激励"现象。

（二）薪酬激励以短期激励为主

我国长期缺乏实行股权激励的法律、政策环境，直到 2005 年证券监督管理委员会才推出《上市公司股权激励管理办法（试行)》，为上市公司实行股权激励提供了法律、政策环境。

在白酒上市公司中，泸州老窖自 2010 年开始实施股票期权激励计划。其董事长、总经理各获授股票期权 58 万份，其余董事、高管则获授 18 万~41 万份不等的股票期权，行权价定为 12.78 元。其激励对象按规定在 2012 年、2013 年各行使了获授股票期权总量的 30%，获得了比较可观的股票溢价收益。另外，洋河股份自 2006 年才开始上市，其高管虽有一定量的持股，但却并非股权激励授予。其余白酒上市公司高管则偶见少量持股，未见股权激励授予。

这种以短期激励为主的薪酬结构设计没有将薪酬与长期业绩挂钩，缺乏长期激励机制，显然不合理。

（三）高管薪酬激励有效，但薪酬存在黏性

根据委托—代理理论，企业一般通过对高管的考核来确定激励薪酬的高低，而这种考核是与公司业绩挂钩的，所以薪酬对高管有激励和约束作用，有利于提高公司业绩。如果薪酬制度的设计是合理的，则在高管不够努力时，削减高管薪酬对应的公司业绩减少幅度与增加高管薪酬对应的公司业绩增长幅度应相同。但实际上，目前很多国有公司高管人员薪酬的设计往往是基本薪酬水平比较高，达到业绩考核目标就奖励，没有达到目标甚至公司亏损，个人损失也不大，公司对高管人员的激励有余而约束不足，风险和收益不对等，高管薪酬呈现出明显的黏性。

为了利用面板数据检验白酒上市公司高管薪酬存在的黏性，构建了下述个体均值修正回归随机影响模型：

$$COMP_{it} = \alpha + \beta_1 \cdot NI_{it} + \beta_2 \cdot D_{it}NI_{it} + \beta_3 \cdot \ln(SIZE_{it}) + v_i + \mu_{it} \tag{1}$$

式中，$COMP_{it}$ 为第 i 家公司第 t 年的前三名高管薪酬总额（i = 1，2，…，13；t = 1，2，…，11）；MI_{it} 为第 i 家公司第 t 年的净利润；D_{it} 为反映净利润升降的虚拟变量，当第 i 家公司第 t 年的净利润比上年下降时取 1，否则取 0；$SIZE_{it}$ 为第 i 家公司第 t 年的总资产，取对数为 $\ln(SIZE_{it})$，作为反映公司规模的变量；α 为截距中的常数项部分；v_i 为截距中的随机变量部分，代表各公司的随机影响；μ_{it} 为随机扰动项。

我们从 13 家白酒上市公司年度报告或上市招股说明书中采集到了 2001~2013 年所有变量的原始数据。其中，由于上市较晚，洋河股份 2001~2008 年的数据缺失，老白干酒 2001 年的数据缺失，所以共有 160 组完整的数据。借助 Eviews5 软件使用 Swamy-Arora 方法估计成分方差，对模型采用可行广义最小二乘估计法（FGLS）进行估计，得到模型（1）的估计系数，见表 2。

表 2　模型（1）的回归系数

	回归系数	标准误差	t 统计量	P 值
常数项	−149.9401	25.7014	−5.8339	0.0000
NI	0.0106	0.0064	1.6683	0.0973
D*NI	0.0217	0.0128	1.6899	0.0930
ln（SIZE）	74.2157	10.0232	7.4044	0.0000

从表 2 中可以看出，变量 NI 的回归系数为正，且在 10%水平显著，说明高管薪酬受到公司业绩的显著影响，可以认为薪酬激励是有效的；交乘项 D*NI 的回归系数为正，并且也在 10%水平显著，反映出在公司净利润出现下降时，公司高管获得了相对

于公司的当期利润来说更高的薪酬，说明高管薪酬存在显著的黏性。另外，ln（SIZE）项的系数为正且显著，说明高管薪酬受到公司规模的显著影响，规模越大的公司的高管薪酬越高。

（四）高管薪酬"市场化"不够全面

在国企改革的大背景下，高管薪酬制度改革也是国有控股上市公司制度改革的重要内容。但是，由于大多数国有控股上市公司还没有形成完善的市场化用人机制和绩效考核机制，在薪酬制度改革单边突进的情况下，薪酬水平凭借"市场化"的名义而不断提高。

从 2001~2013 年的情况来看，白酒上市公司前三名高管报酬总额的平均数逐年提高，年均增长速度达 20.10%，在 2007 年还出现了跃升，环比上涨 61.89%。这其中比较突出的是五粮液，该公司 2010 年前三名高管的薪酬总额从上年的 22.70 万元猛增至 272.87 万元，增长速度高达 1102%，而该公司 2009 年与 2010 年的净利润环比增长速度分别为 79.20% 与 35.46%，远低于高管薪酬增长速度，很难从该公司业绩的增长中找出高管薪酬猛增的充足理由。其余白酒上市公司虽不如五粮液突出，但高管薪酬增长速度依然很大（见表 3）。白酒上市公司不断推高的薪酬使其董事、监事、高管人员的薪酬普遍高于其他上市公司（见表 4）。

表 3　2001~2013 年前三名高管薪酬总额的增长情况

公司	薪酬的年均增长速度（%）	最高环比增长速度（%）	发生的时间	当年的前三名高管薪酬总额（万元）
泸州老窖	25.88	765.56	2006	155.80
古井贡酒	20.86	97.76	2009	145.69
酒鬼酒	18.12	393.11	2007	121.6
五粮液	35.00	1102.00	2010	272.87
皇台酒业	9.94	116.67	2004	15.60
洋河股份	10.86	30.89	2011	243.15
伊力特	14.40	121.03	2005	32.50
金种子酒	13.00	96.84	2009	37.40
贵州茅台	10.53	47.62	2007	346.62
老白干酒	3.88	50.00	2003	24.00
沱牌舍得	32.16	216.78	2012	190.26
水井坊	29.39	227.41	2007	68.53
山西汾酒	22.12	406.08	2007	102.58

注：原始数据来源于各公司各年年报。薪酬的年均增长速度是按水平法计算的，洋河股份为 2009~2013 年，老白干酒为 2002~2013 年，其余公司为 2001~2013 年。

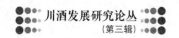

表4 2011~2012年上市公司高管人均薪酬情况

单位：万元

	2011		2012	
	所有公司	白酒公司	所有公司	白酒公司
董事长	61.28	77.72	63.98	80.96
董事（不含董事长及独立董事）	40.09	51.54	41.46	58.58
独立董事	6.26	5.61	6.56	5.66
监事会主席	26.95	42.62	28.13	47.63
监事（不含监事会主席）	19.49	17.43	20.44	21.62
总经理（总裁）	60.49	71.29	62.62	72.93
副总经理（副总裁）	46.32	55.1	47.76	62.18
董事会秘书	35.38	41.54	37.43	40.74
财务总监	36.25	47.81	38.26	55.88

注：数据来源于"大智慧"系统。

（五）存在共同推高薪酬的"利益共同体"

按照现代公司制度规定，上市公司董事、监事、高级管理人员报酬的决策程序一般是：公司董事会负责制定公司高管薪酬考核指标及年终指标完成情况的审核，董事、监事的薪酬由股东大会确定。分析2005~2013年白酒上市公司董事长平均薪酬与总经理平均薪酬的相关性，发现两者的相关系数高达0.9891，对该相关系数进行显著性检验的P值仅为4.45×10^{-7}，这意味着董事长与总经理的薪酬存在非常显著的同步变动特征。究其原因，公司董事、监事受个人利益驱动，更希望通过提高经理层薪酬来抬高自己的薪酬，从而形成一个董事、监事、高级管理人员共同推高薪酬的"利益共同体"。在这个过程中，独立董事和薪酬委员会都没有发挥出应有的作用。

三、完善高管薪酬激励机制的建议

（一）优化公司治理结构

有效的公司治理结构，能够通过体制化的治理机制，平衡股东和管理层之间的利益，充分发挥薪酬制度的作用，达到公司业绩和股东利益的最大化。完善公司治理结构，发挥薪酬委员会的积极作用，对非执行董事和独立董事也进行长期激励，使其有效发挥作用，无疑都是一些积极的举措。

（二）完善薪酬制度

单纯强调薪酬制度的激励作用反而会降低薪酬与业绩的相关性，但如果仅强调薪酬的约束特点又会降低管理层的积极性，因此，有效推动管理层重视股东利益最大化，需要一个激励与约束相平衡的薪酬制度。所以，在薪酬制度的结构设计中，应注意学习国外先进经验，将短期激励与长期激励相结合，建立基本薪酬、奖励薪酬与长期薪酬（股票期权、限制性股票和股票增值权等）有效结合的长效激励体系，减少经理层的短期行为，进一步提高薪酬与业绩的关联度。同时注意在制度设计中充分考虑行权、股份变现等方面可能带来的问题，加强监督，避免高管人员为享受股权激励而采取损害股东权益的行为。

高管薪酬激励基准应该能较好地衡量管理层的努力程度对企业业绩的贡献，因此，在设计高管薪酬的契约时，应当综合考虑各种业绩指标，避免高管的自我归因偏差，促进激励机制发挥有效作用。

（三）增加高管薪酬的透明度

完整、及时的信息披露机制是高管薪酬最有效的激励和约束机制，只有透明度的薪酬制度才能将上市公司置于投资者监督之下。发达国家对于高管薪酬的披露有较为完善和详细的准则，虽然我国在这方面已经有了很大进步，但以在职消费为核心的很多福利，仍然处于隐蔽状态，相关信息如能披露，无疑将进一步强化投资者的监督作用。

（四）建立和完善职业经理人市场

完善的职业经理人市场，能够对高管发挥有效的激励和约束作用。有了职业经理人市场，股东就可以根据市场机制来聘用和考核 CEO，避免股东对具有政府背景的高管难以施加影响的问题，将对公司走向市场、突破体制限制、建立和完善公司治理结构发挥重要作用。

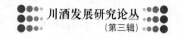

四、结束语

　　高管薪酬制度是公司董事会和管理层相互博弈的制度安排。对于如何使高管薪酬结构更合理、更有效地发挥薪酬的激励作用，我国企业在这方面积累的经验还很少。本文对白酒上市公司的研究发现了其中的一些特点和问题。由于所处社会环境和发展历程不同，我国上市公司治理与西方发达国家规范的公司治理相比还有很大差距和不同。随着改革开放的不断深入，围绕公司薪酬制度建设的问题值得国内外学者进一步探讨。

参考文献

　　[1] 李增泉. 激励机制与企业绩效：一项基于上市公司的实证研究 [J]. 会计研究，2000 (1).

　　[2] 蒋翠珍，顾丽琴等.高新技术上市公司高管薪酬激励效应的实证分析 [J]. 统计与决策，2011 (7).

　　[3] 梁国萍，潘细香. 交通运输行业上市公司高管薪酬影响因素实证分析 [J]. 金融与经济，2010 (10).

　　[4] 李玲. 管理层薪酬和持股激励效应的行业性差异分析 [J]. 中央财经大学学报，2006 (4).

　　[5] 赵健梅，任雪薇. 我国国有上市公司高管薪酬结构和粘性研究 [J]. 经济问题，2014 (10).

四川中小型白酒企业市场营销策略研究*

谢文德　扈月庆

摘要： 市场是白酒企业得以生存和发展的保障，有效开发市场、提高市场占有率、扩大市场份额是白酒企业不断发展的前提。市场营销策略是白酒企业占有市场的基础，决定着企业的兴衰成败。四川中小型白酒企业要在激烈的市场竞争中脱颖而出必须采取科学全面的市场营销策略。本文通过对四川中小型白酒企业市场营销策略中存在的问题进行详细的分析，进而针对问题提出了有效实施市场营销策略的建议，以期提高四川中小型白酒企业的市场竞争力。

　　白酒产业是四川的支柱产业之一，也是四川各地区重点支持发展的产业。2014 年，四川白酒产业创造 GDP1837.8 亿元，占全省 GDP 的 6.5%，其创造的销售收入和利润占全国白酒产业的 35% 左右。但是，从四川省的整个白酒市场来看，GDP 贡献率和市场份额占有率集中在几家大型白酒企业，而数量众多的四川中小型白酒企业在市场竞争中处于劣势，举步维艰。同时，由于 2012 年以来的"塑化剂"事件以及相关政策因素的影响，国内高端白酒市场持续低迷，原有的公务隐性高端消费方式受到严重冲击，转而以中档价格的地方白酒消费为主，高端白酒品牌均遭遇了股价下跌、业绩严重下滑的打击，四川几家成功的大型白酒企业也在其中。为了适应白酒市场的变化，国内名酒企业纷纷调整策略，开始将目光投向中低端市场，调整产品的定位和价格。这样

---

　　*基金项目：四川省哲学社会科学重点研究基地、四川省教育厅人文社科重点研究基地——川酒发展研究中心课题"四川中小型白酒企业品牌营销研究"（课题编号：CJY14-02）；四川省哲学社会科学重点研究基地、四川省教育厅人文社科重点研究基地——川酒发展研究中心课题"中小型白酒企业发展瓶颈研究——以宜宾市为例"（课题编号：CJY12-33）。

　　作者简介：谢文德（1966—），男，汉族，四川巴中人，四川理工学院经济与管理学院副教授，主要从事营销管理研究；扈月庆（1990—），男，汉族，河南新乡人，四川理工学院经济与管理学院市场营销专业学生。

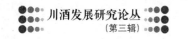

一来，就加重了四川中小型白酒企业的发展压力。因此，在当下激烈的市场竞争中，四川中小型白酒企业如何发现自身存在的问题，通过改进市场营销策略来改变现状，提高企业的市场竞争力已经是企业今后发展的重中之重。本文拟通过对四川中小型白酒企业的市场营销策略进行分析，找出其中存在的问题，并在此基础上对四川中小型白酒企业的市场营销策略提出一些建议。

一、四川中小型白酒企业市场营销策略中存在的问题

市场营销就是个人和集体通过创造、提供出售、同别人自由交换产品和服务获得自己所需产品或服务的社会过程。改进市场营销策略已经成为四川中小型白酒企业做大做强的必经之路，具有重要的意义和作用。但是，四川许多中小白酒企业陷入了市场营销的困境，制约了企业的长远发展。目前，四川中小型白酒企业市场营销策略方面主要存在以下问题：

（一）产品品种杂乱，品牌的市场影响力弱

1. 产品品种杂乱

四川中小型白酒企业为了增加本企业产品的销售量，往往生产多品种的产品，以期在不同层次的市场都能占有一定的份额。很多大型白酒企业采用这样的策略，如五粮液既有几十万元的封坛藏酒，也有零售价在 10 元以下的绵柔尖庄，产品品种多且价格跨度很大，使其能在不同市场获益。但是，四川中小型白酒企业由于既没有五粮液这样的大型白酒企业的品牌知名度，也没有大量的资金实力去进行产品开发、渠道建设，贸然生产多品种的产品，只会分散四川中小型白酒企业的资金，使其产品显得品种杂乱。

2. 品牌的市场影响力弱

四川中小型白酒企业生产规模小，在开拓市场时单位产品的市场开发成本高，这也决定了企业的品牌一般也只能定位在一个比较小的细分市场上，市场影响力有限，甚至许多企业根本就没有建立起自己的品牌，而只是采取了贴牌的经营方式，形成了对强势品牌的高度依赖。同时，由于四川中小型白酒企业用于设备更新和技术创新的费用不足，致使很多企业设备陈旧、工艺落后，造成了资源和能源的浪费，增加了产

品的生产成本，而且新产品的开发能力弱，升级换代难度大，这使得企业大多只能采取跟随和模仿的战略，难以掌握市场及开发的主动权，无法形成自己的品牌特色。企业品牌的建立，不仅需要产品本身的质量过硬，还需要足够的广告活动和促销活动。但是，四川中小型白酒企业往往缺乏足够的资金，难以承担巨额的广告和促销费用，因此很难在较广的区域内建立起自己品牌的影响力。

（二）产品定位模糊且定价混乱

1. 产品定位模糊

四川中小型白酒企业大多存在产品定位模糊的问题。一方面是由于对白酒市场的动态把握不够，无法准确地把握消费者的消费习惯和需求，实时了解白酒市场的实际情况。另一方面是由于对企业自身的认识不足，无法确定本企业在整个白酒行业的地位。比如四川省绵竹市正兴酒业有限公司的"壹湖酒"，有价格最低的 10 元的 65 度"壹湖好酒"，也有价格最高的 179 元的 52 度"壹湖红瓷瓶世纪经典酒"。在京东商城，10 元的 65 度"壹湖好酒"销量很好，而 179 元的 52 度"壹湖红瓷瓶世纪经典酒"没人买。据了解，消费者不买 179 元的 52 度"壹湖红瓷瓶世纪经典酒"的原因大多是，同样 179 元的价格，他们更喜欢买五粮液、泸州老窖等这样大型白酒企业的酒。由于四川中小型白酒企业的定位模糊，导致所生产的产品定价比较混乱，无法正确地在价格和销售量两者中取得平衡。同时，由于四川中小型白酒企业大多采取跟随战略，生产的产品和一些著名的大型白酒企业的产品相同或类似，但是又没有大型白酒企业的知名度和品牌效应，往往在产品定价时处于一种尴尬的地位。

2. 产品定价混乱

四川中小型白酒企业产品定价混乱主要是企业自身原因造成的。一方面，企业针对不同的目标市场实施不同的价格策略。许多企业在制定价格策略时，考虑到企业投入的促销和运输费用的差异、不同的目标市场消费者购买力的差异、市场竞争程度的差异，因而在不同的目标市场上采取不同的价格策略。另一方面，企业对不同经销商实施不同的奖励政策。四川许多中小型白酒企业不是以利润来调动经销商的积极性，而是对经销商施以重奖和年终返利。由于奖励和返利是根据销售量而确定的，因此许多经销商为了多得返利和奖励，千方百计地多销售产品。为此，经销商往往以低价将产品销售出去，甚至把奖励和年终返利中的一部分拿出来让给下游经销商。

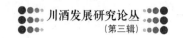

（三）被动地选择营销渠道

营销渠道是整个营销系统的重要组成部分，是规划中的重中之重，它对降低企业成本和提高企业竞争力具有重要意义。企业营销渠道的选择将直接影响到其他的营销决策，如产品的定价等。它同产品策略、价格策略、促销策略一样，也是企业能否成功开拓市场、实现销售及经营目标的重要手段。但是，营销渠道的建成大多需要花费数年的时间和精力，是一个不断进行投资的过程，需要大量的资金支持，而四川中小型白酒企业往往不具备这样的资金实力。企业即使建立了自己的渠道，渠道在完成后需要不断地进行维护，需要运用科学的管理方法进行管理，采取适当的渠道策略来增加本企业产品的销售，对于销售渠道的运营和管理需要有丰富的经验才行，而这恰恰是四川中小型白酒企业所缺乏的。由于四川中小型白酒企业的生产规模小、品牌的市场影响力弱、资金能力弱、缺乏有效的科学管理等原因，因此很少有企业能建立自有的销售渠道，大多企业只能依靠中间商的销售渠道，并且在和中间商谈判时，常常处于不利的地位。

（四）促销方式单一

促销策略是市场营销组合的基本策略之一。促销策略是指企业通过人员推销以及广告、公共关系和营业推广等各种促销方式，向消费者或用户传递产品信息，引起他们的注意和兴趣，激发他们的购买欲望和购买行为，以达到扩大销售的目的。四川中小型白酒企业已经意识到促销策略的重要性和必要性，但是由于经验和能力的不足，没有建立高素质的销售团队，缺乏促销的经验，在进行促销活动时，往往表现出来的是千篇一律、毫无特色的促销方式。以四川省绵竹市正兴酒业有限公司的179元的52度"壹湖红瓷瓶世纪经典酒"为例，只有"买一赠一"这样的促销方式，而即便"买一赠一"，同样无人购买。可见，四川中小型白酒企业单一的促销方式，无法吸引众多的消费者，满足他们的个性化需求。

（五）缺乏全面的售前和售后服务

随着人民生活水平的日益提高，消费者在消费时越来越注重所享受到的服务。良好的服务，不仅是消费者所需要的，也是企业应该提供的。全面的售前和售后服务，正逐渐成为各行业、各企业的主要卖点。如果消费者在消费时不能享受到理想的服务，就很难产生购买欲望。而四川中小型白酒企业由于生产规模小、资金能力弱且人员数量少，很难提供符合消费者要求的服务。服务网点少，对市场的反应不及时，使得消费者在购买企业的产品时往往心存顾虑。以售前服务为例，其最重要的目标是让消费者知晓企业品牌和产品，在消费者心目中留下良好的印象，并通过市场调查活动了解消费者需求，从而生产出能满足消费者需求的产品。从消费者对白酒的印象来说，进口酒传递的是"奢侈、品位"的消费概念，中国白酒带来的是"酗酒"和"贪杯"的固有印象，因此很难得到消费者的普遍认同。

二、四川中小型白酒企业有效实施市场营销策略的建议

四川中小型白酒企业在市场营销策略方面存在的一些问题，制约了企业的发展，企业应该针对这些问题进行分析并探寻有效实施市场营销策略的方法，从而在众多的白酒品牌中脱颖而出，增强其市场竞争力。

（一）优化产品组合，树立品牌意识

1. 优化产品组合

四川中小型白酒企业可以运用产品获利能力评价法优化产品组合。通过计算各种产品的销售利润率、资金周转率和资金利润率来规定标准资金利润率，淘汰低于标准利润率的产品。同时，还应该尽可能地取消那些获利小的产品，以便集中力量经营获利大的产品线和产品项目。减少产品线数量，实现专业化生产经营，从而发展具有自己品牌特色的产品。

2. 坚持新产品的开发

大多数四川中小型白酒企业实施的是紧跟战略，而在当前激烈的市场竞争环境下，紧跟战略已经无法带动企业的发展，四川中小型白酒企业应在采用紧跟战略的同时，适当采取进取战略。采取进取战略，可以通过开发改进型新产品、降低成本型新产品、形成系列型新产品、重新定位型新产品来提高市场占有率，既不要求大量的资金投入，又可以提高企业的利润。同时，四川中小型白酒企业宜采用利用式创新战略。利用式创新战略以组织内外现有的知识或技术为基础，创新结果容易实现，创新风险相对较低，利用式创新更注重技术的拓展和完善，需要企业分析既有市场的需求特性，通过投入多样化技术资源实现工艺创新，进而提升产品功能和质量，降低产品制造成本。

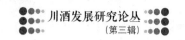

这种创新以技术的多样化为前提，通常通过技术模仿或追随实现工艺或应用的创新。四川中小型白酒企业还应加大对生产设备的投资。多数四川中小型白酒企业在化学分析基础上都应用气相色谱仪进行常规分析，而那些大型白酒企业则增设了液相色谱仪，原子吸收，双二维色谱仪、质谱仪，微生物检查仪，剑南春还应用原子显微镜对酒体结构进行了研究。在产品技术方面，大型白酒企业已占得先机，走在行业的前列。四川中小型白酒企业为了在当前激烈的市场竞争中取得发展，加大对生产设备的投资，积极引进先进技术。

3. 树立品牌意识，提升品牌知名度和美誉度

四川中小型白酒企业要注重对自身品牌的保护，树立品牌意识，着力提升品牌知名度。企业适宜采用单品牌策略，这样既有利于节约促销费用，也有利于新产品开拓市场，促进品牌的成长。但这种品牌策略的不足之处是当某一产品出现问题时，可能影响整个品牌的形象，当优先效应与近因效应发生冲突时，不利于新产品进入市场。这样就越发显示出品牌意识的重要性。四川中小型白酒企业虽然无法像五粮液这样的大型企业一样去争夺央视广告的"标王"，但是四川中小型白酒企业大多是当地的本土企业，可以利用其区位优势，进入目标消费群体集中的社区，进行企业文化和产品的宣传，联合居委会举办促销活动和文化讲座，建立"亲民"形象，提升品牌知名度和美誉度。

4. 改进产品包装策略

企业要根据消费者需要，采用不同的包装策略。四川中小型白酒企业适宜采用附赠品包装策略、复用包装策略、不同容器包装策略。在消费实践中，往往有精美附赠品的产品更容易让消费者产生购买欲望，这就是附赠品包装策略的效果。复用包装策略可以让消费者在消费完白酒后，不舍得丢弃精美的包装盒，大多会用包装盒盛放东西，这样一来，精美的包装不仅会让消费者对企业产生好感，同时可以让企业的品牌持久地得到宣传，不易产生品牌遗忘。不同容器包装策略是非常适合四川中小型白酒企业的。现今白酒包装的容量大多为500毫升，而很多时候，消费者打开一瓶酒后是喝不完的，因此有些消费者会因为白酒容量太大而放弃购买。采用不同容器包装策略，比如100毫升、300毫升等不同的容量，可以满足消费者的不同需求，进而促进消费者购买。

（二）优化价格策略，合理定价

1. 正确认识市场，清晰定位

四川中小型白酒企业在制定价格时，要考虑目标顾客的需求，确定企业在市场中的恰当地位。企业的生存和发展靠的是拥有的顾客，因此宜采用需求导向定价法，产品价格的确定应以消费者的需求为依据。如何明确消费者的需求，最直接的方法就是进行市场调查。四川中小型白酒企业可以在目标消费群体集中的地点，比如当地的网上商业论坛和人流量大的商业广场等地点发放调查问卷，调查目标消费群的真实需求，确定消费者对本企业产品的"理解价值"，从而制定出符合消费者需求的价格，最大限度地满足企业的目标顾客，促进商品销售，使企业获取最佳的经济效益。

2. 采取有效措施，理顺价格

由于四川中小型白酒企业存在定价混乱的问题，导致许多消费者在相同区域里发现相同产品呈现不同价格的状况，有的甚至差价超过30%，这会导致该企业的品牌形象受到极大的损害，为此，四川中小型白酒企业应该采取全国统一报价制。四川中小型白酒企业实行全国统一报价制，可以保证销售渠道中的任何一环都是"一口价"，距离远的销售点由企业补贴运费，这样可以防止产品在区域间窜货。为了提高经销商的积极性，需要保证经销商的利益不受损害，为此可以规定非经销商客户到企业购买时的价格比在当地向经销商直接购买的价格还要高。同时，四川中小型白酒企业在和经销商签订合同时要明确规定稳定价格的条款。对不履行合同义务的，就要取消其经销资格。要及时掌握本企业的产品在市场上的价格状况，发现经销商有违反合同中稳定价格的行为就要立即处理。比如亚洲啤酒（苏州）有限公司要求经销商不能随意降价，谁违犯了规则，就取消其经销资格。为此，公司专门招聘了45名"价格监察员"，每天的任务就是在市场上查看监督经销商是否遵守公司的价格政策。这样就有力地保证了市场上该公司啤酒产品价格的统一。

（三）优化渠道策略

1. 借助中间商渠道

四川中小型白酒企业由于资金不足，一般适宜选择间接的、长的、借助经销商的渠道策略，这样不仅可以节省自建渠道的庞大投入，同时可以集中力量开发新产品。优化渠道策略，需要考虑顾客特性，顾客人数、地理分布、购买频率、平均购买数量以及对不同促销方式的敏感性等都可以影响渠道的设计。设计渠道时必须考虑执行不

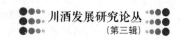

同任务的中间机构的优缺点，在成本、可获得性以及提供的服务三方面对中间商进行评估。在选择渠道成员时，企业需要研究中间商如何进行购买决策，尤其是他们决策时对毛利、广告与促销、退货保证等的重视程度。四川中小型白酒企业不宜采取自建专卖店的营销策略，适宜在购物中心、超市、百货店和便利店进行产品销售。

2. 建立网络营销渠道

面对近些年电子商务的迅速发展，各行各业均掀起了电子商务应用的浪潮。四川中小型白酒企业应该重视对电子商务的应用，在网络上建立自己的营销渠道。当下比较常见的网络营销渠道都可以利用，比如开设自己的淘宝店、天猫旗舰店、进驻京东商城或进行微信营销等。

（四）培养成熟的营销队伍，灵活运用促销策略

1. 培养成熟的营销队伍

一支精干的营销队伍对于企业的生存和发展至关重要，不仅有利于维护原有的市场和用户，还有利于为企业开拓新市场、发展新用户，让企业在激烈的市场竞争中立于不败之地。大型白酒企业非常重视对营销队伍的培养，而多数四川中小型白酒企业由于营销人员数量不足和业务素质较低，对企业的业绩造成很大的影响。营销人员业务素质低、营销机制不合理和对营销人员的约束政策不合理都会造成企业效益亏损。因此，中小型白酒企业应注重对营销队伍的培养，提高营销人员的业务素质，优化营销机制，加强对营销人员的监督和约束。

2. 灵活运用促销策略

四川几家成功的大型白酒企业非常注重对促销策略的应用，不断地更新自己的市场营销观念，应用最新、最有效的市场营销策略，并因此获得了丰厚的回报。例如五粮液签约 2015 年米兰世博会，展现其市场"老大哥"的地位。泸州老窖在兰州举行盛大的清溪谷系列签约暨新品发布会。面对消费者消费观念的转变和健康意识的提高，绿色营销越来越受到消费者的青睐，四川中小型白酒企业可以利用绿色营销，通过广告对产品的绿色功能定位，引导消费者理解并接受广告诉求；通过绿色营销人员的绿色推销和营业推广，从销售现场到推销实地，直接向消费者宣传、推广产品绿色信息，讲解、示范产品的绿色功能，回答消费者的咨询，宣讲绿色营销的各种环境现状和发展趋势，激励消费者的消费欲望；通过让企业公关人员参与一系列公关活动，诸如发表文章、演讲、影视资料的播放、社交联谊、环保公益活动、赞助等，广泛与社会公众进行接触，增强公众的绿色意识，树立企业的绿色形象，为绿色营销建立广泛的社

会基础，促进绿色营销业的发展。同时，通过试用、馈赠、竞赛、优惠等策略，引导消费兴趣，促成购买行为。因此，四川中小型白酒企业要紧跟大型白酒企业，注重对促销策略的应用，时刻关注促销策略的发展，及时应用最新、最有效的促销策略。

（五）重视消费者，为消费者提供全面的售前和售后服务

四川中小型白酒企业应改变原来的生产观念，树立市场营销观念，建立专门的服务部门，重视消费者，一切以消费者为中心，并将其纳入企业文化。应贯彻"顾客至上"的原则，将管理重心放在发现和了解目标顾客的需要上，并千方百计去满足顾客的这些需要，向消费者传递"健康饮酒"的理念，从而实现企业目标。因此，企业在决定其生产经营时，必须进行市场调研，根据市场需求及企业本身条件选择目标市场，组织生产经营，最大限度地提高顾客满意程度。四川中小型白酒企业应该真诚地对待消费者，为消费者提供质优价廉的产品，在企业条件允许的情况下多进行促销活动，不仅让消费者在购买前体会到企业的真诚，还要在消费者购买后继续享受到完善的服务，比如定期地组织消费者进行各种活动，向消费者提供譬如医疗保健、投资理财等服务，持续提升消费者忠诚度。以稻花香酒业公司为例，其"400"客服热线提供24小时全人工服务，而且企业每年花费大量人力、物力和财力，快速、高效地处理全国市场客户和消费者的来电咨询、投诉，不仅为客户和消费者提供了优质的售后服务，也很好地保障了他们的合法权益。

三、结　语

市场营销策略是企业以顾客需求为出发点，根据经验获得顾客需求量以及购买力的信息和商业界的期望值，有计划地组织各项经营活动，通过相互协调一致的产品策略、价格策略、渠道策略和促销策略，为顾客提供满意的商品和服务进而实现企业目标的过程。四川几家大型白酒企业成功原因很大部分归功于它们对市场营销策略的重视。例如，五粮液公司品牌总经销模式与专卖店模式使公司的营销网络遍及全国；郎酒公司对酒瓶的文化艺术性包装使其深受消费者欢迎。而四川中小型白酒企业对市场营销策略不够重视，大多企业仍旧守着"好酒不怕巷子深"的生产观念，并且在实施市场营销策略的过程中存在很多问题，这些现实情况极大地制约了四川中小型白酒企

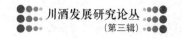

业的生存和发展，导致四川省白酒行业整体水平异常失衡。四川中小型白酒企业只有充分认识到市场营销策略的重要性，并采取有效的市场营销策略，才能提升品牌竞争力，促进产品销售，提高企业的经济效益。对整个四川白酒行业来说，只有改进四川中小型白酒企业市场营销策略，才能强化四川白酒强省的产业集群竞争优势，进一步巩固四川白酒产业的强势地位。

参考文献

[1] 菲利普·科特勒等. 营销管理 [M]. 王永贵等译. 上海：格致出版社，上海人民出版社，2009.

[2] 吴健安. 市场营销学 [M]. 北京：高等教育出版社，2012.

[3] 余力芬. 白酒：服务式营销时代来临 [J]. 酒世界，2011（4）.

[4] 王玥昕. 基于营销资源和技术资源整合的创新战略选择 [J]. 中国集体经济，2015（12）.

[5] 江源. 宜宾九大战略助推白酒业上千亿台阶 [J]. 酿酒科技，2015（3）.

四川中端白酒企业体育营销策略研究*

宋韬　周建辉

摘要：当前中国白酒制造业竞争异常激烈，中低端白酒市场更是群雄割据，各有优势。四川白酒业具有传统优势，引领着行业发展。但川酒的辉煌是由少数重点企业创造的，四川中端白酒企业在当前的竞争形势下并不占优势。在现代资本市场中，只有拥有良好的营销方式，才能获得更大的附加值。在众多营销方式中，体育营销由于受众面广、社会性强，具有极大的亲和力和感召力，可以将受众对体育运动的忠诚转移到对产品品牌的忠诚上，成为国内外许多企业完成价值提升的"高速公路"。本文将四川中端白酒企业与体育营销相结合，从体育营销的特点、途径、优势、劣势入手，探讨了四川中端白酒企业实施体育营销战略的可行性，总结了目前四川中端白酒企业体育营销的现状和存在的问题，并为其今后的发展方向和具体的体育营销方式提出了一些建议。

当前中国白酒制造业竞争异常激烈，规模化、品牌化、垄断化的竞争趋势日益呈现。在中国的高端白酒市场上，初步形成了以四川、贵州等地的传统白酒品牌为代表的垄断竞争格局。然而在中低端白酒市场上，全国各大白酒产区的二线品牌和地方品牌积极竞争、群雄割据。中档白酒的价格范围在 100~300 元，我国目前有泸州老窖、汾酒、郎酒、古井贡酒等众多中端白酒品牌，竞争也异常激烈。

四川拥有悠久的酿酒历史，白酒产业历来比较发达，具有传统优势，长期处于行

＊基金项目：四川省教育厅人文社会科学重点研究基地川酒发展研究中心项目（项目编号：CJZI13–1）。

作者简介：宋韬（1982—），男，四川自贡人，硕士，讲师，研究方向为体育人文社会学；周建辉（1971—），男，四川仁寿人，教授，研究方向为体育理论。

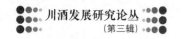

业"领头羊"的地位。作为白酒的生产和消费大省,四川省内的白酒生产和销售企业众多,有4000余家。然而我们可以毫不客气地说,川酒的辉煌是由少数重点企业创造的。在四川众多的白酒企业中,绝大多数是中小企业,它们实力良莠不齐,盈利能力不足,发展缓慢。其中很多企业,管理不规范,财务制度不健全,这些都造成整个四川白酒业集约度低、资源分散、效率低下的现状。这一现状非常不符合川酒的地位和形象,成为川酒强势之下最明显的劣势。然而如今的中国中端白酒市场竞争激烈,可谓进入了"战国时代"。四川中端白酒企业的发展,明显不占优势。

在现代资本市场中,只有拥有良好的营销方式,才能获得更大的效益。从目前的酒类销售情况来看,高端白酒拥有固定的消费人群,不需要太多促销就能取得良好的销售状况;而中端白酒的业绩主要来源于节庆送礼,促销方式需要多样化。在众多营销方式中,体育营销由于受众面广、社会性强,具有极大的亲和力和感召力,可以将受众对于体育运动的忠诚转移到对于产品品牌的忠诚上,近年来成为国内外许多企业完成价值提升的"高速公路"。四川中端白酒企业在目前的形势下,要突出特色,打造品牌,迅速提升企业的品牌形象,增强经济效益,体育营销无疑是一个极好的渠道。

一、体育营销的定义

体育营销的概念最早出现在美国,但一直没有统一而明确的定义。对于这一概念,比较普遍的看法认为,它是市场营销的一种手段,是借助各种体育赛事进行企业宣传的一种方式。目前学术界将体育营销分为两类:一类是将体育本身作为产品进行营销,比如一支球队和他的运动员、一场赛事、一次运动会等,这又是我们所说的"体育产业营销"。另一类是各类企业借助各类体育活动从事的推广和品牌传播等营销活动。我们通常所说的体育营销和本文所研究体育营销都指的是第二类。

二、体育营销的特点

1. 长期性

要让消费者接受、认可一种产品，关键是要形成品牌的核心价值，并将其有效地传递给消费者，在消费者心中树立起显著的品牌形象。对于企业来讲，要形成品牌的核心价值，必须找到自身产品与体育运动的内在结合点；要将产品的核心价值有效地传递给消费者，必须依靠长期、持续的广告宣传投放，这个过程不是一两天就能实现的。因此，对于实施体育营销战略的企业来讲，一定要跳出简单的事件营销的桎梏，清楚了解体育营销的长期性特点，明白单凭一两次体育赛事赞助是很难在消费者心中树立起品牌形象的。

2. 系统性

体育营销是一个复杂的商务活动组合，由许多要素构成，既包括营销主体的内部要素和外部要素，又包括个体效用和公众效益，这些要素相互协同、相互支撑，并且始终处于不断变化的过程中。实施体育营销战略的企业，必须充分考虑体育营销的系统性特点，让企业对内做到各部门间的协调运行、对外做到与外部环境的动态平衡，这样才能让营销的各个要素组合运转，最终实现企业体育营销的目标。

3. 文化性

企业往往具有自身的品牌文化和企业文化，而充满激情、活力和挑战的体育活动传递出一种特殊的体育文化，这种特殊的体育文化使体育活动拥有广泛的受众。一场体育比赛，现场观众动辄成千上万，媒体受众更是不计其数，若体育营销巧妙地将体育与品牌和企业相融合，会吸引更广泛的消费群。而且体育营销作为一种软广告，其商业性与功利性不像硬广告那么明显，它可以通过体育活动使消费者与品牌之间产生共鸣，并在这一过程中潜移默化地加深品牌与消费者之间的关系，形成企业竞争优势。

4. 公益性

消费大众对于传统营销往往有很强的抵触情绪，而体育营销作为一种公益营销，常采用强调社会责任、推广体育精神、支持体育赛事、回馈社会等形式来强化品牌的社会性、公益性和正义性，从而提高品牌美誉度。这种营销手段效果自然、容易被接受，它巧妙地将消费大众对于传统营销的抵触情绪化解于无形，能够获得广泛的社会认可。

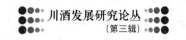
三、体育营销的主要途径

1. 体育赞助

体育赞助是体育营销的最主要途径之一，其主要包括对体育赛事的赞助、对运动团体的赞助和对相关媒体栏目的赞助等。

对体育赛事进行赞助，是一种最传统的体育营销手段。通过这种方式，企业可以迅速提高自身知名度，而且在整个赛事期间，可以插入许多有利于自身宣传的软广告，这无异于给企业做了一次极佳的宣传。在发展过程中，有许多企业采用这种模式，并且获得了成功，其中最典型的代表就是可口可乐、三星电子对2008年奥运会的赞助。

对运动团体的赞助，效果也是不错的。通常情况下，对于运动团体的赞助持续时间会比较长，通常是一年以上。因此，采用这种营销方式的企业能够在较长的时间内获得大量的曝光机会，从而可以获得一种长期的宣传效果。而且采用这种方式，企业是以支持体育活动的形象出现的，这可以极大地提高企业的社会形象。另外，通常来讲，运动团队对于赞助商的资质往往要求较高，能够成为某个著名运动团体的赞助商，无疑也是企业实力的一个较好展示。

对体育赛事相关媒体栏目的赞助也是企业常用的一种体育营销手段，并且不乏成功案例。如2002年世界杯足球赛期间，广东健力宝集团以3100万元的价格夺得央视世界杯足球赛赛事直播独家特约播出企业；2006年中国移动以6509万元的价格夺得2006年央视世界杯足球赛赛事直播独家特约播出企业；2007年1月，李宁与中央电视台体育频道签订协议：2007~2008年播出的栏目及赛事节目的主持人和记者出镜时均将穿着李宁品牌的服装、鞋及配件产品；同时，李宁公司还成功地取得了"奥运频道"播放节目的独家服装赞助权。

2. 企业组织体育赛事，自编自导体育营销

有能力的企业完全可以自己组织一些体育赛事，这种自编自导的体育营销方式与赞助大型赛事相比，费用相对较低；而且因为没有其他竞争对手参与，不受干扰，效果更有保证。在这种方式中，企业作为主办方出现，因此可以结合自身营销目的，对赛事进行一些有针对性的设计和控制。而且在这种方式中，企业与体育赛事的联系程度与单纯的赞助相比更加紧密；在这种方式中，企业以组织者或参与者身份出现，也

能给关注该体育赛事的人群留下更加深刻的印象。在企业的实际营销过程中，有许多这方面的成功范例。如春兰集团发起的"春兰杯围棋赛"，安踏鞋业组织的"安踏极限运动精英赛"，安利组织的"安利杯全民健身万人跑"等，这些活动都取得了良好的社会及经济效益，使主办企业的品牌影响力和营销力获得了非常可观的提升。

3. 聘请体育明星为形象代言人

体育明星通过在运动领域创造的骄人成绩获得大众的关注与崇拜，这种关注与崇拜中蕴含着巨大的商业价值。近年来，已经有越来越多的企业认识到了这一点，于是各类企业纷纷聘请体育明星为其形象代言人，为企业助力。如耐克早在1986年就与乔丹签约，开发了以乔丹命名的运动鞋，开展各种体育营销活动，随着乔丹在全球的闻名，耐克也成为全球顶尖的体育用品企业。

4. 围绕体育主题进行促销活动

企业可以将体育营销纳入自身的营销战略，在体育赛事之前、之中、之后和平日开展一系列以体育为主题的促销活动。如买产品送体育赛事门票，有奖竞猜比分等，使体育赛事与产品销售结合起来。这样不仅可以直接提高销量，增加企业经济效益，还能获得消费者长期的关注和认可，获得更大的市场影响力。如可口可乐公司就将体育营销纳入其营销战略当中，不仅积极赞助各大体育赛事，其对产品的广告宣传和公关活动也多以体育为主题。其树立的"充满激情与活力"的可口可乐品牌形象，通过体育营销成功地被全世界消费者熟知和认可。

四、体育营销的优势和劣势分析

1. 体育营销的优势

（1）体育营销注重公益性，更加隐蔽，容易为大众所接受。

大众对于传统营销方式往往有某种程度的抵触情绪，而体育营销的广告并不单独出现，作为一种隐性宣传和软营销，其相对而言要隐蔽得多。体育作为一项全人类的共同事业，广受关注。对体育活动进行赞助和支持，可以体现极大的人文关怀，可以为企业树立一个良好的公益形象。这种公益形象，可以为品牌附加公益性和正义感，提高品牌美誉度，在社会上获得广泛认可。有关统计表明，通过大型体育比赛，企业可以将自身品牌的知名度提高约10倍。美国的一项调查也表明，在对同种商品进行选

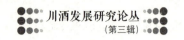

择时，有64%的人更愿意购买体育赞助商的产品。

（2）体育营销具有明显的感召力。

体育聚焦公众注意力，可以帮助企业吸引更多的受众；体育又是公众倾注情感的领域，关注者的情感随着赛事律动，体育营销恰恰可以利用这一点，使品牌与消费者同欢乐、共激动，产生情感碰撞。而且赞助体育赛事是一种很有感召力的情感投资，它使得企业在忠实的体育迷中极富亲和力，可以迅速地将体育迷对体育的忠诚转化为对自身产品的购买力，使企业名利双收。所以，体育营销不仅可以提高品牌知名度，为品牌树立良好的形象，还具有极大的感召力，有利于企业产品销售。

（3）体育营销受众面广，影响范围大。

现代传媒的发展，极大地扩展了体育活动的传播范围。现在的大型体育赛事，现场观众动辄成千上万，媒体受众更是不可计数。这使得借助体育进行营销的企业，受众面非常广。而且体育无国界，全世界不同民族、种族、年龄、性别的观众都可以是体育忠实的受众，它如同一种国际通行的语言，可以获得全世界观众的认同。这一特点，使得体育营销在企业进军全球市场时成为一种最佳的营销方式和最合适的载体，可以帮助企业与目标受众接触和沟通，表达企业营销诉求，克服世界各地巨大的文化、习惯和思维差异，帮助企业将产品推向国际市场，扩大影响范围。

（4）体育营销可以使企业与消费者建立一种新型关系，使企业形象深入人心。

在传统的营销方式中，企业多采用厂商主导式的传播方式，希望主动出击，博取消费者好感。但在体育营销方式中，企业与消费者都不是主角，焦点是体育运动。企业和消费者围绕这一共同的焦点——心爱的体育运动，有钱出钱、有力出力，在不知不觉中形成了共鸣，建立了一种新型的关系。基于这种共鸣，消费者对企业产生了好感，从心理上对企业产生了真正的认同，并且不易动摇。这种新型的关系，不同于一方对另一方的迎合，它能够更加深入人心，提升品牌价值，提高产品销售业绩。

2. 体育营销的劣势

（1）费用高。

体育营销是一种特殊的营销手段，资金投入非常大。如2008年北京奥运会，奥组委公布的独家供货商基准价位为4100万元，这还只是奥运会赞助商中相对门槛较低的，还有许多高层次赞助其定价更高。如此高额的赞助费对企业来讲其实仅是获得了一张入场券，后续还需要投入与匹配的大量运营费用。而这种高额的投入不是每个企业都能承受的。

（2）风险大。

体育营销费用高是众所周知的，但巨额的投入并不意味着必然的高回报。体育赛事具有不可控性，赞助商无法预知体育比赛的举办是否能成功，也无法预知与其签约的体育明星是否会取得好成绩，体育营销中有太多可能影响回报的未知因素，这些都可能增加企业的营销风险。

而且一场体育比赛，特别是重大的体育比赛，往往赞助商众多，过多的赞助企业会导致每一家企业的特征都不突出，难以收到预期成效，使体育营销的效果大大减轻。如1996年的亚特兰大奥运会，共有260多个赞助企业，其中大约只有25%获得了理想的回报，大多数企业只得到了一些短期效益，有的甚至血本无归。

（3）效果难以量化。

对营销效果的评估在企业的风险管控方面具有重要意义，但体育营销的效果是难以量化的。目前在国际上，也很难对体育赞助等营销模式有一个准确的价值评估。比如体育营销对企业知名度、美誉度的提升属于心理因素，其评定方式在数据上很难量化。体育资源的所有者也很难提供有说服力的依据来体现资源价值，因此企业对体育营销的效果缺乏有效而科学的评定，这对企业的风险管控会造成一定的影响。

五、四川中端白酒企业实施体育营销战略的可行性

1. 白酒的目标受众与体育赛事的受众存在很强的交叉与重叠

白酒属于大众商品，消费人群广泛，受众面广，其中男性是其主要消费群体。而体育活动参与者众多，体育迷群体非常庞大，在众多体育爱好者中，男性也占据了大部分比例。如我国CCTV-5体育频道的主体观众，就有70%是男性。他们以多种形式参与体育活动，对体育节目热情很高，品牌忠诚度极高。显然，白酒的目标受众与体育赛事的受众交叉度很高。因此，从受众面来看，白酒体育营销的可行性很高。另外，虽然体育赛事的男性受众中各个年龄层次的都有，但不可否认其中青年男性占据了主要地位。通常情况下，年轻人由于经济条件的限制，不会成为高档白酒的主要消费人群，因此，中低档白酒就成了他们的主要消费品。四川中端白酒企业应该充分认识到体育营销在受众层面上的这种优势，实施体育营销战略。

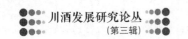

2. 媒体对于体育的关注能够满足四川中端白酒企业对产品知名度及曝光度的要求

随着白酒行业产销量的高速增长，特别是中端白酒企业数量的迅速增加和中端白酒品牌数量的增多，竞争不断加剧。面对市面上丰富的中端白酒，消费者的选择余地更多，由于中端白酒产品的品质差异不大，价格悬殊也并不太大，因此品牌在影响消费者的选择上就起着很大的作用。四川中端白酒企业在激烈的市场竞争中，迫切需要提高产品知名度及品牌形象。而随着现代传媒的发展，体育活动被关注和报道的力度越来越大。可以毫不夸张地说，体育活动的影响力在当代达到了顶峰，因此，实施体育营销的企业可以迅速增加曝光率。四川中端白酒企业要在激烈的市场竞争中提高知名度，将体育营销纳入其营销战略就显得尤为重要。

六、四川中端白酒企业体育营销存在的问题

与高端白酒企业成熟的体育营销运作相比，目前四川中端白酒企业的体育营销处于"快速增长的初级阶段"，多以模仿、借鉴为主，因此存在不少问题。

1. 缺乏系统管理，没有延续性

成熟品牌的体育营销都有一套非常系统而完善的模式，并且注重体育营销的创新。而四川的中端白酒企业在营销时很少将体育营销纳入企业的长期战略，在它们看来体育营销只是一种"短、平、快"的战术，是一种短期的促销手段。缺乏系统管理，没有延续性，是其显著的特点。它们往往缺乏系统运作，做的多是"一次性买卖"，在体育比赛期间没有整合相关的公关、广告和促销等多种手段。因此，往往是体育比赛一结束，其体育营销也就失去了后劲。

2. 不考虑自身实际情况，盲目跟风、"烧钱"

体育营销投入高，回报大。当看到一些高档白酒品牌借助体育营销扬名中外时，四川的一些中端白酒企业也心痒难耐。但它们并没有看清这些高端品牌体育营销成功的深层次原因，只是盲目跟风、简单模仿，不考虑自身实际情况和承受能力，到处赞助、冠名各种体育比赛，请体育明星拍广告，最后只是稀里糊涂地玩了一把"烧钱"的游戏。有的甚至因此给企业的正常运行带来了极大的资金压力。

3. 体育营销的内涵与品牌定位不符

四川中端白酒企业在进行体育营销时，往往有急功近利的心态。将体育营销的效

果看得神乎其神，完全不顾自身的品牌定位与这些体育赛事和体育明星是否相符。体育营销的广告也毫无创意可言，牵强、生硬，没有认真分析自身的企业文化、品牌特质和产品特点，没有积极寻找自身产品与体育的结合点，为体育营销准确定位。最后的结果，自然是很难在消费者心中形成深刻而鲜明的品牌认知。

七、四川中端白酒企业体育营销方式的建议

作为中小企业，四川中端白酒企业的体育营销方式除了采取一些常规的方法外，还可以量力而行，结合自身特点有针对性地采取一些较新的方式。

1. 开发与体育活动相关的特性产品

这实际上是做一种市场细分和产品细分，四川中端白酒企业可以针对各类体育赛事开发一系列的庆功专用酒。就像蒙牛集团借助"神五"升天适时推出航天员专用牛奶一样，针对各种体育赛事，我们也可以开发各种专用庆功酒。现在运动员专用食用油，比赛专用饮用水等都有了，为什么不能有庆功专用酒呢？

2. 冠名和赞助媒体的体育赛事专栏节目

直接冠名和赞助体育赛事费用高、风险大，中小企业承受能力有限，往往有心无力。但其实冠名和赞助的形式可以灵活多样。只要运作得好，有时并不需要花费巨资，对中小企业来讲也并不是遥不可及的事。比如润洁滴眼液就与腾讯合作，举办了一个腾讯世界杯冠名活动，而且相当成功。四川中端白酒企业完全可以以此为例，抓住这类机会。因为每当大型赛事举办时，不管是传统媒体还是网络媒体都会开辟专栏、专刊。这种冠名或赞助花费少、效果好，非常适合中小企业。

3. "押宝"体育明星

知名的体育明星往往身价颇高，中小企业往往难以承受聘请成本。但一场赛事总会造就一批体育新星，四川的中端白酒企业完全可以根据专家预测，选定一些有可能成为新星的运动员来代言自身产品；还可以抢占第一时间，在某些运动员刚刚胜出时率先与其合作；另外，除了体育明星，一切在体育赛事中比较活跃和有影响力的人都可以为我所用。

4. 自己举办体育赛事，自编自导体育营销

与赞助大型赛事相比，自编自导一些中小型的体育赛事，费用相对较低，效果相

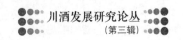

对较好。这种自编自导的体育营销活动，没有竞争对手参与，可以不受干扰；而且企业作为主办方出现，可以结合自身营销目的，对赛事进行一些有针对性的设计和控制，也能给关注该体育赛事的人群留下更加深刻的印象。如安踏鞋业组织的"安踏极限运动精英赛"就非常成功，四川中端白酒企业不妨以此为参考。

5. 体育赛事促销

四川中端白酒企业可以采用更加直接的方式，将自身产品和体育赛事联系在一起。可以采取买产品送门票，有奖竞猜比分等活动进行促销，直接提高企业销售额，创造经济效益。

6. 长期规划、系统整合，将体育营销作为一项长期的工程

根据国外体育营销的成功案例可知，企业体育营销的成功与否与 RCIC 理论密切相关。体育营销有四大元素，即产品或品牌关联度（Relevancy）、营销创造力（Creation）、系统整合力（Integration）、战略持久性（Consistency），这四大元素的英文首字母缩写为 RCIC。一个企业想真正在体育营销领域有所作为，RCIC 理论必不可少。因此，四川中端白酒企业一定要摒弃做"一次性买卖"的观念，抛弃"短平快"的思想，持之以恒、循序渐进，长期关注体育活动和体育赛事，真正地将体育营销作为一项长期工程，纳入企业自身的发展战略，这样才能最终获得成功。

参考文献

[1] 赵长杰. 现代体育营销学 [M]. 北京：北京体育大学出版社，2004.

[2] 朱小明，张勇. 体育营销 [M]. 北京：北京大学出版社，2006.

[3] 黄柯. 论体育赞助 [J]. 成都体育学院学报，2003（12）：26-28.

基于数据分析白酒全程质量评估体系研究 *

彭祖成　潘春跃

摘要： 本文针对影响白酒原料、酿造、勾兑等过程质量的因素进行分析讨论，主要分析白酒原辅料质量、酿造过程质量、外部环境和白酒包装质量，构建出白酒全程质量评估体系。采用主成分分析计算，减少质量体系需要考虑的因素；并使用层次分析法进行量化分析，计算各评价指标权重系数，使白酒质量评估体系更合理化。

一、引　言

影响白酒质量的因素是多方面的，而这些影响因素涉及白酒生产过程的每个环节，白酒的主要生产过程包括酒精发酵、淀粉糖化、制曲、原料处理、蒸馏取酒、老熟陈酿、勾兑调味等。每个阶段又有影响白酒质量的相关因素和关键控制点，不能很好地控制这些因素和控制点就会影响到白酒的质量，目前白酒生产企业在生产过程中进行ISO9001：2000质量认证，但存在以下缺陷：①理论上ISO质量认证体系能从原料、配料、拌和等到最后的合格酒、入库、勾兑、包装这些过程按照ISO质量体系文档和质量控制要求进行记录和生产，但这些数据仅是记录供ISO质量体系审核，缺少对这些质量记录数据进行分析与处理，没有得出控制白酒质量较好的控制点、关键要素和方

* 基金项目：川酒发展研究中心项目（项目编号：CJY14-04）。
作者简介：彭祖成（1973—），男，四川大竹人，硕士，讲师，主要研究方向为制造业信息化。

案。②现有阐述白酒质量体系的文献主要对白酒的勾兑过程进行研究，如李大和（2003）撰写的《白酒勾兑调味的技术关键》阐述了白酒勾兑过程中人员、基础酒、消费者的需求、传统白酒与新型白酒的关系、计量和水质的重要因素，缺少对这些因素进行定量分析；刘淑玲、赵德才（2010）撰写的《白酒智能勾兑和质量评价系统的研究》对白酒勾兑采用数学模型建立系统进行研究；连锐锋、郭增的《计算机仿真白酒勾兑与调味》一文对白酒勾兑过程采用计算机技术和 SPSS 系统相集成进行研究分析，建立以计算机技术辅助实现白酒勾兑与调味评价的生产管理系统，主要集中在有基础酒的条件下进行加工形成不同的白酒品种，但没有对白酒生产过程中的其他工艺环节进行定量和定性分析和研究，如原材料处理、酒精发酵、淀粉糖化、制曲等，同时缺少对白酒消费需求印象的质量评价体系包括哪些因素、这些因素里又由哪些指标体系所构成以及指标之间的重要程度的研究和分析。③包装对白酒市场需求影响比较大，可能导致白酒质量评估差异。马爽、钱省三（2011）撰写的《消费者对白酒包装满意度的模糊综合评价》采用了层次分析法（AHP）分析了白酒包装对消费者的影响，从而提高消费者对白酒质量的认可。本文针对这些问题提出构建数据分析白酒全程质量评估体系研究，以期提高白酒质量。

二、白酒全程质量体系指标设计

白酒质量体系是一个多元的复合型概念，与众多因素有关，包含定量和定性因素，白酒质量需要把定性和定量因素综合考虑，进行定量分析。

（一）构建白酒全程质量评估体系原则

评估白酒质量，需要比较科学的量化指标体系，构建该指标体系，也必须具有能进行理论指导的构建原则。

1. 整体全面性原则

评估白酒质量体系是一个从原材料、辅料、糖化发酵剂、设备、发酵工艺到包装等多方面形成的一个系统，涉及白酒酿造微生态环境，包含四个要素：水、土、气、生。因此需要从整体上考虑白酒酿造过程中的各方面因素。

2. 可比性原则

一个科学的指标体系，应能反映白酒质量的内在共性特征，能反映白酒质量的某个方面，并能相互对比分析。由于白酒质量受到众多因素的影响，有些质量指标是计量型，需按照特定时间范围内统一的计量单位计量；有些质量指标是定性表述，需按照行业内统一规定的术语进行表述或其他相关指标进行界定。

3. 可操作性原则

白酒质量指标体系应力争简明实用，用较少的指标反映较多的实质性内容。设计的指标最好可以收集和量化，便于分析计算和预测。部分指标从理论视角分析很有意义，但是在实际运用上不便于操作，在设立时可以使用含义相近、有代表性、便于用定量化的指标代替，或者将其舍去。

4. 定量和定性指标结合使用原则

白酒全程质量包含数量信息，如酒精含量等，又具有定性表述的信息，如发酵曲料形状等，所以要采用定量定性结合的方式。

5. 简单性

各个指标必须足够简单，其内涵界定必须清楚，无歧义，容易使人理解。

（二）指标体系的构建分析

1. 白酒原辅料质量

（1）酿酒原料受众多因素影响，如原料（高粱、大米、糯米、小麦、玉米等）含有淀粉比例和粮食挥发性成分差异，酿酒需要分析其组成；如高粱（又称红粮）籽粒呈卵形或椭圆形，其颜色因品种而异，检查高粱首先目测其质量，以颗粒大、黄褐色、无虫蛀、无病斑、无霉烂、无出芽、无杂质、皮薄的为好。原料与生长气候（温度和湿度等）、肥料、土壤以及生产和收割方法有关，酿酒有差异，分析酿酒质量体系需要从外部环境考虑；原料本身的质量也很重要，包括外观、硬度、颗粒饱满和色泽等以及是否变质、发霉等。

（2）辅料。辅料是为白酒酿造发酵进行得彻底，确保出酒率，在酿造过程中将稻壳、谷糠、玉米芯、高粱壳、花生皮等不同辅料含有的纤维素、钙镁和杂质等渗透到白酒中影响白酒成分，改变其外观。使用辅料的作用在于调整酒醅的淀粉度、酸度、水分，并使酒醅疏松而有利于白酒蒸馏。要求辅料具备良好的吸水性、含杂质少、新鲜不霉烂，一般可不含或少含营养物质。使用时必须进行清蒸除杂（灭菌、除异味）。

（3）水。水是白酒的主体，它直接影响到酒质的优劣，酿酒所用水必须符合

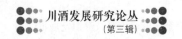
GB5949-85 标准，硬度和铁等矿物质不能太高，否则与白酒内的成分发生反应，产生沉淀物会影响酒的外观。基本要求：无异味；清爽；pH6~7；硬度 4~8 度；水中的硫酸钙、硫酸镁能增加酸度，促进糖化；水中有少量硝酸根离子有益于糖化，但应小于0.01%；亚硝酸根离子小于 0.05ppm、铁含量小于 0.03%、氯离子含量小于 100mg/L。

（4）糖化发酵剂。糖化剂的作用就是将淀粉转变成能被酵母利用来进行酒精发酵的糖。糖化剂的质量好坏，直接影响到酒精生产中的出酒率和产品的质量。因此，糖化剂的生产在酒精生产过程中占据重要的位置。糖化发酵剂是由不同种类的微生物经扩大培养而成，如小麦、大麦、豌豆、蚕豆等；但制作过程中温度、成型方式等对白酒质量和风格有较大影响。制作过程中有一定要求：具有高的发酵能力，即能快速并完全地将糖分转化为酒精；繁殖速度快，即具有高的比生长速率；具有高的耐酒精能力，即对本身代谢产物的稳定性高，因而可以进行浓醪发酵；抵抗杂菌能力强，即对杂菌代谢产物的稳定性高。耐有机酸能力强；对培养基的适应性强，耐温、耐盐和耐干物质浓度的性能强。

2. 酿造过程质量

酿造过程质量是白酒酿造的关键步骤，分为配料、发酵、贮存和勾兑。配料工序涉及原料的粒度粗细、辅料之间的比例关系（需要根据原料不同，配置不同的辅料以满足适当的淀粉比，如淀粉浓度 14%~16%，酸度 0.6~0.8，润料水分 48%~50%）以及温度。

发酵工序：促进发酵剂，产生较多的酒，与发酵方法、温度、pH 值和发酵氧浓度密切相关，整个过程中需要采用全程监控，达到要求。

贮存工序时间比较重要，通常为 6 个月以上。

勾兑主要是依靠人的味觉和嗅觉，逐步选取能相互弥补缺陷的若干酒组合在一起，满足不同风格的酒，为了减少勾兑过程中人为因素对白酒各种成分的影响，要采用容积大的设备。还要特别注意如何认识基础酒，了解基础酒优缺点、如何搭配，从而实现取长补短。

勾兑应该重点考虑的几点：①乳酸乙酯浓度，它是主要骨架成分中唯一既能与水又能与乙醇互溶的乙酯，在香、味两个方面有重要作用，同时起着助溶的作用，对克服低度酒的水味、增加浓厚感有着特殊的功效，每一种酒有一定的数量限制。②正丙醇同乳酸乙酯作用相似，它可与水、乙醇及其他乙酯互溶。正丙醇能把不溶于水的乙酯和杂醇等带入水中，把不溶于酯和杂醇等的水带入酯和杂醇等之中，在选择基酒时，正丙醇含量应稍高，这样对克服低度酒的水味和提高品质有很大的好处。③乳酸乙酯含量稍高，会影响酒的芳香，降低其他香气物质的嗅阈值。④不同风味的白酒勾兑需要不同的微量成分，通过调味酒（特别是复杂成分含量丰富）来实现。

3. 外部环境

白酒酿造涉及酿造企业环境，酿造的微生态环境直接影响酿酒品质，而微生态环境包含土壤、气候、污染现状。

4. 白酒包装质量

白酒包装质量包括功能属性、经济属性和环境属性，其影响到消费者使用、购买的兴趣和包装物对环境的污染与回收。

功能属性包括保护性、方便性、促销性三个方面。保护性是指缓冲防震、防潮、防水、防锈、防虫、防盗、防伪，主要从保护白酒的功能角度分析；方便性主要从使用角度分析，包括方便使用、方便运输、方便回收、方便处理；促销性从白酒销售角度分析，包括结构新颖、装潢新颖、文化内涵、印刷质量。

经济属性主要从成本角度分析，包括用户成本和社会成本。用户成本主要是消费者购买支付成本；社会成本包括废弃物回收费用和环境污染治理费用。环境属性涉及大气污染、水体污染以及废弃物污染、材料回收利用。

综合以上对白酒质量评估指标的选择、分析与研究，本文力图构建能够科学、全面、客观全程反映白酒质量的指标体系，具体如表1所示。

表1 白酒质量指标体系

一级指标（编号）	二级指标（编号）	三级指标（编号）	四级指标（编号）	二级指标（编号）	三级指标（编号）	四级指标（编号）
白酒全程质量评估体系（C）	原辅料质量（C1）	原料质量（C11）	淀粉量（C111） 水分含量（C112） 感官标准（C113） 农药残留（C114） 黄曲霉素（C115）	酿造过程质量（C2）	配料工序（C21）	原料粒度（C211） 原料配料比例（C212） 温度（C213）
		辅料（C12）	纤维素（C121） 杂质（C122） 钙镁等含量（C123）		发酵工序（C22）	发酵方法（C221） 理化指标（C222） 发酵周期（C223） pH值（C224） 溶解氧浓度（C225） 发酵温度（C226）

续表

一级指标（编号）	二级指标（编号）	三级指标（编号）	四级指标（编号）	二级指标（编号）	三级指标（编号）	四级指标（编号）
白酒全程质量评估体系（C）	原辅料质量（C1）	水（C13）	硬度（C131） 矿物质含量（C132） 感官标准（C133）	酿造过程质量（C2）	贮存工序（C23）	贮存时间（C231）
		糖化发酵剂（C14）	曲料原料（C141） 形成温度（C142） 曲块成型（C143） 踩制方式（C144）		存储容器（C24）	材质（C241） 容积（C242）
	包装质量（C3）	包装环境属性（C31）	大气污染（C311） 水体污染（C312） 废弃物污染（C313） 材料回收污染（C314）		成品酒勾对工序（C25）	感官标准（C251） 理化指标（C252） 酒头（C253） 酒尾（C254）
		经济属性（C32）	用户成本（C321） 社会成本（C322）	外部环境要求（C4）	气候（C41）	温度（C411） 湿度（C412）
		功能属性（C33）	保护性（C331） 方便性（C332） 促销性（C333）		企业周围环境（C42）	环境污染（C421） 土壤（C422）

三、基于数据处理白酒全程质量体系指标评价分析

对白酒质量评价采用定量分析可以采用单一指标或多指标进行评价，通常使用多指标综合评价。多指标综合评价又可分为加法或乘法方式，将多个指标合成一个综合指数进行评价分析，综合过程中涉及加权系数处理。

加权系数处理分主观和客观两种，主观加权方法有直接赋权、德尔菲法、层次分析法，这些方法是基于专家经验对指标的重要性进行判断；客观加权法有熵值法、主成分分析、因子分析法、聚类分析等，是基于指标本身数据信息确定加权系数。

因为白酒质量指标既有定量指标又有定性指标，可以只选择主观加权的方法得到综合指数，但为了得到较好效果，采用主观和客观相结合的方法，第一或第二层次采用主观加权法，因为第一和第二层次需考虑的因素多且部分指标不能用客观数据表示；第三和第四层次采用客观方法，因为考虑因素少，能寻找到合适的客观数据。根据每种方法的特点，主观加权采用层次分析法，客观加权采用主成分分析。

（一）主成分分析法客观指标评价分析

主成分分析（Principal Component Analysis，PCA），是构造原变量的一系列线性组合，使各线性组合在彼此不相关的前提下尽可能多地反映原变量的信息，即将多指标化为少数几个综合指标的一种统计分析方法。其基本原理是对于原先提出的所有变量，将重复的变量（关系紧密的变量）删去，建立尽可能少的新变量，使得这些新变量是两两不相关的，并使这些新变量在反映课题的信息方面尽可能保持原有的信息。

进行主成分分析的主要步骤如下：①白酒相关指标数据标准化；②白酒相关指标之间的相关性判定；③确定主成分个数 m，主要是通过累计贡献率达到一定的要求（80%~90%）；④确定主成分 F_i 表达式；⑤分析得到主成分 F_i 命名，并做出适当的解释。

选取原材料进行分析，原料质量（C11）受到淀粉量（C111）、水分含量（C112）、感官标准（C113）、农药残留（C114）、黄曲霉素（C115）指标的影响；收集这五个方面的数据，并按以下步骤对数据处理得到相应的主成分的加权。

首先，对数据标准化，消除量纲的影响，按照公式 $x_i^* = \dfrac{x_i - \mu}{S}$，其中，$\mu = \dfrac{1}{n}\sum\limits_{i=1}^{n} x_i$，$S = \sqrt{\dfrac{1}{n-1}\sum\limits_{i=1}^{n}(x_i - \mu)^2}$；但对农药残留和黄曲霉素两个指标需要特殊处理，原料中不允许含量太多，规定上限值，用上限值减去实际值，对这些修正值再进行标准化处理。

其次，计算出 5 个指标的协方差矩阵 $\sum$ ：

$$\sum = cov(X) = E\big[(X - \mu)(X - \mu)^T\big] = \begin{bmatrix} \sigma_{11} & \sigma_{12} & \cdots & \sigma_{1p} \\ \sigma_{21} & \sigma_{22} & \cdots & \sigma_{2p} \\ \vdots & \vdots & \vdots & \vdots \\ \sigma_{p1} & \sigma_{p2} & \cdots & \sigma_{pp} \end{bmatrix}$$

再次，对 $\sum$ 计算 5 个特征值 λ_i 和每个特征值对应的标准化正交向量 $e_i = (e_{i1}, e_{i2}, e_{i3}, e_{i4}, e_{i5})^T$。

最后，选取特征值和特征向量，依据 5 个特征值的大小排序，求出每个贡献率 $g_i = \lambda_i \Big/ \sum\limits_{i=0}^{5} \lambda_i$；根据累计贡献率 $\sum\limits_{i=1}^{j} g_i$ 大于按经验确定主成分的累计贡献率值，得到特征值的个数，实现减少考虑的因素。

以各主成分相应的贡献率作为权重求和，计算原料评价值 Z，即为原料的重要性值：

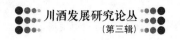

$$Z = \sum_{i=1}^{j} g_i \times e_{i1} x_1 + g_i \times e_{i2} x_2 + g_i \times e_{i3} x_3 + g_i \times e_{i4} x_4 + g_i \times e_{i5} x_5$$

（二）层次分析法主观指标评价分析

层次分析法（The Analytic Hierarchy Process，AHP）是指把复杂问题分解为若干有序层次，然后根据对客观现实的判断，就每一层次的相对重要性给出定量表示，即构造判断矩阵，计算判断矩阵得出每一指标的权重。AHP 的关键在于构造判断矩阵，利用判断矩阵求最大特征根及其特征向量来计算出表示每一层次元素相对重要性次序的权重值。

1. 确定判断矩阵

根据表 1 分析白酒质量指标体系层次关系，用 9 种标度来表示这种判断方法，构造判断矩阵并确定指标权重。依据人的心理特征和思维规律，采用 9 种标度来表示人的判断方法，对不同情况的比较给出恰当的数量标度，如表 2 所示。

表 2　重要性判断标度含义

标度	定义	解释说明
1	同样重要	两个元素对某一属性具有同样重要性
3	稍微重要	两个元素相比较，一个元素比另一个元素稍微重要
5	明显重要	两个元素相比较，一个元素比另一个元素明显重要
7	重要得多	两个元素相比较，一个元素的主导地位在实践中已经显示出来
9	极端重要	两个元素相比较，一个元素占绝对重要的主导地位
2，4，6，8	上述两两相邻的判断折中	表示需要在上述两个标准之间折中时的定量标度

通过咨询专业酿酒人员和相关评估师的建议，分析白酒质量评估体系与白酒原辅料质量、酿造技术、外部环境要求、白酒包装重要程度相关性，构造出判断矩阵 A，如表 3 所示。

表 3　判断矩阵

白酒全程质量评估体系（C）	白酒原辅料（C1）	酿造技术（C2）	白酒包装（C3）	外部环境（C4）
白酒原辅料（C1）	1	1/2	3	3
酿造技术（C2）	2	1	5	7
白酒包装（C3）	1/3	1/5	1	2
外部环境（C4）	1/3	1/7	1/2	1

2. 按求和法计算最大特征值

第一步：计算判断矩阵每列之和，归一化每一列得到判断矩阵 A^*。

$$A^* = \begin{bmatrix} 0.2727 & 0.2713 & 0.3168 & 0.2308 \\ 0.5455 & 0.5426 & 0.5263 & 0.5385 \\ 0.0909 & 0.1085 & 0.1053 & 0.1538 \\ 0.0909 & 0.0775 & 0.0526 & 0.0769 \end{bmatrix}$$

第二步：计算得到特征向量，计算 A^* 每行之和 $\begin{bmatrix} 1.0916 \\ 2.1529 \\ 0.4585 \\ 0.2979 \end{bmatrix}$，再进行列归一化

$\begin{bmatrix} 0.2727 \\ 0.5382 \\ 0.1146 \\ 0.0745 \end{bmatrix}$，得到 A 特征向量 $W = \begin{bmatrix} 0.2727 & 0.5382 & 0.1146 & 0.0745 \end{bmatrix}^T$。

第三步：计算最大特征值，计算出判断矩阵 A 的最大特征值 λ_{max} 为：

$$AW = \begin{bmatrix} 1 & 1/2 & 3 & 3 \\ 2 & 1 & 5 & 7 \\ 1/3 & 1/5 & 1 & 2 \\ 1/3 & 1/7 & 1/2 & 1 \end{bmatrix} \begin{bmatrix} 0.2727 \\ 0.5382 \\ 0.1146 \\ 0.0745 \end{bmatrix} = \begin{bmatrix} 1.1092 \\ 2.1782 \\ 0.4622 \\ 0.2996 \end{bmatrix}, \quad \lambda_{max} = \sum_{i=1}^{4} \frac{(AW)_i}{nW_i} = 4.0420$$

3. 判断矩阵一致性检验

计算一致性指标 $CI = \dfrac{\lambda_{max} - n}{n - 1} = \dfrac{4.0491 - 4}{4 - 1} = 0.0140$，n 为矩阵阶数。计算一致性比率 $CR = \dfrac{CI}{RI} = \dfrac{0.0164}{0.90} = 0.0156$，RI 为随机一致性条件，已有经验值，n = 4，RI = 0.90。根据层次分析法相关理论可知，当 CR < 0.1，则表示判断矩阵有满意的一致性，R = 0.018 < 0.10，故判断矩阵 A 具有满意的一致性。特征向量值就表示本层所有元素对上一层重要性的权重。

4. 层次总排序

按照层次分析法求和法，计算高层对低层的权重，将各单层的权重进行合成，直至最低层的方案层。假定已求出第 k − 1 层上 n 个因素相对于最高层的权重向量：$W^{(k-1)} = (W_1^{(k-1)}, W_2^{(k-1)}, \cdots, W_n^{(k-1)})^T$，第 k 层上 t 个因素对第 k − 1 层上各元素的相对权重向量：$p^k = (p_1^k, p_2^k, \cdots, p_n^k)^T$。则第 k 层上元素对总目标的合成权重向量 $W^{(k)}$ 为：$W^{(k)} = (W_1^{(k)}, W_2^{(k)}, \cdots, W_n^{(k)})^T = P^k W^{(k-1)}$，计算权重表达式：$W^{(k)} = P^{(k)}, P^{(k-1)}, \cdots, W^{(1)}$。

按照层次分析法计算得到白酒质量体系中影响因素的重要性程度权重，因此从酒厂外部环境、原辅料质量、酿造过程和产品包装选择权重值大的因素予以重视。

（三）评价分析

通过主成分分析减少白酒质量评估体系考虑的因素，用层次分析法对每个因素进行权重计算，得到因素权重系数，其中酿酒过程质量权重系数为 0.5382，因此在白酒质量体系中酿造过程控制是非常关键的，需要对其加强控制，确保过程质量。

四、结　论

影响白酒质量全过程的因素，分为四个方面：酒厂外部环境要求、原辅料质量、酿造过程质量和包装质量，并分析每个方面的细节因素，可构建白酒质量评估体系。但每个因素的特性不同，本文采用主成分分析计算客观数据，对客观数据进行标准化处理计算客观数据协方差矩阵，根据特征值分析贡献率，降低分析客观数据的维度，使分析问题的数据更合理；通过定量分析计算每个因素对白酒质量影响程度的重要性，用数量化分析优劣，尽量减少人为的随意性，提高了决策的科学性。

参考文献

［1］李大和. 白酒勾兑调味的技术关键［J］. 酿酒科技，2003（3）.

［2］刘淑玲，赵德才. 白酒智能勾兑和质量评价系统的研究［J］. 酿酒，2010（6）.

［3］马爽，钱省三. 消费者对白酒包装满意度的模糊综合评价［J］. 包装工程，2011（4）.

［4］程铁辕，李明春，张莹，何开蓉，夏于林. 主成分分析法在浓香型白酒酒质评价中的应用研究［J］. 中国酿造，2011（1）.

［5］徐勇辉，刘新宇. 制度与标准结合创建白酒企业新型质量管理体系［J］. 酿酒，2006（2）.

［6］范金城，梅长林. 数据分析［M］. 北京：科学出版社，2010.

［7］严广乐，张宁，刘媛华. 系统工程［M］. 北京：机械工业出版社，2008.

［8］李薇，王雪原. 高校教师绩效评价指标体系的设计［J］. 统计与决策，2012（4）.

［9］韦云，唐国强，徐俊杰. 指标体系的构建模型［J］. 统计与决策，2013（4）.